全国物流专业应用型本科"十二五"规划系列教材

供应链物流学

吴　群　编著

中国物资出版社

图书在版编目（CIP）数据

供应链物流学/吴群编著．—北京：中国物资出版社，2012.6（2024.8重印）
（全国物流专业应用型本科“十二五”规划系列教材）
ISBN 978-7-5047-4167-7

Ⅰ.①供…　Ⅱ.①吴…　Ⅲ.①物资供应—物资管理—高等学校—教材　Ⅳ.①F252

中国版本图书馆CIP数据核字（2012）第025133号

策划编辑　黄正丽　　**责任印制**　梁　凡
责任编辑　郑泽叶　　**责任校对**　孙会香　杨小静

出版发行　中国物资出版社
社　　址　北京市丰台区南四环西路188号5区20楼　　**邮政编码**　100070
电　　话　010-52227588转2098（发行部）　　010-52227588转321（总编室）
010-5222766（24小时读者服务）　　010-52227588转305（质检部）
网　　址　http://www.cfpress.com.cn
经　　销　新华书店
印　　刷　北京九州迅驰传媒文化有限公司
书　　号　ISBN 978-7-5047-4167-7/F·1717
开　　本　787mm×1092mm　1/16　　**版　　次**　2012年6月第1版
印　　张　17　　**印　　次**　2024年8月第5次印刷
字　　数　403千字　　**定　　价**　55.00元

全国物流专业应用型本科“十二五”规划系列教材编审委员会

况　漠　广州大学
杨浩雄　北京工商大学
段梅丽　辽宁中医药大学
唐连生　广西民族大学
李　文　南昌工程学院
李伟华　吉林工商学院
任淑霞　北华大学
吴　群　江西财经大学
陈　宁　辽宁中医药大学
沈　玲　河北科技师范学院
王晓光　上海金融学院
栾　琨　淮阴工学院
刘宏伟　安徽大学
孔继利　北京科技大学天津学院

总　策　划　王宏琴

序

进入21世纪，随着我国物流产业的飞速发展，物流企业对人才培养和教育提出了新的发展要求，要求高等院校培养出来的人才不再是空有理论知识的人，而是既具有扎实的理论基础，又具有较强的动手操作和实际应用能力，能将有关的专业理论知识熟练地运用到工作实践中去的创新应用型人才。

一般应用型高等院校与重点综合性大学特别是研究型大学的最重要的区别就是将培养目标定位于应用型人才培养上，面向社会办学，为经济与社会发展培养高素质的应用型人才。其培养的人才，一般都具有以下特征：①与社会需要高度吻合，即所学专业知识紧跟经济与社会发展需要；②具有过硬的实践操作能力；③有良好的以人文素质与科学技术素质为内核的综合素质；④具有创新精神。

为了保证应用型人才培养目标的实现，应用型本科院校所使用的教材必须能够满足上述特征的要求。但目前一般应用型高等院校教学中所使用的教材与综合性大学并无明显区别，导致其教学内容与教学方法的应用性特征并不突出。因此，编写一套适应一般应用型高等院校的办学定位和培养目标的教材成为当务之急。

为此，中国物资出版社策划并组织编写了这套"全国物流专业应用型本科'十二五'规划系列教材"，其无论是在品种设置，还是内容体系构建上，基本做到了以下要求：

(1) 内容新颖，体系完整。本系列教材涵盖了物流管理和物流工程两个专业的专业核心课程，力图全面、准确、系统地阐述各门课程的基本内容，努力做到各课程间合理分工，相互衔接，构成一个较完整的体系。突出了知识体系的框架、知识点的交叉渗透以及各门课程之间的逻辑关系。一方面，在内容结构体系的安排上体现了由简单到复杂，由易到难的渐进过程，适合教与学；另一方面，在内容选择和体例编排上都充分考虑了应用型本科学生知识结构的需要。在形式、结构、内容三方面都力求体现创新，同时吸收各高校精品课程建设的成果，凸显当前高等教育教学改革的发展趋势，避免与同类教材的简单重复。

(2) 突出现实性和可操作性。针对应用型本科的人才培养目标往往定位于培养高素质的应用型人才，其特色在于对知识具有较强应用能力和创新能力，为此，本系列教材在编写上注重教材的实用性和教学效果，注意教学模式的转变、教学内容的更新和教学方法的应用，将专业领域的最新发展趋势和前沿理论、技术及时写入教材之中，使学生尽快掌握这些内容，以利于实际应用。同时，在教材中加强对操作性较强内容的讲解和演练，设置复习思考题、计算分析题及案例分析题等，旨在培养学生的独立思考、独立处理业务、独立解决问题的能力。因而，本系列教材的编写，力求使学生知识能力结构紧密适应物流行业发展的需要，具有较强的职业竞争力。

（3）体例便于教师教学和学生学习。本系列教材语言简明通俗，结构科学严谨，并配合以丰富的案例分析、补充阅读资料、习题及参考答案等内容，便于教师教学和学生自主学习。在加强主教材编写的同时，本系列教材还将进行立体化教材建设，向使用本教材的师生提供系列的教学解决方案和教学资源包，如教学课件、习题与案例集、学习指导手册等，提高本系列教材的使用效果。

（4）注重学生应用能力和创新能力的培养。本系列教材编写时除了强化学生的基础知识和基本技能外，还以培养学生的综合素质和创新能力为目标，在介绍基本理论的基础上，突出理论的实际应用，不仅让学生知道理论“是什么”，而且让学生知道这些理论“有什么用”和“怎么用”，从而使学生在学会这些知识之后，能够很快将其运用于实际，在实践中不断加深其对理论的理解，并在实践中对理论有所创新。

本系列教材在构建每门课程的知识模块时，强调相关知识和技术的“五性特征”，即应用性、务实性、适应性、创新性和国际性。因此，适合作为普通高等院校、高等职业院校的物流专业课程教材，也适合作为各层次成人教育和企业培训的教材使用。

全国物流专业应用型本科“十二五”规划系列教材在编写、出版的过程中，得到许多院校、科研院所的专家、教授以及物流企业领导的大力支持，在此一并致谢！同时，由于编写时间仓促，加上编者水平有限，书中有不足之处在所难免，恳请广大读者提出宝贵意见，以日臻完善。

全国物流专业应用型本科“十二五”规划系列教材编审委员会

前　言

伴随着经济全球化进程的日益加快，为了适应激烈竞争的需要，增强生存力和竞争力，企业已不再选择作为一个势单力薄的单一个体来与外界抗衡，而是由传统的自身纵向一体化向横向一体化发展转变，更多企业选择了与其他上游或下游企业进行合作，通过结成供应链的形式实现优势互补。在供应链合作时代，企业面临的生存环境复杂多变，要在充满不确定因素、需求变化很快的市场中赢得竞争优势越来越困难，当劳动生产率和生产成本这两部分利润源泉的潜力被充分发掘时，物流就成为企业的“第三利润源泉”备受关注。供应链物流管理能有效地帮助企业控制成本、降低库存、分散风险，已逐渐被众多企业视为重要的生命线。

本书吸收了近年来物流与供应链管理领域的发展成果和专业教学经验编撰而成，针对供应链物流的基础理论和重要方法进行了详细阐述，由五大部分十三章构成，分别是：第一部分是基础理论篇（第一章、第二章），第二部分是物流管理篇（第三章、第四章、第五章），第三部分是物流作业篇（第六章、第七章、第八章），第四部分是基础技术篇（第九章、第十章），第五部分是理论发展篇（第十一章、第十二章、第十三章）。

书中相关章节设有“引导案例”、“学习导航”、“示例”、“练习思考题”和“实训项目”等模块，以方便学生在思考和练习中强化对物流与供应链管理的基本思想、方法、技能的领会和掌握，力求实现理论与实践相结合。

本书由吴群主持编撰，设计全书结构并统稿，同时参加编写的还有严海洲、杨亮亮等，具体分工是：吴群（第一章、第二章、第三章、第七章、第八章、第十章）；高媛媛（第六章、第十章、第十一章）；严海洲（第三章、第四章）；杨亮亮（第五章）；张冰（第九章）；吴光高（第十二章）；屈军（第十三章）。

本书可作为高等学校物流管理、交通运输管理、企业管理、管理科学与工程、市场营销等专业的教学用书，也可作为广大物流管理者和物流工程技术人员的培训教材和自学参考书。书中有些内容涉及定量化计算，可根据学时安排和学习者的知识结构进行相应的调整。

在本书的编写过程中，得到了江西财经大学工商管理学院多位教师和研究生的大力支持，在此表示衷心的感谢。同时本书也参考了国内外相关的论著和教材资料，已在本书后的参考文献中列出，在此向这些作者表示诚挚的谢意。由于时间仓促和编者水平有限，书中可能还存在一些因疏忽而未发现的错误，敬请读者批评指正（编者邮箱：freequn@163.com）。

编　者

2012 年 1 月于江西财经大学蛟桥园

目　　录

第四部分 基础技术篇

第五部分 理论发展篇

第一部分

基础理论篇

第一章　物流与供应链概述

引导案例

宝供物流的三级跳发展历程

一、案例简介

提起中国的第三方物流企业，业内许多人士会提及宝供物流，摩根士丹利给宝供物流企业集团有限公司下的评语是——“中国最具价值的第三方物流企业”，麦肯锡也有类似的评价。宝供物流缘何这样引人注目呢？

（一）总体概况

宝供物流企业集团有限公司创建于1994年，总部设于广州，是国内第一家经国家工商总局批准以物流名称注册的企业集团，是我国最早运用现代物流理念为客户提供物流一体化服务的专业公司。公司在全国78个城市设立了80多个分公司或办事处，形成了一个覆盖全国并开始向国际延伸的运作网络和信息网络，与国内外近百家大型工商企业结成了战略联盟（其中52家为世界500强企业），为他们提供商品以及原辅材料、零部件的采购、储存、分销、加工、包装、配送、信息处理、信息服务、系统规划设计等供应链一体化的综合物流服务。2009年以来，宝供被评定为“国家高新技术企业”、“广东省省级企业技术中心”，同时，获得“中国物流示范基地”、“中国5A级物流企业”、“广东省流通龙头企业”、“中国物流百强企业”、“中国民营物流企业10强”等称号。2010年“宝供”商标被国家工商行政管理总局商标局正式认定为中国驰名商标，是综合物流业中唯一获得驰名商标的企业。

（二）发展大记事

1994年成立广东宝供储运有限公司，并在全国建立运作网络，为客户提供网络化服务。

1995年创新经营模式和运作模式，改变传统分块经营多头负责的旧模式，实施门对门全过程服务。

1996年率先把工业化管理系统及质量保障系统导入到物流运作当中，为客户提供规模化、标准化服务。

1997年率先把Internet/Intranet技术运用到物流实践，建立宝供的物流信息系统，为客户提供信息化服务。

1998 年率先在中国提供物流运作一体化服务的模式，有效地帮助客户降低成本，提高服务水平。

1999 年率先注册成立宝供物流企业集团有限公司。

2000 年率先在中国成立“宝供物流奖励基金”，鼓励构建适合中国国情的物流体系。

2001 年率先提供供应链一体化物流服务概念，着手构建一体化能力。

2002 年宝供第一个大型现代化综合性物流基地——苏州基地落成并投入运营。

2003 年功能强大的 EXE 仓库管理系统在宝供物流基地成功上线，为客户提供更快捷、更高效、更准确的服务。

2004 年成功实施具有自主知识产权的全面订单管理系统，为客户提供实时、动态、透明的物流运作信息服务。

2005 年率先在中国进行 RFID 的运作实验。

2006 年在汽车制造领域提供全面的供应链一体化物流服务。

2007 年建立支持区域经济发展的综合物流服务平台和支持行业供应链一体化的专业物流服务平台。

2008 年成立危险品物流事业部，为客户提供全面的危险品一体化物流服务。

2009 年联合国内一流的金融机构，为客户提供全面的供应链金融服务。

（三）不断开拓

在短短不到 10 年的时间内，宝供物流完成了从储运、物流到供应链服务的三级跳，一跃成为国内领先的现代化物流企业集团。

2002 年，宝供向外界宣称与 IBM 合作进军供应链服务领域。向供应链方向转型，意味着宝供的主要业务变成了两个方面：一是与需要服务的企业一起制定合理的供应链解决方案，不仅涉及它们的产品物流，还要将其销售、生产、采购的各个环节的物流业务做综合性的规划，提供整体优化方案；二是通过物流服务确保方案的实施。这表明，宝供以前主要靠整合社会资源提供物流服务来赚钱，今后则主要通过提供和实施供应链解决方案来赚钱。截至目前，宝供的转型已取得了一定的成绩：联合利华整个工厂的仓库管理都在由宝供来做，飞利浦照明、红牛饮料的整个供应链业务更是都交给了宝供物流。

近年来，宝供根据市场需求大力培育为客户服务的新产品，增加服务领域及内涵，陆续推出了危险品运输、国际货代、终端配送、物流金融等领域服务产品。此外，也在原有六大服务行业的基础上成功进军了汽车及零配件、服装、化工等行业服务领域。借助信息化和平台化优势，不断深化行业的物流服务能力，提升了行业服务价值。宝供通过服务中石油、中石化等石化行业龙头企业，构筑了其在石化行业供应链一体化综合物流服务能力；宝供还成功构建了以丰田、吉利、比亚迪、福田汽车为代表的宝供汽车行业集群，以李宁、安踏为代表的宝供服装行业集群，以联合利华、宝洁、安利、ICI、蓝月亮为代表的宝供日化行业集群，以飞利浦、索尼、TCL、三星、LG 等为代表的宝供家电行业集群，以红牛、卡夫、美赞臣、百威啤酒等为代表的宝供食品饮料行业集群，形成了较强的物流一体化解决方案的提供能力及实施能力。通过产业及业务结构的调整及优化，提升了企业服务价值，增强了高端服务能力，实现了企业从低附加值的服务不断向产业链的上游升级。

二、案例解析

宝供的成功经验在于其根据发展需要适时实施了成功的业务转型，从原来单纯的铁路储运发展到成立物流公司开展物流业务，又从物流业务的一体化发展到供应链业务，实现了供应链业务到供应链一体化方案的解决。

事实证明，随着社会经济的发展和外部环境的演进，现代企业竞争已经不再是单纯的企业与企业之间的竞争，而是供应链与供应链之间的竞争，随着信息时代的到来，技术进步越来越快，企业对可持续发展的要求越来越高，如何保证在全球化的竞争市场环境中取得并保持自身的竞争力，是很多企业关注的焦点问题，宝供正是看到了企业的需要，及时、大胆地将自己的业务进行了转型尝试，最终证明了宝供的业务开拓战略是符合社会发展需要的正确选择。

近年来，在中国物流发展热潮的推动下，宝供物流的发展历程和经验无疑成了国内传统物流企业发展转型的参照样板。

三、案例涉及的主要知识点

（一）物流一体化

“物流一体化”是一个物流管理的问题，指专业化物流管理人员和技术人员充分利用专业化物流设备、设施，发挥专业化物流运作的管理经验，逐渐确立物流系统的观念，以求运输、仓储和其他物流要素协调运作，取得整体系统化最优的效果。

（二）供应链一体化

供应链一体化是一个系统概念，是从原材料供应商、生产制造商、销售商直到消费者，实行全程供应链的整体化和系统化管理。

学习导航

熟悉物流与供应链的由来背景及相关分类，理解物流系统的效益背反现象，掌握物流与供应链各自的概念，并能掌握物流与供应链的联系与区别。

第一节　物流和物流系统

一、物流的由来

物流的实践历史和人类历史一样久远，从原始人用兽皮包肉，用芭蕉叶、竹筒包食物，用贝壳装水，用石矛、石斧、树枝在一定范围内寻觅食物并将食物带回居住地开始，物流的初始形态就存在了，但当时并没有物流的概念。

物流概念是人类社会进入 20 世纪后随着工业化与市场经济发展逐步形成的。从现有的文献资料看，物流概念最早起源于 20 世纪初的美国，但其起源的领域和动因有两种观点。

一种观点认为物流起源于军事后勤。詹姆士·约翰逊和唐纳德·伍德指出："物流一词首先用于军事"，认为物流概念的产生及发展有其军事学上的动因。在第一次世界大战的 1918 年，英国犹尼里佛的利费哈姆勋爵成立了"即时送货股份有限公司"，其公司宗旨是在全英国范围内把商品及时送到批发商、零售商以及用户的手中，这一举动被一些物流学者誉为"物流活动的早期文献记载"。第二次世界大战中，由于军队作战的需要，如何做好海外流动性部队的后勤保障工作，如何实现军用物资合理有效地调配，做到省时、省力、保障及时，成为美军面临的重点问题。围绕战争的物资供应和保障，美军应用"运筹学"方法展开一系列研究，成功地解决了军事物资供应的诸多棘手问题，并由此建立了后勤理论。后勤管理的理论和方法后来被引入到商业部门，被人称之为"商业后勤"（Business Logistics）。

另一种观点认为物流起源于经济领域的流通活动。1901 年，约翰·格鲁威尔在向美国政府提交的《农产品流通的产业委员会报告》中讨论了农产品流通成本和各种影响因素，这份报告关注了物资流通，被认为是"揭开了人们对物流认识的序幕"。1921 年阿奇·萧在《市场流通中的若干问题》（*Some Problem in Market Distribution*）一书中提出"物流是与创造需要不同的一个问题"，并提到"物资经过时间或空间的转移，会产生附加价值"。但是，有关物流的完整定义最早出现在 1935 年，美国销售协会最先对物流进行了定义："物流（Physical Distribution）是包含于销售之中的物质资料和服务，与从生产地到消费地点流动过程中伴随的种种活动。"

上述事件记载被物流界较普遍地认为是物流的早期阶段。

20 世纪 50 年代，物流概念及理论开始为日本企业界采用。日本的专家学者在引入物流概念过程中，也经历了一个认识逐步深化的阶段。最初是将"物流"简单理解为"流通"，20 世纪 60 年代将之译为"物的流通"，随后简称"物流"。人们这时开始将"物流"看做"各种活动的综合体"，即包含了运输、配送、装卸、流通加工和信息传递活动的综合行为。此时"物流"一词的提法也得到了官方认可。到了 20 世纪 70 年代，日本已成为世界上物流最发达的国家之一。

"物流"一词大约诞生了将近 1 个世纪，确切地说是"Distribution"有近 1 个世纪的历史了，而中国的"物流"概念是在改革开放后由日本引入的。1979 年 6 月，中国学者参加了日本举行的第三届国际物流会议，首次将"物流"概念介绍到国内。在此之前，中国国内经济研究几乎没有使用过"物流"这个词。20 世纪 80 年代初，北京物资学院王之泰教授在物资部专业刊物《物资经济研究通信》上发表了"物流浅谈"一文，第一次较为系统、完整地对"物流"、"物流管理"、"物流结构"以及"物流信息"等概念进行了阐述。从那以后，对于物流理论与技术的研究开始进入国内学者、专家的视野，在中国的报刊、杂志、词典以及论著中，也开始出现"物流"一词。

现在使用的物流一词已经演变成"Logistics"。从概念内涵分析，Logistics 作为具有现代意义的物流概念被广泛认可的原因在于，它所反映的经济活动内容更具有整体性、系统性和连续性，并且囊括了 Physical Distribution 的概念含义。1985 年，美国实物配送管理委员会（National Council of Physical Distribution Management）更名为美国物流管理委员会（National Council of Logistics Management），其原因正基于此。作为世界物流领域的权威组织机构，美国物流管理委员会的此一举措极大地推动了 Logistics 在全球范围物流领域的推广与应用。从 Physical Distribution 到 Logistics，不仅是一种表达符号的变迁，也是狭义领域向广义领域的高层次飞跃，是一种崭新理念的成长与进步，它意味着需要从更广泛的领域来思考物流方面的各种问题。

二、物流的概念

不同国家、不同机构和不同研究者对于物流的概念和含义有着不同的理解。

美国物流管理协会认为物流是供应链运作中，以满足客户要求为目的，对货物、服务和相关信息在产出地和销售地之间实现高效率和低成本的正向和反向的流动和储存所进行的计划、执行和控制的过程。

美国后勤管理协会认为物流是有计划地将原材料、半成品及产成品由生产地送达至消费地的所有流通活动。其内容包括为用户服务、需求预测、情报信息联系、物料搬运、订单处理、选址、采购、包装、运输、装卸、废料处理及仓库管理等。

日本通商产业省运输综合研究所认为，物流是商品从卖方到买方的全部转移过程。

我国众多研究机构和学者也给出了对物流的理解，普遍接受国家质量技术监督局发布的中华人民共和国国家标准《物流术语》（GB/T 18354—2006）中的概念：物流指物品从供应地向接收地的实体流动过程。根据实际需要，将运输、储存、装卸、搬运、包装、流通加工、配送、信息处理等基本功能实施有机结合。

三、物流的内涵认识

物流围绕的是实体物品的流动，物流的主体是供给者和需求者。从不同的角度对物流的内涵有着不同的理解和认识：

（1）从服务角度看物流，物流是为产品的生产制造和市场营销提供服务。

（2）从管理角度看物流，物流就是功能整合，是将包装、运输、装卸、搬运、保管等各种功能性活动进行统筹的安排和协调。

（3）从资产角度看物流，物流的核心就是在供应链中流动的存货；物流就是对供应链中各种形态的存货进行有效协调、管理和控制的过程。

（4）从环境角度看物流，物流是一个有助于企业降低资源消耗，谋求可持续发展的重要途径和方式。

（5）从产业角度看物流，物流是一个从生产和流通中分离出来的新兴产业。

四、物流的类型

由于物流对象不同、物流目的不同、物流范围不同，形成了不同类型的物流。

（一）宏观物流

宏观物流是指社会再生产总体的物流活动，从社会再生产总体角度认识和研究的物流活动。宏观物流还可以从空间范畴来理解，在很大空间范畴的物流活动，往往带有宏观性，在很小空间范畴的物流活动则往往带有微观性。宏观物流研究的主要特点是综观性和全局性。宏观物流主要研究内容是物流总体构成，物流与社会的关系，物流在社会中的地位，物流与经济发展的关系，社会物流系统和国际物流系统的建立和运作等。

（二）微观物流

消费者、生产者企业所从事的实际的、具体的物流活动属于微观物流。在整个物流活动中，一个局部、一个环节的具体物流活动也属于微观物流。在一个小地域空间发生的具体的物流活动也属于微观物流。

（三）社会物流

社会物流指超越一家一户的以一个社会为范畴面向社会为目的的物流。

（四）企业物流

从企业角度上研究与之有关的物流活动，是具体的、微观物流活动的典型领域。

（五）国际物流

国际物流是现代物流系统发展很快、规模很大的一个物流领域，国际物流是伴随和支撑国际间经济交往、贸易活动和其他国际交流所发生的物流活动。

（六）区域物流

相对于国际物流而言，一个国家范围内的物流、一个城市的物流、一个经济区域的物流都处于同一法律、规章制度之下，都受相同文化及社会因素影响，都处于基本相同的科技水平和装备水平之中。

（七）一般物流

一般物流是指物流活动的共同点和一般性，物流活动的一个重要特点是涉及全社会、各企业，因此，物流系统的建立、物流活动的开展必须有普遍的适用性。

（八）特殊物流

专门范围、专门领域、特殊行业，在遵循一般物流规律基础上，带有特殊制约因素、特殊应用领域、特殊管理方式、特殊劳动对象、特殊机械装备特点的物流，皆属于特殊物流范围。

五、物流活动的构成

物流是包括运输、储存、包装、装卸搬运、流通加工和物流信息处理等基本功能的活动，它是由供应地流向接受地以满足社会需求的活动。

（一）运输

由于商品产地与销地之间存在着空间的背离。有的商品是甲地生产，乙地消费；有的商品是乙地生产，甲地消费；有的商品是国外生产，国内消费；有的商品是城市生产，农村消费；有的商品是农村生产，城市消费。因此，要使消费者或用户买到所需商品，必须使商品从产地到达销地，这一职能只有通过商品运输才能实现。

（二）储存

商品生产与商品消费存在着时间上的不均衡。农副土特产品大多是季节性生产，常年消费；日用工业品大多是集中生产，分散消费，这就使生产与商品的连续流通存在着时间上的矛盾。要克服这个矛盾，必须依靠商业储存来发挥作用。

（三）包装

要使得商品实体在物流中通过运输、储存环节，顺利地到达消费者手中，必须保证商品的使用价值完好无损，因此，商品包装职能十分必要。合适的商品包装，可以维护商品的外观质量和内在质量，使商品在一定条件下不至于因外在因素影响而被破坏或散失，保障整个物流活动的顺利进行。

（四）装卸搬运

通常装卸搬运是合在一起用的。有时候在特定场合，单称“装卸”或单称“搬运”也包含了“装卸搬运”的完整含义。装卸是指：“物品在指定地点以人力或机械装入运输设备或卸下。”搬运是指：“在同一场所内，对物品进行水平移动为主的物流作业。”装卸是改变“物”的存放，支撑状态的活动，主要指物体上下方向的移动。而搬运是改变“物”的空间位置的活动，主要指物体横向或斜向的移动。

（五）流通加工

由于商品产销方式的不同，生产性消费一般要求大包装、单花色、单规格、散装件，而个人生活消费则需要商品小包装、多花色、分规格、组合件等，这就需要在流通中进行必要的流通加工才能适应商品销售的需要。

（六）配送

配送是指在经济合理区域范围内，根据客户要求，对物品进行拣选、加工、包装、分割、组配等作业，并按时送达指定地点的物流活动。

（七）信息处理

物流信息职能是由于物流管理活动的需要而产生的，其功能是保证作业子系统的各种职能协调一致地发挥作用，创造协调效用。物流信息是反映物流各种活动内容的知识、资料、图像、数据、文件的总称，物流信息处理就是对物流信息的接收、存储、转化、传送和发布等。

物流活动构成中每一部分的具体内容详见物流作业篇的阐述。

六、物流的重要性

物流是一个不可省略或者说不可跨越的过程，物流活动完成的是实体物质的流动，可以实现空间价值和时间价值。首先，“物”从供给者到需求者之间有一段空间差。供给者和需求者之间往往处于不同的空间，由于改变这一空间的差别，创造的价值称作“空间价值”。物流的存在不仅实现物品从集中生产空间流入分散需求空间创造价值，而且可以实现物品从分散生产空间流入集中需求空间创造价值，可以实现从甲地生产流入乙地需求创造空间价值。其次，“物”从供给者到需要者之间有一段时间差，改变这一时间差创造的价值称为“时间价值”。物流的存在不仅可以缩短时间创造价值，也可以弥补时间差创造价值，还可以延长时间差创造价值。

在物资短缺年代，企业可以靠扩大产量、降低制造成本去攫取第一利润；在物资丰富的年代，企业可以通过扩大销售攫取第二利润。但是，在经济全球化、信息全球化和资本全球化的21世纪，第一利润源和第二利润源已基本到了一定极限，物流作为第三利润源成为提高企业竞争力的法宝，搞好物流能够节约自然资源、人力资源和能源，可以实现零库存、零距离和零流动资金占用，是提高客户服务水平、构筑企业供应链、增加企业核心竞争力的重要途径，企业只有建立现代物流体系，才能在激烈的竞争中求得生存和发展。

七、物流系统基本内容

（一）物流系统的概念

系统是由两个以上相互区别或者相互作用的单元有机结合起来，完成某一个功能的综合体，一般具有的条件：系统整体是由两个或两个以上要素组成的有机整体；系统内部诸要素之间，存在着有机联系和相互作用；系统具有一定结构，保障系统的有序性；系统的形成和存在受环境的制约。

物流系统是指在一定的时间和空间里，由所需输送的物料和有关设备、输送工具、仓储设备、人员以及通信联系等若干相互制约的动态要素构成的具有特定功能的有机整体。

物流系统和一般系统一样，具有输入、转换及输出三大功能，通过输入和输出使系统与社会环境进行交换，使系统和环境相依而存。

（二）物流系统的特点

（1）物流系统是一个大跨度系统，这反映在两个方面：一是地域跨度大；二是时间跨度大。

（2）物流系统稳定性较差而动态性较强。物流系统是一个具有满足社会需要、适应环境能力的动态系统。为适应经常变化的社会环境，为使物流系统良好地运行，人们必须对物流系统的各组成部分经常不断地修改、完善，因此，物流系统必须是灵活、可变的。

（3）物流系统属于中间层次系统范围，本身具有可分性。作为物流系统，无论其规模多么庞大，都是由若干个相互联系的子系统组成。根据物流系统的运行环节，可以划分为以下几个子系统：物资的包装系统、物资的装卸系统、物资的运输系统、物资的储存系统、物资的流通加工系统、物资的回收再利用系统、物资的情报系统、物流的管理系统等。

（4）物流系统的复杂性。物流系统的运行对象——“物”，可以是全部社会物资资源，资源的多样化带来了物流系统的复杂化。物流系统中人力、物力、财力资源的组织和合理利用，是一个非常复杂的问题。收集、处理物流信息，并使之指导物流活动，也是一项复杂的工作。此外，物流系统结构要素间有非常强的“背反”现象，处理时稍有不慎就会出现系统总体恶化的结果，这也导致了物流系统是一个复杂的系统。

（三）物流系统的构成要素

（1）物流系统的一般要素有：人的要素、资金要素、物的要素、信息要素。

（2）物流系统的功能要素有：运输配送、储存保管、包装、装卸搬运、流通加工、物流信息等要素。

（3）物流系统的流动要素有：流体（物）、载体（承载“物”的设备和这些设备据以运作的设施）、流向（“物”转移的方向）、流量（物流的数量）、流程（物流经过的里程）、流速（流体流动的速度）。

（4）物流系统的物质基础要素有：基础设施、物流装备、物流工具、信息技术及网络、组织及管理等。

（5）物流系统的支撑要素有：法律制度、行政命令、标准化、商业习惯等。

（四）物流系统的二律背反

在众多活动构成的物流系统中，不仅普遍存在物流服务与物流成本之间效益背反规律，而且物流各功能活动之间也存在二律背反现象。例如，减少仓库并尽量减少库存，势必使库存补充变得频繁，必然增加运输次数；简化包装，则包装强度降低，仓库里的货物就不能堆放过高，造成了空间的浪费，增加了仓储的成本；包装简化还会导致在装卸和运输过程中容易出现破损，以致搬运效率下降，破损率增多。再如，将铁路运输改为航空运输，运输速度大幅度提高了，减少了各地物流据点的库存，从而减少了仓储费用，但运费增加了。

由于各物流活动之间存在着“效益背反”，因此，物流系统要处理好这些活动及功能的关系，兼顾各方面的效益，主要是以成本为核心，按总成本最低的要求实现整体优化。也就是说，物流系统的目标就是要调整各活动之间的矛盾，把它们有机地联系起来，使总成本最小，以追求和实现所有部门的最佳效益。

第二节　供应链的由来和发展

一、供应链的由来

供应链从古代人们分工合作与交换所需物品开始就已经出现。农民在土地上种出麦子，收获后卖给磨坊店，磨坊店把麦子加工成面粉，再将面粉卖给面包店，面包店再制成面包在店内出售，最后面包被居民购买享用。将这些活动连接起来，就形成了一条供应链。

随着工业时代的到来，人们更多强调效率与分工的重要性，因此，每个企业都追求效率化及高度单一化。人们普遍认为，只要本企业可以达到效率、效益最大化，必然能够因此而获利并具备竞争力，但由于过分强调工作切割及局部最优化，整体观念有所削弱。例如，企业为追求大量快速的生产效率，引进了许多高度自动化的生产机械及强调单一动作的生产管理方式，这些快速生产出来的标准化产品，不是在仓库堆积库存，就是形成销售通路的库存。这样，人们又不得不想尽办法把库存变成现金，不得不采用诸如买一送一、杀价拍卖等销售手段。在这样的情形下，零售店不会考虑制造商的问题，反过来也一样，造成销售和生产的脱节。此时的供应链可以说纯粹以物流驱动为主导，缺乏整体观念。

供应链的真正理念被认为是从20世纪50年代后期开始的存货流入、流出管理的理论和实践中演化而来。20世纪70年代开始实践的物料需求管理（MRP）被认为是供应链管理理念付诸于实践的真正开端。而“供应链管理”一词由两位咨询人员Oliver和Webber于1982年首创，20世纪80年代中期在一些物流文献中开始使用，当时供应链的着眼点是在库产品的削减以及供给者与需求者之间的供需调整。

供应链被企业界和理论界广泛认识和接受是在20世纪90年代。随着科学技术特别是信息技术的不断进步和生产力的快速发展，在全球化市场环境中，企业的潜在顾客数量大大增加，但同时由于信息渠道通畅，既有的潜在用户都可能迅速被别的企业夺走。企业在有机会把产品销售到全世界的同时，也要面对来自全世界的竞争，从而使其生存的不确定性很大，竞争十分激烈。过去能够创造赢利的经营模式在将来可能只能赚取微薄的利润甚至亏本。消费者和企业客户从各种渠道寻找价格最低的产品和服务，价格战不仅在地区间展开，更在全世界范围内进行。在这种情形下，只有最佳的、拥有优势的企业才能生存下来。因此，企业除了开发创造有特别价值的产品和服务外，也要获得价格比竞争对手更低的竞争优势。另外，由于消费者是最终的“付钞者”，随着消费水平的提高，他们的期望也越来越高，他们要求产品和服务具有更好的质量、更多的选择、更高的价值和更低的价格。

在这种大环境下，企业逐渐认识到，产品和服务的竞争力并非由单个企业自身优化与否所决定，而是由从原材料到产品完成的整个过程决定，因此，必须以协同的方式，把企业内部和外部的资源有效地整合在一起。这意味着企业之间的竞争正在演变为不同供应链之间的竞争，这种竞争模式将成为未来经济的重要特征。

二、供应链的发展阶段

（一）物流管理阶段

早期供应链仅仅被视为企业内部的一个物流过程，它所涉及的主要是物料采购、库存、生产和分销诸部门的职能协调问题，最终目的是为了优化企业内部的业务流程，降低物流成本，从而提高经营效率。

（二）价值链阶段

进入20世纪90年代，人们对供应链的理解又发生了新的变化。首先，由于需求环境的变化，原来被排斥在供应链之外的最终用户、消费者的地位得到了前所未有的重视，从而被纳入了供应链的范围。这样，供应链就不再只是一条生产链了，而是一个涵盖了整个产品运动过程的价值增值链，注重与其他企业的联系。

（三）链网阶段

随着信息技术的发展和产业不确定性的增加，企业间关系正呈现日益明显的网络化趋势。与此同时，人们对供应链的认识也正在从线性的单链转向非线性的网链，供应链的概念更加注重围绕核心企业的网链关系，即核心企业与供应商、供应商的供应商的一切向前关系，与用户、用户的用户及一切向后的关系。供应链的概念已经不同于传统的销售链，它跨越了企业界限，从扩展企业的新思维出发，并从全局和整体的角度考虑产品经营的竞争力，使供应链从一种运作工具上升为一种管理方法体系，一种运营管理思维和模式。

三、供应链的概念

从供应链的发展脉络来看，其概念来源于彼得·德鲁克提出的“经济链”，而后经由迈克尔·波特发展成为“价值链”，最终日渐演变为“供应链”。

目前，关于供应链的概念还未形成统一的定义，许多学者和组织从不同的角度给出了许多不同的答案。

美国供应链协会（Supply Chain Council，SCC）对供应链的定义为：“供应链涵盖了从供应商的供应商到消费者的消费者，自生产至制成品交货的各种工作努力。”这些工作努力可以用计划、寻找资源、制造、交货和退回等五种基本流程来表述。

美国资源管理教育学会（American Production and Inventory Control Society，APICS，原生产与库存控制协会）将供应链定义为：①供应链是自原材料供应直至最终产品消费，联系跨越供应商与用户的整个流程；②供应链涵盖企业内部和外部的各项功能，这些功能形成了向消费者提供产品或服务的价值链。

美国史迪文斯（Stevens）对供应链的定义：“通过增值过程和分销渠道控制从供应商的供应商，到用户的用户的物料流就是供应链，它开始于供应的源点，结束于消费的终点。”

哈里森（Harrison）：“供应链是执行采购原材料，将它们转换为中间产品和成品，并将成品销售到用户的功能网链。”

Simchi-Levietal（2000）认为，供应链管理是应用一组方法将供应商、制造商、仓库和库存有效集成，为了总成本最小和满足需求的服务水平，使商品在正确的数量、正确的地点和正确的时间生产和分销。

我国国家标准《物流术语》（GB/T 18354—2006）将供应链定义为：生产及流通过程中，涉及将产品或服务提供给最终用户所形成的网链结构。

马士华教授编著的《供应链管理》一书中对供应链的定义是：“供应链是围绕核心企业，通过对信息流、物流、资金流的控制，从采购原材料开始，制成中间产品以及最终产品，最后由销售网络把产品送到消费者手中的将供应商、制造商、分销商、零售商，直到最终用户连成一个整体的功能网链结构模式。”

本书认为，供应链是指企业从原料采购到制成品完成过程中，在相互关联的部门或业务伙伴之间所发生的物流、资金流、知识流、信息流和服务流，覆盖从产品（或服务）设计、原材料采购、制造、包装到交付给最终用户的全过程的供应关系网络。

从各种不同的论述中可以看出供应链的以下“共性”：

（1）供应链上存在不同行为主体。如消费者、零售商、批发商、制造商及原材料供应商。

（2）供应链是企业之间以及企业内各职能部门之间的互动与合作。

（3）供应链具有特定的功能，如为顾客提供某类商品或服务。

（4）供应链具有特定的结构特征，如有起始点和终结点，呈现出网状结构等。

（5）供应链的业务过程和操作，可以从工作流程、实物流程、信息流程和资金流程四个方面进行分析。

第三节　供应链物流理念

一、物流与供应链的联系与区别

要分析物流与供应链的联系与区别，首先必须明确二者各自的特征。

已有物流的概念反映出以下特点：

（1）物流概念的形成和发展与社会生产、市场营销、企业管理的不断进步密切相关。

（2）物流概念与物流实践始于军事后勤，而“物流”一词没有限定在商业领域还是军事领域。物流管理对公共企业和私人企业活动都适用。

（3）无论是在 Physical Distribution 还是在 Logistics 的内涵中都强调了物流“实物流动”的核心。

（4）物流的功能主要由运输、储存、装卸、包装以及信息处理等构成。

供应链概念具有以下特征：

（1）供应链的每个节点都是供应链的必不可少的参与者。从范围上观察，供应链把对成本有影响的和在产品满足顾客需求的过程中起作用的每一参与者都考虑在内：从供应商、制造商、分销商、零售商直到最终用户。供应链上的节点企业间是供需协调、物流同步的关系。

（2）供应链是一条物流链、信息链、资金链、增值链。

（3）供应链是由若干供应链集成的网链结构。一个企业可以是一条供应链的成员，也可以是另一条供应链的成员，众多的供应链形成交叉网络结构，供应链往往由多个、多类型甚至多国企业构成。

物流的概念强调的关键点是“实物流动过程”，而供应链的概念强调的是由供应商、制造商、分销商、零售商直到最终用户所形成的网链或网络结构。供应链定义的精髓显然是上下游的供求关系，是生产、分销、零售等职能的分工与合作。

物流和供应链是两个不同的概念，无论是在定义的内涵上，还是在具体的运作上都存在着很大的不同。从表面上观察，物流仅仅是供应链的组成部分，但是，如果从运行特征上观察，供应链更关心的是商品所有权转移，即价值流、资金流和信息流的规律，而物流更专注的是物的空间位移。供应链上的活动包括制造活动和物流活动，涉及从原材料到产品交付给最终用户的整个物流增值过程；物流涉及企业之间的价值流过程，是企业之间的衔接管理活动。供应链网链结构的节点中没有物流企业，从上游到下游的顺序关系来观察似乎也没有物流服务商，如果将企业内部的物流暂时考虑在外，那么，物流应发生在企业供应链节点的连线上，并以加工、包装、运输、配送等过程为供应链的运行创造了条件。

二、供应链物流的内容

在当前市场环境下，在各种类型的行业中，供应链物流被许多企业视为生命线。供应链物流是以物流活动为核心，协调进货和生产、销售和逆向回收等活动。通常按照企业在供应链上的位置和所处的活动阶段分为采购物流、生产物流、销售物流和逆向物流。

（一）采购物流

采购物流是指包括原材料等一切生产物资的采购、进货运输、仓储、库存管理、用料管理和供应管理，也称为原材料采购物流。采购物流在不同的企业里，重点有所不同。在加工制造型企业，采购基本上是采购原材料、零部件、毛坯料，甚至有时候还是半成品。在零售企业里采购的一般是商品，而不会去采购原材料和零部件，而且商品也有配套的销售包装及说明书。

（二）生产物流

生产物流是指生产过程中原材料、在制品、半成品、产成品等，在企业内部的实体流动。原材料、燃料、外构件投入生产后，经过下料、发料，运送到各加工点和存储点，以在制品的形态，从一个生产单位（仓库）流入另一个生产单位，按照规定的工艺过程进行加工、储存，借助一定的运输装置，在某个点内流转，又从某个点内流出，始终体现着物料实物形态的流转过程。生产物流是企业物流的关键环节，企业生产系统中物流的边界起于原材料、外购件的投入，止于成品仓库。它贯穿生产全过程，横跨整个企业（车间、工段），其流经的范围是全厂性的、全过程的。物料投入生产后即形成物流，并随着时间进程不断改变自己的实物形态（如加工、装配、储存、搬运、等待状态）和场所位置（各车间、工段、工作地、仓库）。生产物流研究的核心是如何对生产过程的物料流和信息流进行科学的规划、管理与控制。

（三）销售物流

销售物流是指生产企业、流通企业出售商品时，物品在供方与需方之间的实体流动，是将产品的所有权转给用户的物流活动，可以实现产品从生产地到用户的时间和空间的转移，也是包装、运输和储存等环节的统一。销售物流的起点，一般情况下是生产企业的产成品仓库，经过分销物流，完成长距离、干线的物流活动，再经过配送完成市内和区域范围的物流活动，到达企业、商业用户或最终消费者。销售物流是企业物流系统的最后一个环节，是企业物流与社会物流的又一个衔接点，它与企业销售系统相配合，共同完成产成品的销售任务。

（四）逆向物流

逆向物流与传统意义上的供应链物流方向相反，在国家标准物流术语中，逆向物流包括回收物流与废弃物物流。回收物流是指不合格物品的返修、退货以及周转使用的包装容器从需方返回到供方所形成的物品实体流动，即企业在生产、供应、销售的活动中总会产生各种边角余料和废料，这些东西的回收是需要伴随物流活动的。废弃物物流是指将经济活动中失去原有使用价值的物品，根据实际需要进行收集、分类、加工、包装、搬运、储存等，并分送到专门处理场所时所形成的物品实体流动。

三、供应链物流管理模式

（一）根据供应链上企业的自主参与性及外包程度

可分为自营物流模式、联盟物流模式、部分外包物流模式、完全外包物流模式。

1. 自营物流模式

最典型的自营物流如海尔集团物流模式。海尔集团最初从实施物流业务流程重组开始，到成立统一的物流推进部，再到后来成立海尔物流有限公司，都是利用集团自身的资源与力量来完成相关的企业物流活动，实现了以订单信息流为中心，带动物流、商流、资金流的共同运作。目前，很多有实力的制造企业都是自己出资成立专门的物流公司，如宝钢集团成立宝铁储运公司，成立的物流公司作为制造企业的子公司实行独立经营、自负盈亏，主要专注服务于母公司的物流业务。

2. 联盟物流模式

企业整合内部的物流资源，与有意合作的其他企业法人开展联盟物流模式，如共同出资组建合资或股份制物流公司，实行共同经营、共负盈亏、共担风险。通过合资，原企业可以获得长期高效的服务，合作企业也可以获得可靠的客户源，通过达成一定的契约开展业务并进行利润分配。联盟物流模式可以使原企业与合作企业在物流设施、运输能力、物流管理技术等方面实现优势互补，从而达到整个联盟效益最大化的目的。美的与新加坡吉宝物流合资控股的安得物流公司就属于这种类型。安得物流除了满足美的集团的物流需求外，作为独立的第三方物流企业同样可以服务于其他企业。如果说海尔是把物流作为降低成本的机器，美的集团则把物流作为一个赚钱机器。

3. 部分外包物流模式

部分外包物流模式也可以叫混合式物流模式，沃尔玛的物流模式就属于这种类型。沃尔玛日常类别的产品大都是经过自己的配送中心完成的自营物流配送，而生鲜食品类的产品大都是借助社会资源的第三方专业物流企业来完成的，这种模式更有利于企业发挥自己的长处，同时，可借助别人的长处来补自己的短处，从而更有效地降低物流成本。

4. 完全外包物流模式

现在许多公司开始将自己的货物或产品的储存和配送完全外包给专业性的货物配送公

司来完成。物流外包不仅仅降低了企业的整体运作成本，更重要的是使企业摆脱了物流过程及现存物流操作模式和操作能力的束缚，充分利用社会资源的外生力量来辅助完成自身价值链的优化，从而达到持续稳定的发展。伊莱克斯将物流完全外包给第三方物流企业，第三方物流商为他们提供整个或部分供应链的物流服务，以获取一定的利润，目前伊莱克斯将物流交由包括宝供物流企业集团在内的三家物流公司负责。

(二) 根据对供应活动、生产运作、销售活动和物流活动的协调机能差异性

可以把制造企业供应链物流归纳成三种模式：批量物流、订单物流和准时物流。

1. 批量物流

批量物流的基础是对客户需求的预测。生产企业的一切经济活动都是基于对客户需求预测而产生的。在预测前提下，生产企业的经济活动都是批量运营的，批量采购、批量生产和批量销售，这也必然伴随着批量物流。

2. 订单物流

订单物流的基础是客户的订单。生产企业的经济活动是基于客户订单而产生的。在订单前提下，生产企业的经济活动都是围绕订单展开的，根据订单进行销售、生产和采购，而物流也是根据客户订单产生的经济活动而形成。

3. 准时物流

准时物流是订单物流的一种特殊形式，是建立在准时制管理理念基础上的现代物流方式。准时物流能够达到在精确测定生产线各工艺环节效率的前提下，按订单准确的计划，消除一切无效作业与浪费，如基于均衡生产和看板管理的丰田模式。

练习思考题

一、名词解释

物流　　物流系统　　二律背反　　供应链

采购物流　　生产物流　　销售物流　　逆向物流

二、简答题

1. 物流活动的构成有哪些?

2. 物流系统的特点有哪些?

3. 供应链物流有哪些内容?

三、论述题

1. 试述物流与供应链的联系与区别。

2. 试举例说明物流系统中的二律背反现象。

实训项目

调查了解一个企业的物流业务范围及现状，发现其物流业务发展的特点，并根据特点给出适合该企业的物流模式建议，撰写成3000字左右的报告。

第二章　供应链管理基础理论

引导案例

李宁的供应链管理案例

一、案例简介

为了应对市场变化及新的品牌定位，李宁公司从供应链管理的角度给自己重新定位，这就是资源的管理者和分配者。

对李宁公司来说，对供应链的管理其实就是对需求的管理。李宁公司的经营模式很像做期货：产品设计出来后，先开订货会，经销商来下订单。订单来了之后，李宁公司发给加工厂，加工厂进行统计、合并、编号、计算成本后，再发给材料供应商、辅料商，然后，由物流供应商配合流通工作。

李宁公司在全国有 3 个生产基地，分别位于北京、上海、广州，而 3 个配送中心（DC）也相应地设在长三角、珠三角和北京周边 3 个大区。产品生产出来后，李宁公司的物流部门 2 小时内就能将产品放入本大区的 DC，由 DC 进行货物的检配，然后，根据经销商的需求，由区域的物流公司进行配送。

李宁公司一直以来都是 Outsourcing（外包）型企业，基本上没有自己的工厂，原材料通过合作伙伴生产成成品再由李宁公司销售出去。李宁公司的主要工作方向完全集中在管理性工作上，主要完成对供应链上的所有资源进行管理和分配。

服装、鞋类市场流行趋势变化快，生命周期短，很少有一种产品是今年卖了明年还能接着卖的。李宁公司现在已有 2 万种不同款式、色码的服装、鞋、帽、便装、套服等产品，在国内市场上推出新品的频率非常高，而且现在消费者的要求越来越高，可选择性也越来越多。因此，几经权衡之下，市场敏感型的供应链成为李宁公司供应链管理的核心。

二、案例解析

要锻造市场敏感型的供应链，其核心因素在于供应链的反应速度，这一直是李宁公司所追求的。而李宁公司现有的反应速度在业内被认为是比较快的，这在李宁公司的物流体系中有很清晰的反映。

在不同的地区，李宁公司选择不同的合作运输公司和仓储公司来承担局部配送工作。李宁公司的物流供应商都是中等规模的物流公司，这主要是从受重视程度方面来考虑的。大规模的物流公司在操作上有欠灵活，而且层层管理，管理力度上不够且费用高，李宁公司期望的受重视程度也不尽如人意。而选择中等规模的物流公司，李宁公司就可以理直气壮地要求货物的首发地位，现在李宁公司的物流分拨效率是 3 天，比专业的物流公司还快，在业内相当有名。

配送等几个单一环节的高效率显然不能让李宁公司满意，库存周转率方面与国际知名品牌的巨大差距让致力于全球市场的李宁公司心有不甘。耐克、锐步等国际知名品牌的平均库存周转天数为 70～90 天，而李宁公司 2004 年中期业绩显示的平均存货周转天数为 124 天。这不仅反映了公司的后台运营能力不足，库存周转率低也意味着占用资金多，降低了资本回报率。

因此，随着与 NBA 签约等品牌国际营销项目开始运作，李宁公司在供应链管理上的变革和招标也在同步进行。李宁公司认为，比较理想的状态，是将物流分拨给一家强有力的物流公司，由原材料厂商跟物流公司直线配合，而李宁公司只是作为需求的管理者负责发放资源，将采购、生产、加工、销售、物流等各个环节统一调配管理起来。但是，由于目前还没有一家物流公司能够承担全国配送的业务，李宁公司现在所做的，是逐步收集现有物流体系的数据，以作为将来供应链管理的依据。

在现有的系统基础上，李宁公司正在寻求一种新的供应链的管理系统（SCM）思路，实现包括原材料供应商、OEM 工厂、辅料工厂以及物流供应商在同一个网络平台上交流信息的构想。供应链管理既然是对需求的管理，就带有一种预测的性质，尽管不可能做到 100％正确，对需求变化的管理仍然非常重要。而这一平台搭建起来后，李宁公司就可以更加有效地管理需求，并通过整合资源提高供应链对市场的反应速度。

三、案例涉及的主要知识点

（一）供应链管理

英文为 Supply Chain Management，至今仍没有一个统一明确的定义，通常是指一种集成的管理思想和方法，是在满足一定的客户服务水平条件下，为了使整个供应链系统成本达到最小，而把供应商、制造商、仓库、配送中心和渠道商等有效地组织在一起，进行的产品制造、转运、分销及销售的管理方法。

（二）外包

英文为 Out Sourcing，也有人将之译为外部委托，或者资源外包。尽管业务外包至今仍没有一个统一明确的定义，但其本质是把自己做不了、做不好或别人做得更好、更全面的事交由别人去做，准确一点讲，业务外包是一种管理策略，它是某一公司（称为发包方），通过与外部其他企业（称承包方）签订契约，将一些传统上由公司内部人员负责的业务或机能外包给专业、高效的服务提供商的经营形式，业务外包被认为是一种企业引进和利用外部技术与人才，帮助企业管理最终用户环境的有效手段。

学习导航

熟悉供应链管理的结构模型，理解供应链管理的内涵及主要内容，掌握供应链管理的常见方法，并能理解供应链一体化模式。

第一节　供应链的结构及分类

一、供应链的结构

一段时间以来，对供应链的关注大都立足于成员企业运营视角，核心企业被作为供应链构建中理所当然的主体而存在，由于核心企业的不同性质，可以将供应链分为三种基本的类型：一是以制造商为核心的制造型供应链；二是以销售商为核心的销售型供应链；三是混合型供应链，即制造商与销售商在供应链中居于同等的战略地位。但不管核心企业是哪种类型的，其均面临一个或多个上游供应商、一个或多个下游销售商，如图 2－1 所示。

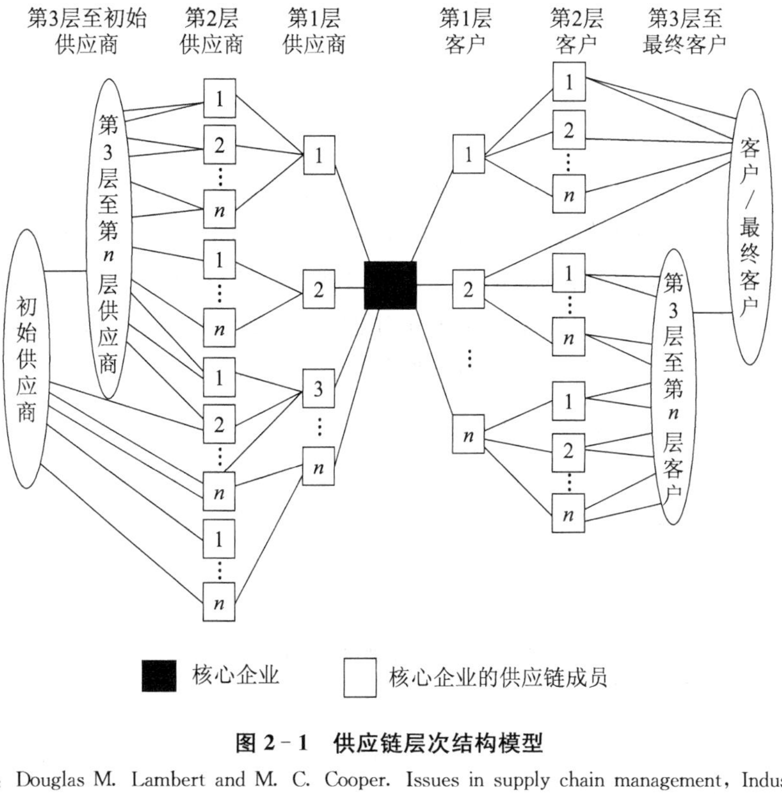

图 2－1　供应链层次结构模型

资料来源：Douglas M. Lambert and M. C. Cooper. Issues in supply chain management，Industrial Marketing Management. 2000：29.

一个完整的供应链包括了上游的供应企业，也包括中间的核心企业和下游的销售企业。图 2－1 显示了供应链的基本组成和概貌，是供应链的分层结构，黑方框表示核心企业，白方框是这个核心企业的供应链成员。核心企业拥有 n 个供应商和 n 个客户，每个供应商又分别拥有 n 个供应商，每个客户又分别拥有 n 个客户，依次类推。整个链条从核心企业出发，依次到第 1 层供应商（客户）、第 2 层供应商（客户）、第 3 层供应商（客户）

核心竞争力的发展，使得业务外包成为必然；主要管理内容都是围绕供应、计划、物流、需求等开展；管理目标都是满足既定的服务水平，系统总成本最小。但是，服务供应链与产品供应链也有本质的区别（表 2-3）。二者的区别主要来源于服务产品与制造产品的区别，服务产品具有不同于制造产品的 6 个特征，即顾客影响、不可触摸性、不可分割性、异质性、易逝性、劳动密集性等。这些特征的存在使得服务供应链在结构上需要更多采取较短的供应链渠道，典型的结构为功能型服务提供商—服务集成商—客户；在运营模式上更多采用市场拉动型，具有完全反应性供应链特征；在供应链协调的主要内容上更多是服务能力协调、服务计划协调等；在稳定性方面，服务供应链的稳定度较低，首先，是由于最终客户的不稳定性，其次，异质化的客户服务需求使服务企业所选择的服务供应商会随需求的变化而及时调整。

表 2-3　　产品供应链与服务供应链的比较

区　别	类　型	
	产品供应链	服务供应链
含　义	以生产有形产品的企业为核心地位进行上下游扩展活动的供应链	具有供需关系的服务供应商、服务中介、服务需求商等行为主体组成的关系链
形　式	有形的部件、产品、消费品的生产与流通	无形的服务活动及信息的流通

（三）推式供应链和拉式供应链

根据供应链的驱动方式可以将供应链分为推式供应链和拉式供应链。

推式供应链以生产企业为主导，产品生产建立在需求预测的基础上，并在客户订货前进行生产，产品生产出来后从分销商逐级推向顾客，一般来说，制造商利用从零售商仓库接到的订单来预测顾客需求，推动式供应链的不确定性很低，但提前期较长，按库存生产是主要的生产方式。拉式供应链是指消费者导向或需求导向型供应链，由消费者购买产品后，经由销售时点情报的数据收集，再逐级将信息传递到制造商、制造商的供应商等各个环节，从而完成生产制造的按单生产。两种供应链的性质不同（图 2-3）。

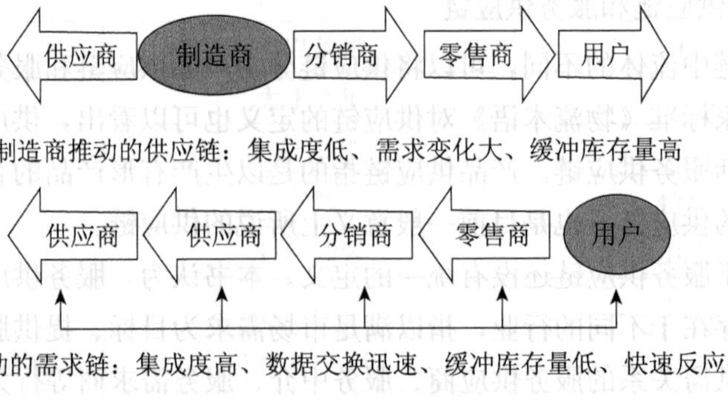

图 2-3　两种不同性质的供应链

(四) 稳定供应链和动态供应链

根据供应链存在的稳定性，可以将供应链分为稳定供应链和动态供应链。

基于相对稳定、单一的市场需求而组成的供应链稳定性较强，而基于相对频繁变化、复杂的需求而组成的供应链动态性较高。

(五) 盟主型供应链和非盟主型供应链

根据企业地位不同，可以将供应链分为盟主型供应链和非盟主型供应链。

盟主型供应链是指供应链中某一成员的节点企业在整个供应链中占据主导地位，对其他成员具有很强的辐射能力和吸引能力，通常称该企业为核心企业或主导企业。根据供应链中企业的不同性质，可以将盟主型供应链细分：以生产商为盟主的供应链、以中间商为盟主的供应链、以零售商为盟主的供应链。

第二节 供应链管理的内容及方法

一、供应链管理的内涵

国家标准《物流术语》(GB/T 18354—2006) 中给出的供应链管理的定义为：对供应链涉及的全部活动进行计划、组织、协调与控制。

本书认同供应链管理就是指对整个供应链系统进行计划、协调、操作、控制和优化的各种活动和过程，其目标是要将顾客所需的正确的产品 (Right Product) 能够在正确的时间 (Right Time)，按照正确的数量 (Right Quantity)、正确的质量 (Right Quality) 和正确的状态 (Right Status) 送到正确的地点 (Right Place)，并使总成本达到最佳化。

供应链管理内涵的理解可以从以下几个方面入手：

(1) 供应链管理是把供应链中所有节点企业看做一个整体，协调企业内外资源来共同满足消费者需求。供应链上各环节的企业被看做为一个虚拟企业同盟，任一个企业相当于这个虚拟企业同盟中的一个部门，只不过虚拟企业同盟的组成是动态的，根据市场需要在随时发生变化。

(2) 供应链管理涵盖整个链上从供应商一直到最终用户的采购、制造、营销等职能领域的工作流、物流、资金流和信息流处理。

(3) 供应链管理强调和依赖战略管理。整个供应链中任意两节点之间都是供应与需求关系，同时，供应链管理又是一个有重要战略意义的概念，因为它影响或者可以认为它决定了整个企业的供应链成本和市场占有份额。

(4) 供应链管理具有更高的目标，通过管理库存和合作关系达到高水平的服务，而不是仅仅完成一定的市场目标。

(5) 供应链管理实际上是一种基于“竞争—合作—协调”机制的、以分布企业集成和分布作业协调为保证的新的企业运作模式。

(6) 供应链管理最关键的是需要采用集成的思想和方法，而不仅仅是节点企业、技术方法等资源简单的连接。

二、供应链管理的内容

供应链管理包括了原材料采购到产品销售的所有活动，涉及物流、资金流、信息流，着重供应商、制造商、批发零售商以及服务供应商和客户之间的协调处理，包括与供应商的关系，与客户的关系，以及企业内部价值流程链的管理，具体涵盖了客户关系管理、客户服务管理、需求管理、订单配送管理、制造流程管理、供应商关系管理、产品开发与商业化以及回收物流管理等内容。供应链管理主要涉及 4 个领域：供应、生产计划、物流和需求。职能领域主要包括产品工程、产品技术保证、采购、生产控制、库存控制、仓储管理、分销管理；辅助领域主要包括客户服务、制造、设计工程、会计核算、人力资源和市场营销。

供应链可能很长、很复杂，延伸到不同国家。供应链的成功不是偶然的，它需要整个公司各部门以及外部供应商和服务商的共同关注和努力，供应链管理在方法和范围上必须是多维的。一家公司有各种各样的供应商，也有各种各样的顾客，他们来自不同的国家和地区，有不同的订单和运输要求，而他们对订单完成期都有不同的要求和计划。所有这些工作都是为了达到一个目的——在客户下订单时，拥有足够的产品以履行订单。除了企业外部的客户和供应商管理，企业内部的供应链管理也很复杂，包括：国内外的仓库选址；库存预测以及库存在不同仓库间的分配；订单处理、准备发货；工厂和供应商间生产安排等。不管是批发商、零售商，还是制造商，都需要处理好 3 个要素：人、流程和技术。

(一) 人

组织由人构成，人对供应链的成功非常重要。从事供应链管理的人需要有实用的专业知识和技能，需要了解仓库、库存、运输和采购的管理和运作方法，不仅要对每天的作业有战术上的见解，而且应该对供应链发展有战略眼光。

(二) 流程

流程指的是为某一特定目的，诸如满足顾客需求，而采取的一项运作、一系列活动。供应链流程是以满足某一顾客需求为目的的一连串活动，包括诸如采购、制造、物流、配送、销售、客服和会计在内的所有内部职能以及公司外部的相关企业，同时，是一个逆向的过程——从满足客户订单，到通过供应商提供成品、配件和装配来获取每份订单所要的货物。

(三) 技术

在经济全球化和顾客需求多样化背景下，企业要获得竞争优势，仅靠整合内部资源是不够的，企业供应链管理的实施与优化还需要借助技术手段。信息技术和决策支持系统作为企业获得市场竞争优势的主要工具，是促成有效供应链管理的关键因素，要靠先进的技术来获取采购订单、供应商以及运输货物的可视性等，同时需要技术来处理所有可能发生的突发事件。

三、供应链管理的意义

有效的供应链管理总是能够使供应链上的企业获得并保持稳定持久的竞争优势，进而提高供应链的整体竞争力。统计数据显示，供应链管理的有效实施可以使企业总成本下降20％左右，使供应链上的节点企业按时交货率提高15％以上，使订货到生产的周期时间缩短20％～30％，使供应链上的节点企业生产率增值提高15％以上。越来越多的企业已经认识到，实施供应链管理可以提高交货的可靠性和灵活性、提升客户的满意度、降低库存、减少生产及分销的费用、实现企业整体流程及品质最优化。

四、常见的供应链管理方法

（一）快速反应（Quick Response，QR）

1. QR的出现

20世纪70年代后半期，美国的纤维纺织业出现了大幅度萎缩的趋势，纺织品进口大幅度上升，到20世纪80年代初，进口产品几乎占据了美国纺织品市场的40％。1984年美国84家大型企业结成了“爱国货运动协会”，该协会在积极宣传美国国产纺织品的同时，委托克特·萨尔蒙公司调查、研究提升美国纤维产业竞争力的方法。克特·萨尔蒙公司的研究报告表明，美国纤维产业的主要问题是，尽管在整个产业链的某些环节存在着生产效率比较高的现象，但整个产业链或供应链的效率却非常低。克特·萨尔蒙公司的研究报告提出，通过信息的共享以及生产商与零售商之间的合作，确立起能对消费者的需求作出迅速响应的QR体制。在克特·萨尔蒙公司的倡导下，从1985年开始美国纤维行业开展了大规模的QR运动，正式掀起了供应链构筑的高潮。

QR的形成主要是由零售商、服装生产商和纤维生产商三方组成。当时，在美国积极推动QR的零售商主要有3家，即迪拉德百货店、J. C. 朋尼公司和沃尔玛。沃尔玛是最早推行QR的，在纤维纺织品领域，他们与休闲服装生产商塞米诺尔和面料生产商米尼肯公司结成了供应链管理体系，该QR体系的形成起到了良好的作用，大大提高了参与各方的经营绩效，有力地提升了相关产品的竞争力，因此，起到了良好的带动和示范作用。沃尔玛通过自身的QR实践，大大推动了供应链管理中各种运作体系的标准化，倡导建立了美国产业共同商务标准协会，并制定了行业统一的EDI标准和商品识别标准。1983年，沃尔玛导入了销售时点系统（POS），由于当时采用了UPC条码，因此，在整个行业最早实现了产业链中的信息共享，沃尔玛成为QR的主导者。QR这种新型的合作方式意味着双方都要告别过去的敌对竞争关系，要以战略伙伴关系来提高向最终用户的供货能力，降低整个供应链的库存量和总成本，同时提高销售额。

2. QR的内涵及作用

QR是指在供应链中，为了实现共同的目标，零售商和制造商建立战略伙伴关系，利用EDI等信息技术，进行销售时点的信息交换以及订货补充等其他经营信息的交换，用多频度小数量配送方式连续补充商品，以实现缩短交货周期，减少库存，提高客户服务水平和企业竞争力的供应链管理方法。

3. QR 的实施步骤

(1) 条码和 EDI 等先进信息技术及手段的使用。零售商首先必须安装条码(UPC码)、POS 扫描和 EDI 等技术设备，以加快 POS 机收款速度，获得更准确的销售数据，并使信息沟通更加流畅。

(2) 固定周期补货。QR 要求根据商品的过去和目前销售数据、存货情况和其他一些因素进行预测并实现自动化补货，要求供应商更快、更频繁地运输重新订购的商品，以保证店铺不缺货，从而提高销售额。

(3) 先进的补货联盟。成立先进的补货联盟，做到零售商和消费品制造商联合起来检查销售数据，制订关于未来需求的计划和预测，在保证有货和减少缺货的情况下降低库存水平。

(4) 零售空间管理。根据每个店铺的需求模式来规定其经营商品的花色品种和补货业务。一般来说，消费品制造商可以参与销售店铺的花色品种、数量、店内陈列及培训或激励售货员等决策。

(5) 联合产品开发。厂商和零售商联合开发新产品，其关系的密切超过了购买与销售的业务关系，缩短从新产品概念到新产品上市的时间，而且经常在店内对新产品进行试销。这一步的重点不再是一般商品，而是生命周期很短的商品。

(6) 快速响应的集成。通过重新设计业务流程，将前 5 步的工作和公司的整体业务集成起来，以支持公司的整体战略。要求零售商和消费品制造商重新围绕着消费者设计其整个组织、业绩评估系统、业务流程和信息系统，实现信息技术下的集成。

4. QR 成功的条件

必须改变传统的经营方式和革新企业的经营意识和组织；必须开发和应用现代信息处理技术，这是成功进行 QR 活动的前提条件；必须实现信息的充分共享；供应方必须缩短生产周期，降低商品库存。

(二) 有效客户反应 (Efficient Consumer Response, ECR)

1. ECR 的出现

20 世纪 80 年代末，美国食品杂货产业中出现了一些新型的零售业态，对原有的超市构成了巨大的威胁，成为食品零售市场中的主要竞争者。作为零售企业亟待提高的是如何在最短的时间内对顾客的需求作出响应，从而实现快速、差异化的服务，同时，借助于单品管理，提高零售企业的作业效率。由于市场竞争加剧，生产企业被迫降低商品价格以促销，结果生产商的负担加重，各种促销活动日益损坏了生产企业的利益。为了将损失降低到最小，并保持持续不断增长的销售，生产企业只有不断扩大新产品的生产，通过广泛的产品线来弥补大量促销造成的损失，而这又造成企业之间无差异竞争情况加剧，同时使零售企业的进货和商品管理成本加大。在这种背景下，美国食品杂货行业开始了 ECR 的实践和探索。

2. ECR 的内涵及作用

ECR 是由生产厂家、批发商和零售商等供应链节点组成各方相互协调和合作，更好、更快并以更低的成本满足消费者需要为目的的供应链管理策略，即以满足顾客要求和最大限度降低物流过程费用为原则，及时作出准确反应，使提供的物品供应或服务流程最佳化的一种供应链管理战略。ECR 的优点在于供应链各方为了提高消费者满意这个共同的目标进行合作，分享信息和诀窍，是一种把以前处于分离状态的供应链联系在一起来满足消费者需要的工具。

3. ECR 的实施

要实施 ECR，首先应联合整个供应链所涉及的供应商、分销商以及零售商，改善供应链中的业务流程，使其最合理有效。然后，再以较低的成本，使这些业务流程自动化，以进一步降低供应链的成本和时间，从而满足客户对产品和信息的需求。当然，业务流程的改善及 ECR 的实现需要一些重要条件及做法来保证。

(1) 先进的信息技术。在流通企业与生产企业之间开发了一种利用计算机技术的自动订货系统，实现订货、发货及相关作业的无纸化、自动化，这样不仅能降低零售企业的库存，而且可以减少从订货至交货的周期，提高商品鲜度，减少商品破损率。

(2) 空间及种类管理。注意商品的布局及柜台设置，从某类商品来总体考虑而不是从某种品种及品牌考虑库存及柜台面积等要素；按照投资收益率最大化原则去安排品种结构，确保有些品种能赢得购买力，有些品种能保证商品收益，通过品种的相互组合满足顾客需要，从而提高店铺的经营效益。

(3) 建立稳定的伙伴关系。在生产者、批发商、零售商之间建立一个连续的、闭合式的供应体系，改变相互敌视的心理，使他们结成相对稳定的伙伴关系，实现产销同盟和产销合作，达到共存共荣。

4. ECR 实现的目标

(1) 快速产品引进 (Efficient Product Introduction)：最有效的开发新产品，进行产品的生产计划，以降低成本。

(2) 快速商店分类 (Efficient Store Assortment)：通过第二次包装等手段，提高货物的分销效率，使库存及商店空间的使用率最优化。

(3) 快速促销 (Efficient Promotion)：提高仓储、运输、管理和生产效率，减少预先购买，供应商库存及仓储费用，使贸易和促销的整个系统效率最高。

(4) 快速补充 (Efficient Replenishment)：利用电子数据交换，实现以需求为导向的自动连续补充和计算机辅助订货，使补充系统的时间和成本最优化。

(三) 延迟策略

1. 延迟制造

所谓延迟制造（或延迟成型）是指产品多样化的点尽量后延，推迟最终产品的形成。基本观点是在获知客户的精确需求和购买意向之前，尽量使产品保持中性及非承诺状态，制造相当数量的标准产品或基础产品以实现规模化经济，当收到客户订单后，才立即从事产成品的生产装配，这样可以满足需求的多样性和缩短交货期。

例如，上海通用汽车公司为应对客户对其汽车颜色的严格要求，把喷漆工序延迟到接到客户订单后才立即进行，满足了客户个性化需求。如果客户对车内音响、座位等设施有具体要求，也可以采用延迟策略来满足诸如此类的需求。

2. 物流或地域延迟

所谓物流延迟或地域延迟是在一个或若干个具有战略意义的地区建立储备全套产品的仓库。只有在收到客户订单后，才进行库存产品的分拨配送。一旦物流程序被启动，企业要尽全力以经济有效的手段将产品直接运至客户手中。这种延迟具体表现在地理上，特别适合高价值、创新型产品，因为这类产品虽然边际利润高，但需求的不确定性大，生命周期短，更新换代快，面临淘汰贬值的风险巨大。例如，一些 IT 产品、现代电子产品等。

3. 流通加工中的延迟

流通加工中的延迟是在需求地通过简单装配、分割、包装、冠以商标、量重等作业而形成最终产品，是制造活动在流通领域的延续和终结。

例如，自行车、现代家具等，成形的自行车和家具因为外形不规则或是占用空间太大，不利于集装运输，但散件可以实施集装运输和大批量物料处理且规模效益相当明显，因此，在流通加工中应考虑用延迟策略，待接到客户订单后立即开始装配、分拨等作业，以实现最佳效益。

第三节　供应链一体化模式

一、供应链一体化的内涵

一体化是将两个或两个以上的互不相同、互不协调的事项，采取适当的方式、方法或措施，有机地融合为一个整体，形成协同效力，以实现组织策划目标的一项措施。

随着经济全球化进程的加速及跨国集团的兴起，企业产品生产的“纵向一体化”运作模式逐渐被“横向一体化”所代替，即围绕一个核心企业（不管这个企业是生产企业还是商贸企业）的一种或多种产品，形成上游与下游企业的战略联盟。上游与下游企业涉及供应商、生产商与分销商，这些供应商、生产商与分销商可能在国内，也可能在国外。在这些企业之间，商流、物流、信息流、资金流形成一体化运作，这样就构成了供应链的一体化运作。供应链一体化是一个系统概念，包括功能一体化、空间一体化和跨期一体化。功能一体化是指采购、生产、运输、仓储等活动的一体化；空间一体化是指这些活动在地理上分散的供应商、设施和市场之间的一体化；跨期一体是指这些活动在战略层、战术层、运作层 3 个规划层次上的分级一体化。

二、供应链一体化模式

（一）根据供应链上目标企业的一体化方向

可以分为前向一体化和后向一体化模式。

前向一体化就是企业通过收购或兼并若干商业企业，或者拥有和控制其分销系统，实行产销一体化。前向一体化战略主要是加强前向环节的控制，获得分销商或零售商的所有权或加强对他们的控制。实施前向一体化战略的一种有效方式是特许经营。

后向一体化就是企业通过收购或兼并若干原材料供应商，拥有和控制其供应系统，实行供产一体化。后向一体化战略中企业利用自己在产品上的优势，把原来属于外购的原材料或零件改为自行生产。

（二）根据供应链上目标企业的一体化程度

可以分为业务托管模式、单方面嵌入模式、战略联盟模式、交互一体化模式。

业务托管模式是指企业将非核心业务托管给专业企业来管理，专业受托企业的收益与托管企业的业务收益挂钩，专业受托企业不但策划相关业务的开展，还要负责执行、实施。这样可以取长补短，达到用受托企业的专业化优势来弥补托管企业现行业务中的瓶颈，保障托管企业在业务投入方面的成本效益最大化。

单方面嵌入模式通常指企业以收购业务或股份的形式嵌入另一企业，达到对其控股或控制业务的目的。这种策略经常被大的集团企业采用，沃尔玛在中国扩张的手段之一就是单方嵌入，通常是入股合作经营或者兼并收购的形式嵌入，在帮助生产企业向全球市场扩展的基础上，渗入到生产及销售商企业内部，逐步占有生产及销售商的最大股份，最后达到对目标企业的完全控制，从而实现一体化运作。

战略联盟模式可以使合作双方紧密地结合成一体，形成相互信任、共担风险、共享收益的关系，大大降低交易成本，提高交易的效率；联盟成员的独立性可以使每个成员都能够专注于自身的核心业务，可以实现协同化发展，避免恶性竞争，有利于实现联盟企业的双赢或多赢。

交互一体化模式的特点就是企业双方互为客户、互为商品与服务的提供者，通过资源整合共同创造新的市场及客户。企业可以充分利用合作企业的品牌及信息等优势资源来弥补自身的专业弱势，通过紧密合作，使双方业务形成供需及互补关系，从而实现共同赢利、共同发展。

练习思考题

一、简答题

1. 供应链管理的内容包括哪些？
2. QR 的内涵及成功条件各有哪些？
3. ECR 的内涵及作用各有哪些？

4. 最常见三种延迟策略是什么？各自含义是什么？

二、论述题

1. 试论述有效性供应链与反应性供应链的区别。

2. 影响供应链管理成功的要素有哪些？

实训项目

1. 设想你被指定给你所在的企业找一个口号用于宣传 SCM，请你想一个好记但又能包含 SCM 内容的口号。

2. 调查一家棉质休闲裤的服装生产商，画出其所在供应链的结构模型。

第二部分

物流管理篇

第三章 供应链物流客户服务

引导案例

中邮一体化物流服务

一、案例简介

为了适应我国经济的快速发展，进一步发挥邮政遍布城乡的网络优势，中国邮政集团公司于 2003 年 1 月全资建立了中邮物流有限责任公司（以下简称“中邮物流”），依托中国邮政网络、品牌和“三流合一”优势，全面进军我国物流市场。

目前，中邮物流已在全国范围内建立以母公司—子公司—分公司为主体，以“中邮物流”为统一品牌的组织管理体系。多年以来，邮政物流业务的发展取得重大突破，基础设施建设日趋完善，市场竞争能力逐步提高，服务层次、水平和质量日益提高，业务规模和客户群体不断扩大，已逐步形成了以“一体化精益物流服务”、“中邮快货”、“分销配送”三大产品为核心的现代物流业务体系；邮政物流独特的“三流合一”业务模式得到了客户和业内的广泛认可；中邮物流在业界的影响力逐年扩大，在中国交通运输协会等八大协会联合主办的“中国物流百强企业”评比中，获得 2004 年度第二名，连续获得 2005 年度、2006 年度、2007 年度第三名的优异成绩；获得中国物流与采购联合会颁发的“物流示范基地”等称号。

基于供应链服务的“一体化合同物流”，是现代物流领域的制高点，是体现物流供应商物流服务水平的标志性业务。它是根据客户个性化需求，定制从订单处理、运输、仓储、配送，到库存管理、流通加工、信息服务、退货处理、代收货款等端到端的一体化物流解决方案，是以个性化解决方案为特征的综合性合同物流服务，具有业务规模大、个性化需求突出、涉及客户供应链多个环节、全程实施项目管理等特点。

中邮物流自成立以来就把发展高端“一体化合同物流”业务作为经营工作的重点，把国内一体化合同物流领域的领先企业作为自身奋斗的目标。他们把一体化物流服务发展的重点，放在了高科技、快速消费品、汽车零配件、医药等行业，而这些行业的产品和物流需求，体现了“一多、两高、三小”的特点，即多批次、高时效、高附加值、小批量、小体积、小重量。这些特点符合邮政现有的资源和网络，有利于其优势的充分发挥，既可以确保项目运作的成功，又有利于形成“技术壁垒”。

在业务开发上，中邮物流以世界 500 强企业和国内行业领先企业为重点客户，与国际跨国物流企业同台竞技，积极参与高端物流市场竞争。他们结合邮政资源、网络的特点，积极建立"总部—省—地"三级团队联动的营销模式，并形成了一整套包括营销、方案策划、投标、试运行和全面运作等过程的业务开发和运营模式。以基础物流服务为突破口，逐步拓展服务范围和服务内容。他们利用邮政网络覆盖城乡的优势，积极为客户提供具有比较优势的代收货款、网点投交、家居配送等服务，以此赢得客户的信赖；他们充分利用中国邮政综合计算机网和金融网络，逐步建立起完善的物流信息系统和电子商务系统，为企业提供订单处理、网上支付、库存管理、在途跟踪以及运行绩效监测、管理报告等综合性的供应链管理与资金流相结合的一体化服务。

围绕业务经营，中邮物流以建立优秀的团队为核心，通过"外部招聘、内部培养"，着力打造专业化的物流队伍；通过建立市场化的薪酬体系和激励机制，有效地激励员工工作热情，立足岗位努力工作，与企业共同成长。他们强化项目管理，在全国积极推行"三级项目经理负责制"，即由中邮物流制订运营方案，与省邮政物流局（公司）和项目源头局的项目工作组形成联动协调的整体，按照统一管理、分级负责、分层运作的原则实行专业化管理、公司化运作。对于全国性的核心项目，实施总部项目经理派驻制度。中邮物流的这些措施，有力地保证了项目的平稳运行。

（资料来源：http：//news.wuliu800.com/2008/1213/10172.html.）

二、案例解析

中邮物流公司的业务框架已经基本形成：针对现代化管理的大企业，提供个性化的"一体化物流解决方案"；针对中小企业，提供以区域物流集散网、省内配送网为基础的"中邮快货"业务；针对农村市场，立足于服务县域经济，提供"分销配送"业务。通过不断地摸索和实践，中邮物流已初步总结和形成为客户提供基于实物流、信息流和资金流"三流合一"，具有邮政特色的供应链物流服务模式。其服务内容包括供应物流、销售物流、售后服务物流、逆向回收物流等一系列供应链服务，服务功能涵盖区域配送中心管理、供应商库存管理、运输配送、网点投交、代收货款、仓单质押、信息系统对接等多个环节。

经过了几年的努力以及与国际知名物流企业的"同台竞技"，中邮物流的市场开发和项目运作能力和水平也有了较大提升。在商务沟通、流程设计、指标提升、信息化、财务结算等方面逐步与国际标准接轨。目前，中邮物流不仅拥有以世界500强企业和国内行业领先企业为主体的一大批核心客户群体，且服务区域已经延伸到境外。邮政独具特色的"三流合一"的一体化物流服务得到了客户和业内的广泛认可，中邮物流在业界的影响力逐步扩大，"精益物流"品牌已初步建立。

三、案例涉及的主要知识点

一体化合同物流服务：根据客户个性化需求，定制从订单处理、运输、仓储、配送，到库存管理、流通加工、信息服务、退货处理、代收货款等端到端的一体化物流解决方案。

学习导航

掌握物流客户服务的概念，认识和理解物流客户服务的重要性、物流客户的心理特性，会进行物流客户信息的收集与管理、物流客户购买行为分析及客户满意度调研分析，理解并掌握常用的物流客户服务战略。

第一节　供应链物流客户服务概述

企业的任何一项业务，都是以向客户提供服务并尽力使客户的需求得到满足为其产生和发展的基础，企业的存在就是为了满足客户某方面的需要。面对日益激烈的竞争和消费者价值取向的多元化，持续改进对客户服务的水平和质量是企业创造持久竞争优势的有效手段。从物流的角度看，客户服务是一切物流活动或供应链流程的产物，客户服务水平是衡量物流活动为客户创造的时间、空间等效用的尺度，决定了物流企业能否留住现有的客户以及吸引新客户的能力。

在客户看来，任何企业的产品都可以看成是价格、质量和服务的组合，而客户所购买的就是包含这三部分内容的完整组合。服务或客户服务的含义很广，包括从产品的可得性到售后服务等众多的因素。

一、客户服务的定义

关于客户服务的定义，至今有三种较为典型的解释。

美国著名营销学者菲利普·科特勒（Philip Kotler）认为，“服务是一方能够向另一方提供的基本上是无形的任何行为或绩效，并且不导致任何所有权的发生。它的生产可能与某种物质产品相联系，也可能毫无联系”。也就是说，服务可能依托于实体产品，也可能与实体产品没有任何关系，只是一种技术或者智力上的付出；服务是一方向另一方的付出，而且这种付出可以使接收者获得满意；服务不会产生物权，但会产生债权，因为服务是有价的。

与科特勒同时代的莱维特（Levitt）给客户服务下了另一个定义，他认为，客户服务是“能够使客户更加了解核心产品或者服务的潜在价值的各种特色、行为和信息”，因此，客户服务是以客户为对象，以产品或服务为依托的行为；客户服务的目标是挖掘和开发客户的潜在价值；客户服务的方式可以是具体行为，还可以是信息支持或者是价值导向。

著名管理专家伯纳德（Bernard J. La Londe）和保罗（Paul Zinszer）则是从流程的角度来定义客户服务：“客户服务是一个以成本有效性方式为供应链提供显著的增值利益的过程。”他们认为，客户服务是一种活动、绩效水平和管理理念。把客户服务看做是一种活动，意味着客户服务是企业与客户交互的一个完整过程，在这种互动中，企业要有管理控制能力；把客户服务看做是绩效水平，是指客户服务可以准确的衡量，并可以作为评价企业的一个指标；把客户服务看做是管理理念，则是强调以客户为核心的重要性和客户服务的战略性。

综上所述，在供应链环境下，物流客户服务是通过优化的物流活动节省成本费用为整个供应链流程提供附加价值的过程，是物流企业为促进其产品或服务的销售，发生在客户与物流企业之间的相互活动。物流企业按照客户的要求，为克服货物在时间和空间上的间隔而进行一系列的经济活动，具体包括运输、保管、装卸搬运、包装、配送、流通加工等以及与其相关的物流信息。

二、客户服务的要素

物流客户服务是企业对客户的一种承诺，是企业战略的一个重要组成部分。在物流企业所提供的服务中，主要以满足客户需求为宗旨，因此，物流客户服务的关键是理解与认识客户及客户的期望。

对于客户服务的要素，理论界有很多不同的表述。其中，具有代表性的主要有两种：一种是美国凯斯维斯大学巴罗（Ballou）教授提出的交易全过程论，即将客户服务分为交易前、交易中和交易后 3 个阶段，每个阶段都包含了不同的服务要素（见图 3－1）。

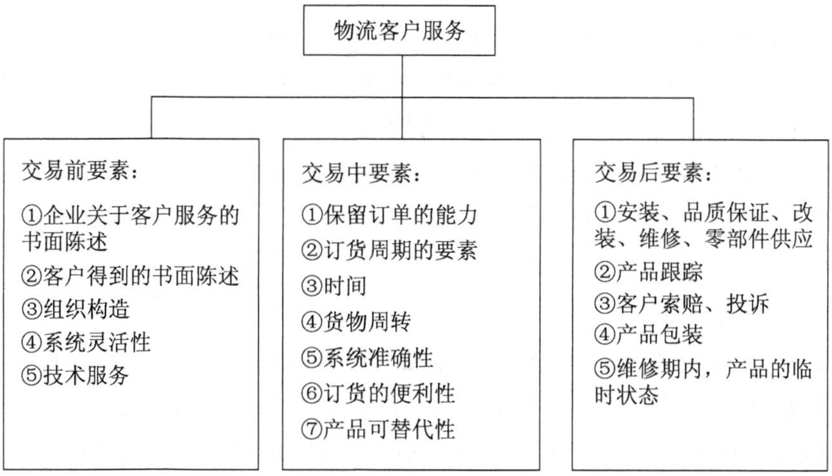

图 3－1　客户服务的构成要素

资料来源：改编自 Bernard J. LaLonde and Paul H. Zinszer，“Customer Service as a Comeries WPS 75－4（Columbus，OH：The Ohio State University，College of Administrative Science，Februponent of the Distribution System.” Working Paper Sary 1975）.

另一种是日本神奈川大学的唐泽丰教授提出的：客户服务可以划分为营销服务、物流服务和经营技术服务 3 个领域，不同的领域都有一些相对应的可度量和不可度量的要素。其中，营销服务要素有：价格服务、商品服务、售后服务、抱怨服务和系统服务；物流服务要素有：进货服务、时间服务、质量服务、在库服务、后期服务、抱怨服务和系统服务；经营技术服务要素有经营支援服务（资金援助、经营指导）、技术支援服务（技术援助）、系统服务（企业与企业系统化服务）。

三、物流客户服务的特点

作为新经济环境下的新兴产业，物流服务与信息技术、网络密不可分；作为服务业，它追求的是客户满意度、忠诚度。因此，物流客户服务表现出以下几个方面的特点。

（一）双赢的原则

物流企业与客户之间表现为一种“双赢”的合作关系，这是最基本的原则，也是战略合作伙伴关系赖以存在的基础。“双赢”关系是指物流企业把客户满意作为经营目标，通过专业化、个性化的物流服务而使客户企业降低物流成本，提高市场竞争力，物流企业的利润来源于客户企业新增利润的一部分，从而实现“双赢”的目标，这与传统交易基础上的“零和”关系有着明显的区别。

在美国和欧洲等相对成熟的物流市场中，“双赢”的原则是为物流合作各方所普遍接受的。而在我国，“双赢”的理念在实际推行中还存在许多的困难，不论是物流企业还是客户企业都存在“唯利是图、不管其余”的倾向，由于企业对自身利益的过度关注而导致合作关系不能长久地维持。

（二）服务的柔性化与个性化

柔性化与个性化是指物流企业为客户企业提供个性化的服务，依据客户企业的产品、行业特点、市场策略、管理模式等方面的差异，确定物流服务的合作方案。在典型的物流项目合作过程中，物流企业一般为客户企业配备专门的服务小组。服务小组将接受客户企业的相关培训，有些服务人员还需要在客户企业的作业现场工作。在信息系统方面，物流企业一般会采用同客户企业兼容的系统。在某些情况下，还根据客户企业的需要，为客户企业单独定制信息系统。

（三）合作的战略性

在西方的物流理论与实践中，物流企业都是作为客户企业的战略合作伙伴提出来的。对于物流企业来说，只有与客户企业结成战略合作伙伴，才能更好地为客户提供量体定制的高效而优质的物流服务，才能获得持续发展的动力与持久的竞争优势。对客户企业而言，与物流企业的合作是一种战略层面的合作。这是因为，物流企业既是客户企业物流战略的组成部分，又是物流战略的重要实施者。客户企业的采购、生产、销售等环节，都需要物流企业的协作与配合，而且物流企业有可能掌握客户企业的客户资源、市场策略、产品特性等重要的战略信息。

四、物流客户服务的重要性分析

随着物流概念的成熟，人们越来越认识到客户服务已经成为物流系统甚至整个企业成功运作的关键，是增强产品、服务的差异性，提高产品和服务竞争优势的重要因素。物流客户服务的重要性主要表现在以下方面。

（一）提高销售收入

物流客户服务是整个客户服务的一部分，很难确切地衡量销售与物流客户服务之间的关系，甚至连客户自己也很难明确他们对物流客户服务的要求，而且营销组合中的各因素即产品、价格、促销和实物分拨对市场份额的影响程度并不相同。在客户服务的各因素中，对客户最重要的因素都具有物流属性，这些因素常常置于产品价格、产品质量及其他与营销、财务和生产有关的因素之前。

如果物流企业提供适当的服务能满足客户的需求，就可以直接增加收入，提高市场份额，最终增加利润，使企业获得发展。研究人员强调，通常客户服务的差异会带来5%～6%的销售差异，在工业品市场上，服务水平下降5%将导致现有的客户购买量下降24%。

（二）影响企业的竞争力

对于营销组合中的四要素而言，产品和价格较容易为竞争对手所模仿，在促销上的努力也可能被竞争者赶上。而提供令客户满意的物流服务，或处理客户抱怨的有效手段，则是企业区别于竞争对手、吸引客户的重要途径。在短期内，企业物流客户服务不容易被对手模仿。根据专家的估计，企业65%的销售来自于老客户，而发展一个新客户的费用平均是保留一个老客户所需费用的6倍；从财务角度分析，用于物流客户服务的投资回报率要远远高于投资于促销和其他开发新客户的活动。由此可见，物流客户服务对于提高企业竞争力有着举足轻重的影响。

（三）节约成本

优质而高效的客户服务能够帮助企业节约成本。这里通过一个例子来说明。戴尔公司是互联网上最大的商家之一，它将客户服务重新定义为“快速交付定制化的个人计算机”。现在，戴尔公司希望与购买方建立起更加紧密的、个性化的联系。通过利用基于企业内联网和互联网基础上的通信连接，戴尔公司计划不仅为非公司型客户提供个性化网页，而且以网络才能实现的闪电般的速度来响应棘手的问题。对于戴尔公司来说，在网络上实现更多服务的收益是双重的，它能够成为不满意的顾客解除烦恼的一条重要渠道，同时，这对股东来说也是一种解脱。据专家们估计，通过电话来提供服务与支持将花费每单位200元，而戴尔公司的在线服务业务节省了每周几千个电话带来的近千万元的成本。如果有更多的客户采用在线服务，那么，戴尔公司可以节约更多的成本。

（四）信息时代更需要客户服务

波士顿咨询公司和商店组织1999年的调查显示：65%的在线购买者在最后结账前会放弃购买。更糟的是，浏览在线零售商店而最后购买的只占1.8%，而去商店的客户最后购买的比率是5%。分析人员把这一行为部分地归结为在电子商务中缺少一种互动的客户服务。在电子商务环境下，寻求服务的客户常常得到的是帮助文件而不是活生生的销售代表的帮助，这就有可能产生波动，促使顾客放弃购买而退出网站。为此，兰斯恩德网站为网页浏览者提供了与客户服务代表交流的机会。诺德斯通（Nordstrom）网站采用了类似的做法，试图保证在线购买者与店中参观者一样对公司的客户服务满意；而通过点击一个按钮，艾迪·波尔（Eddie Bauer）的电子商务网站则用一个测试版的聊天工具将在线购买者与客户服务代表链接起来。提供现场销售代表的另一个好处是能出售额外的商品，当销售中有相关人员提供服务与帮助时，每一订单的平均数量会明显提高。

第二节　物流客户心理认知与行为分析

一、物流客户心理认知

物流客户心理的探究，是随着物流业的产生而同时产生的。世界上任何事物或现象的变化发展都是有规律可循的，物流客户的心理活动也是有规律可循的。物流客户心理认知就是探索和揭示物流客户在物流活动中心理过程、个性倾向和特征的发生、发展与形成的一般规律，从而解读物流客户的心理活动，把握物流客户心理活动的一般规律，以指导实践活动。

（一）物流客户的消费心理特性

客户在物流活动过程中所表现出的消费心理是各种各样的，物流服务人员只有了解这些消费心理，才能区别不同的客户，有的放矢，从而取得物流营销的成功。

物流客户的消费心理特性主要表现在以下几个方面。

1. 多样性

不同的客户表现出来的消费心理也会有所不同，甚至在购买同一种物流产品或服务时，由于不同客户的经济条件、生化习惯、性格、爱好、性别、年龄、文化水平等方面的差异，表现出来的消费心理也是不一样的。客户消费心理的多样性还表现在客户心理需求的层次高低、项目多寡和程度强弱上，如有的客户追求价廉物美，有的追求品牌档次、时尚新颖。

如何适应和满足客户多样性的消费心理需求，使得客户注意并购买你所销售的物流产品或服务，是物流客户服务人员能否以客户需求为导向的一个重要问题。

2. 复杂性

客户消费心理的复杂性不但表现在消费心理上的多样性，而且表现在认识、观念上的差异性。对于购买同一种物流产品或服务，客户可能会有多种主导心理，其中又以一种心理为主，而这种心理的主次关系又会因外界情况的变化而有所改变。

复杂性是物流客户服务人员需要加以利用的客户消费心理特性，若处理得好，则有利于客户的消费意愿向推介的物流产品或服务转化；若处理得不好，则可能走向反面。

3. 无限性

随着社会的发展、科技的进步，客户的需求并不因为一次获得满足而终止，往往是在前次获得满足的基础上又产生新的需求。客户的这种需求心理是永无止境的，其结果不仅使潜在的需求变为现实的需求，而且也会使欲望变成可能。其变化特征往往是由低级到高级，从物质到精神，由简单到复杂，不断地向前发展，这种无限性是推动物流业不断发展的动力。因此，要顺应这种发展就要求物流客户服务人员所销售的产品或服务不能总停留在一个水平上，即使是目前尚在畅销之中的物流产品或服务，也要不断地改进和提高。

4. 可变性

可变性是指客户的需求心理及购买行为都会因为外界的影响而发生变化。这种变化，有的是有规律可循的，有的则是没有规律可循的，如生活环境的变迁、消费习惯的调整、工作的调动、广告的诱导、宣传的激励等而产生的变化。

（二）物流客户消费心理的类型

多种因素的共同作用，影响和制约着物流客户消费心理的形成与变化，主要包括生理因素、收入水平、道德观念和文化素养等。客户的消费心理一般可以分为两部分：一是正常的消费心理；二是带感情色彩的消费。

物流客户消费心理的类型主要有：

1. 求廉的心理

在消费过程中，客户都希望用最少的付出获得最大的效用，换取更多的使用价值，追求物美价廉是客户最为常见的消费心理。物流客户在消费活动中，一般对物流产品或服务的价格反应最为敏感，在同类以及同质的物流产品或服务中，客户总是会选择价格较低的物流产品或服务。

2. 求实的心理

求实的心理是建立在客户对物流产品或服务的客观认识的基础上，经过比较、分析等思维活动而产生的消费心理。讲求消费行为的实际效果，着重于物流产品或服务对客户的实用价值，这是理智型客户的一个共同心理。对于这类客户而言，产品或服务的实际效用、功能、质量和经济实惠是其所特别关注的，而不太注重产品或服务的外观、造型、品牌知名度和公司名气等。

3. 安全的心理

安全的心理包含两层含义：一是获取安全；二是避免不安全。物流客户购买物流产品或服务后，要求在被消费的过程中不会给企业及相关人员造成经济损失或身心健康危害。在具体的消费过程中，物流客户对这一点往往有特别的考量。

4. 方便的心理

方便的心理特征，是指物流客户把方便与否作为是否选择物流产品或服务的第一标准，以求在消费活动中最大限度地节约时间。

5. 求新的心理

追求和使用新产品或新服务是大多数物流客户普遍的心理特征，这类客户往往富于幻想和联想，愿意接受新生事物，因此，在选择物流产品或服务时容易受广告宣传和流行时尚的影响，即使价格高一些，应用价值并不太大，他们也愿意购买，而对于陈旧、落后的物流产品或服务，即使价格低廉，他们也一般不会问津。对于这种求新的欲望，年轻的客户要比年老的客户强烈。

6. 自尊和表现自我的心理

人人都自尊心，物流客户也不例外，特别是在生存性消费需求得到满足之后，客户更是期望自己的消费能够得到社会的承认和其他客户的尊重。不管怎样，自尊和表现自我的心理是普遍存在的，并会通过某种消费形式予以表现。

7. 追求“名牌”和模仿的心理

现实生活中，人们在选购商品时，普遍表现出了对名牌的偏爱、接纳和浓厚的兴趣。也就是说，人们对名牌的关注、信任与追求及对驰名商标的忠诚感，是社会公众中普遍存在的一种心理现象。同样地，对物流客户而言，他们对名牌产品或服务也有着强烈的追求欲望和信任感。在他们看来，只有买到名牌物流产品或服务，才能保证使用周期，增强消费效果。而对于年轻的客户，则更易崇尚时尚，追赶潮流，进而相互效仿。物流服务人员在进行产品或服务销售时，可以充分利用这种攀比或模仿心理。

8. 获取的心理

绝大部分客户都有一种占有欲，想把某种东西称作“自己的”。精明的物流客户服务人员一般是通过产品或服务的试用，充分利用客户的这种心理进行产品的销售。因为在将物流产品或服务让客户试用一段时间之后，客户便对该项物流产品或服务难以割舍，这时候客户的占有欲就会变得非常强烈，以至于接受该项物流产品或服务。

二、物流客户购买行为分析

(一) 物流客户购买行为理论

物流客户购买行为是指物流客户为满足自身的某种需要，在购买动机的驱动下，通过购买决定或必要的购买决策程序，以货币形式获取物流产品或服务的行动。理论对行动起重要的指导作用，有什么样的理论，就会有什么样的购买行为。在此试图介绍几种物流客户购买行为理论，从而解释物流客户发生购买行为的根本原因。

1. 物流客户习惯养成理论

根据物流客户习惯养成理论，物流客户的购买行为实际上是一种习惯建立与保持的过程。它的主要内容包括以下两个方面：

(1) 重复形成兴趣与爱好。习惯养成理论认为，物流客户在重复使用物流产品或服务的过程中，逐渐地形成了对该物流产品或服务的喜好与兴趣。有人曾做过一个实验，让一客户重复看完全不认识的商标，有的商标重复看的频率高，有的重复看的频率低。结果发现，客户偏向于喜欢重复看的频率高的商标。这个实验表明，在排除认知过程作用的情况下，长期地接触某一物流产品或服务信息，确实可以使得客户建立对该物流产品或服务的兴趣乃至喜好。

(2)“刺激—反应”的巩固程度决定购买行为。条件反射学说构成习惯养成理论的心理学基础，该理论认为，人们的行为总是由刺激引起的，若由数次的某种刺激均引起同一种行为（反应），则会在大脑皮层形成某种暂时的神经联系，使这种“刺激—反应（行为）”成为一种相对稳定的模式，甚至成为一种习惯。在物流产品或服务的消费活动中，如果客户经常购买某种物流产品或服务，这种购买就会成为一种习惯，建立一个稳定的条件反射，当客户再次接触该物流产品或服务以及重新产生对该物流产品或服务的需求时，就会自然而然地选择购买该物流产品或服务。而且，“刺激—反应”的强度越大，所建立的条件反射就越为稳固，这种在某种意义上具有“定向”性质的购买行为就越可能发生。

2. 强化物促进习惯性购买行为的形成

从物流客户心理学的角度来看，既然购买行为是一种习惯建立的过程，那么，实质上也就是物流客户购买行为建立的过程。根据巴甫洛夫经典条件反射学说和斯金纳操作条件反射理论，任何新行为的建立都必须使用强化物。只有在强化物的反复作用下，才能使一种新的行为产生、发展和完善，最后获得巩固。因此，如果在物流产品或服务的营销过程中能及时并适当的使用强化物，就能够有效地促进物流客户习惯性购买行为的形成。客户在购买使用某种物流产品或服务后，如果能亲身感受到该物流产品或服务可靠的质量、品质和完美的功能，就会对该产品或服务作出肯定和赞赏。长此以往，客户对这种物流产品或服务就产生了消费信心，从而形成了客户习惯性购买行为。

3. 物流客户减少风险理论

风险是指客户在购买物流产品或服务之后遭受损失的可能性。客户可能遭受的损失表现为：购买冒牌产品或服务，经济上受损；物品在运输、储存等过程中出现货损或短少；客户多次投诉一直未能得到圆满地解决；物流服务与其广告宣传不符等。

减少风险理论认为，由于客户在购买过程中冒有某种程度的风险，因而每个客户都在努力回避或减少这种可能的风险，如果风险很大，而且难以减少或回避，则客户可能不实施购买行为。在某种意义上，客户的购买行为可以说是一种减少风险的行为。具体地说，减少风险理论包括以下三方面的内容：

（1）消费风险程度。客户在购买物流产品或服务时所冒风险程度的大小与购买后造成损失的可能性大小及实际造成的损失大小成正相关。因此，物流客户的购买行为所冒风险越大，可能造成的损失也越大。

（2）消费风险种类。客户因购买行为遇到的风险种类较多，主要有 5 种类型，即经济风险（时间风险）、安全风险、功能风险、社会风险和心理风险。

（3）客户减少风险的途径。客户慎重地作出购买决策和选择购买行为是减少风险的有效途径，具体来说，可以通过一些措施来减少购买风险：

①全面收集信息，学习物流产品或服务知识，增加对物流产品或服务的认识。

②选择熟悉的产品、品牌和形象好、信誉佳的物流服务公司。客户应购买质量好、信誉高且自己熟悉的品牌物流产品或服务，以尽可能地规避风险。

③合理地选择高价格。当客户缺乏对某种物流产品或服务的实际了解，无法正确判断其质量好坏时，可用价格的高低来做判断。在正常情况下，价格越高的物流产品或服务，质量越好。

④听取有经验人员的意见和建议。客户在作出购买决策和选择购买行为之前，应尽量请相关有经验的人员提出参考意见或邀请有过同类客户经验的人员一起购买，尤其是购买数额较大的物流产品或服务以及复杂的物流项目。

4. 物流客户认知理论

在心理学中，认知的概念是指过去感知的事物重新出现在主体面前时的确认过程。认知理论认为，从客户接受物流产品或服务信息开始，直至最后购买行为的结束，始终与信息的加工和处理直接相关。对物流产品或服务信息的加工、处理过程就是客户接受、编码、储存、提取和使用物流产品或服务信息的过程，它包括注意、知觉、记忆、思维、经验、学习等内容。

客户认知的形成是由引起刺激的情景和对自己内心的思维历程所促成的。具体地说，当外来的物流产品或服务信息被客户注意后，转入短暂的记忆，这时候客户就对信息进行认知，当信息与自己的认知、经验相一致时就予以接受，否则，就拒绝接受。而信息一旦被接受，就将转入长时间在的记忆，以备取用。因此，当客户面对某种物流产品或服务信息时，长时间在记忆中储存的信息就会与新接受的信息整合起来，形成对该种物流产品或服务的态度，从而影响客户的购买决策和选择。

（二）物流客户购买行为的决策过程

物流客户购买决策的过程是客户在特定的心理驱动下，按照一定的程序发生一系列心理活动和行为的过程。具体地说，就是指客户在购买物流产品或服务的过程中所经历的步骤。一般地，物流客户购买决策的过程包括认知需求、收集信息、方案评估、购买决策、购后评价等步骤。如图 3-2 所示。

图 3-2　物流客户购买行为的决策过程

1. 认知需求

客户的购买行为决策过程是从认知需求开始的。客户对某一物流产品或服务的购买需要来源其自身的生理和心理需求。当人的某种内在需求在外部因素的作用下达到一定的程度时，便成为一种驱动力量（动机），促使人们作出购买某种满足其需要的商品决策。

认知需求是物流客户购买行为决策过程的起点，在客户的全部行为中，决策行为是核心。对于物流客户来说，客户需要了解自身物品的种类、物流的距离、时效性要求、安全性要求、对物流装卸与储存包装的要求、物流成本的要求等。

2. 收集信息

客户购买行为决策的第二步是信息的收集阶段。当客户认识到企业某个问题或需求可以通过购买某种物流产品或服务得到解决时，便会广泛地收集与该类物流产品或服务相关的信息。客户所收集的信息包括各物流企业的物流路线、物流方式、物流装备的状况、班次频率、安全性、费率情况、时间占有、员工素质、技术水平、信息处理能力等。

3. 方案评估

物流客户从内部、外界获得大量的信息之后，便根据整合的信息对各种方案进行评价与选择，这是客户购买决策过程的第三阶段。在这个阶段，客户会使用记忆中储存的和从外界信息源获取的信息，形成一套决策评价的标准、体系与方法。根据各方案评估和比较分析的结果，最终作出方案选择。

客户评价物流服务的模式是多种多样的，现以期望值选择模式来说明客户是如何进行物流服务商的选择和评估的。根据该模式，首先，客户选择若干具备自己所需求的属性的物流服务商作为备选企业；然后，按照自己对各个属性的重要程度分别赋予每一个属性相应的权数；同时，根据自己对每一物流服务商的每一属性的满意程度给出相应的评价值；最后，得出各个物流服务商的综合得分值，形成客户对不同物流服务商的信息，得分最高的就是客户最后要选择的物流服务商。

以某制造企业物流业务外包为例，该企业认为物流服务共有 5 种属性，每种属性的权数和对 4 个物流企业的评分如下表所示。

某制造企业对 4 个物流企业的评价表

属性 / 企业	价格权数（3）	交货期权数（2）	货损货差率权数（1）	物流信息权数（1）	沟通权数（1）	综合评分（分）
物流企业 A	4	8	7	8	7	50
物流企业 B	7	6	8	7	8	56
物流企业 C	9	8	9	8	7	67
物流企业 D	10	9	10	9	8	75

根据上述各项评分及权数列表进行计算，得出该制造企业对 4 家物流企业的综合评分分别为 50 分、56 分、67 分、75 分，物流企业 D 为最高得分，因此，该制造企业最终将会选择物流企业 D 作为物流服务商。

4. 购买决策

这一阶段是客户购买决策的关键和核心环节。客户对各种方案进行比较评价之后，会根据评估的结果选择最满意的方案，作出客户购买决策，实施购买行为。

物流客户在作出物流决策之后，将选择自己认为最佳的物流服务商，承担自己外包的物流业务。但是，在复杂的购买情况下，购买活动还会受到其他 3 个因素的影响：一是他人的态度。他人的否定态度的强烈程度、与客户关系的紧密程度、专业水平与职位的高低都会对客户的购买行为产生重要影响。二是购买风险。一般来说，购买风险越大，客户对物流产品或服务的最后购买的顾虑就越多，或者对购买行为的决策就更为谨慎。三是意外的因素。意外的因素指的是意外情况或意外事件的出现。在客户即将实施购买行为时，如果在购买现场出现某些未曾预料的情况，该客户可能会作出其他的决策，从而改变购买行为。

5. 购后评价

客户在选择物流服务商之后，由物流服务商为客户提供物流产品或物流服务，客户将会对购买决策进行事后评价。购后评价的作用不只是对这一次的购买行为进行心理上的安慰（或后悔），而且为下一次的购买决策与选择提供经验教训。购后评价的最主要内容还是在质量和服务上，包括物流产品或服务的适用性如何、服务或产品是否能够满足需求、使用过程中的质量状况如何、使用成本以及物流服务人员的服务情绪、态度、语气等。

对于物流客户在接受物流服务或使用物流产品之后的评价，可归纳为 3 种情况：若客户满足感超过期望值，则表示非常满意；若客户满足感等于期望值，则表示满意；若客户满足感小于期望值，则表示不满意。客户的购后感觉将直接影响客户对物流服务商的后续选择，要么选择直接重购，成为某一物流服务商的忠诚客户；要么修正重购，虽然仍选择该物流服务商，但双方要进一步沟通，调整物流服务；要么就是选择新购，剔除原来的物流服务商，选择新的物流服务商。

总之，在市场经济条件下，物流客户在购买决策过程中的心理与一般消费者是相同的。在整个决策过程中，质量和服务起着重要的作用。物流服务供应商应当研究客户购买决策中的心理，帮助客户决策。同时，供应商还应当持续地改善客户服务，尽可能地满足客户的需求与期望，增强客户对购买决策进行事后评价的肯定性。

第三节　物流客户服务战略

面对日益激烈的竞争环境、多样化的客户需求，不适当的客户服务政策会使一个企业的整体战略变得无效，任何短期行为都会给企业带来损失。在现实中，人们也经常忽略物流客户服务。但是，过分地强调客户服务又会增加企业的成本，不必要地降低企业的营利性。因此，企业采取一个基于客户需求的、与企业总体战略相一致的并能够促进企业长期利润目标实现的物流客户服务战略是必不可少的。

物流客户服务战略解决的是如何响应客户对物流产品或服务的需求和期望，以求实现企业赢利或企业价值的最大化。尽可能地“贴近”客户、及时地“响应”客户，是一个企业成功的主要因素。不同的企业有不同的资源状况和竞争强势及弱势，即使是同一个企业在不同的时期，面对不同的竞争环境也会运用不同的方法制定物流客户服务战略。在此论述在一般情况下都能够适用的制定物流客户服务战略的方法及其步骤。

一、物流客户市场定位

随着消费者的需求趋向多样化、物流服务环境竞争的日益激烈化，企业在物流服务策划时更应重视对物流客户目标市场的选择，即进行市场定位。

（一）市场定位的概念

市场的定位也被称作产品或服务的定位或竞争定位，是根据竞争对手现有产品在细分市场上所处的地位和客户对产品或服务某些属性的重视程度，塑造出本企业产品或服务的鲜明个性或形象并传递给客户，使得该产品或服务在细分市场上赢得有利的竞争地位。企业通过市场的细分，确定所要进入的目标市场，然后对如何进入市场、对目标市场的竞争状况作进一步的分析，以确定企业自身的市场位置，这就是企业的市场定位。

在物流市场的定位过程中，一是要了解客户群体的看法，二是要研究目标客户群对企业的各种服务的重视程度，然后确立本企业服务的特色和独特形象，从而完成市场定位。

物流市场定位的本质是物流客户的定位，即要以最快的速度准确地发现客户的有效需求，并致力于及时地响应该类型客户的需求。

（二）物流客户市场定位的过程

物流客户市场定位过程的各个阶段包括：分析市场和竞争对手的情况，了解潜在客户是如何感受并评价竞争对手的，以此确定针对竞争者而言的企业自身的市场位置；按照客户的态度评价企业自身的服务，制定一种定位战略，不断地检查企业市场定位的效果。

1. 确定市场定位的步骤

在市场定位的过程中，企业的管理人员必须通过对市场的分析、企业内部各种条件的分析和对竞争对手的分析，来确定本企业的市场定位策略。要确定市场定位策略，管理人员还应通过实地调研，了解各个细分市场中哪些服务属性是重要的；不同的客户如何评价各个竞争者的产品和服务。另外，管理人员还应了解是直接客户还是间接客户作出最终购买决策。

2. 确定市场定位策略

企业在市场定位时必须强化当前的市场位置，避免迎面打击；确定空缺的市场位置，打击竞争者的弱点。企业管理人员可以从以下 6 个方面来考虑本企业的市场定位：

（1）根据物流产品或服务的属性、特色、价值定位。

（2）根据价格和质量定位。

（3）根据客户服务的目的和服务的范围定位。

（4）根据服务类别定位。

（5）根据接受服务的客户类型定位。

（6）与竞争对手针锋相对，确定本企业的定位。

3. 定位战略的执行

企业在确定市场定位战略后，需要全面的实施战略。企业的市场定位是通过与客户的各种接触中传递出去的，这就要求企业的员工、政策和形象都能反映相似的内容，传递企业期望中的市场定位。在具体实践中，市场营销组合是执行企业定位战略的关键所在，主要包括：服务产品、价格、促销、人员、程序和客户服务等。

二、物流客户服务战略的确定

客户服务是企业经营管理的一个重要方面，能够制定行之有效的客户服务战略，往往影响到具体的客户服务绩效以及由此带来的客户满意度。战略是勾画服务形象和所提供的价值的行为，企业必须在每个细分市场上确定服务战略，向消费者说明本企业的服务与现有竞争者的服务以及潜在竞争者的服务之间的区别，以此使得该细分市场的消费者能够理解和正确认识本企业服务有别于其他竞争服务的特征。

（一）明确服务战略的目的

如果说品牌即是消费者的认知，那么，战略就是将服务提供给消费者的过程。在这个过程中，需要依靠运用正确的服务战略来完成信息的传递。企业的服务战略的目的就是获取竞争优势，实现这一目的大体上要经历 3 个阶段：明确可以利用的潜在的竞争优势；选择竞争优势；有效地向市场表明服务的战略观念。

1. 明确可以利用的潜在的竞争优势

企业可以通过集中若干竞争优势将本企业的产品和服务与竞争者的产品和服务区分开来。竞争优势有两种基本类型：成本优势和产品差异化。美国市场营销专家波特提出价值链作为辨别企业潜在竞争优势的主要方法。

每个企业都是为了产品的设计、制造、营销、运输等而采取的一系列活动的实体，为了弄清某一企业的成本特性和现有资源及潜在资源，将企业分解为在策略上相互关联的 9 项活动。这 9 项活动又分为 5 项主要活动和 4 项支持性活动。主要活动是指材料运至企业、进行加工制作、产品运出企业、上市营销和售后服务等项依次进行的活动。支持性活动始终贯穿于这些活动之中，是指一般管理、财务、法律及与政府有关事务等活动。

服务战略的策划就是审核每一项服务活动的成本和经营情况，以寻求改进的措施。同时，还应对竞争者的成本和经营情况作出估计，并以此作为本企业服务的基准点。只要本企业的服务胜过了竞争者的服务，企业就获得了竞争优势。此外，客户服务战略还要寻求本企业服务价值链以外的竞争优势，如探究其供应商、经销商和最终客户的价值链。

2. 选择竞争优势

如果客户服务战略在经过价值链分析发现了企业的若干潜在竞争优势，而有些优势过于微小，开发成本太高，或者与服务的形象定位极不一致，可弃之不用。假设经过筛选还剩下 4 个优势可以采用，在此情况下，服务战略应有一套方法以便从中选择最具开发价值的优势。

客户服务战略策划可以将其 4 个属性——技术、成本、质量和服务的名次与主要竞争对手的服务相比较，如果两种服务的生产企业的技术力量都得 8 分（最低分为 1 分，最高分为 10 分），这意味着双方的技术条件都很好。而竞争者的服务在成本方面处于优势（8 比 6），则服务战略策划应该设法降低成本或改善服务，以提高与竞争者服务相对应的市场吸引力。不过，由此而产生的下列问题需要考虑：改善服务产品的某些属性对目标消费者的重要性如何？服务战略策划是否有足够的资金进行这些革新？完成这些革新需要多长的时间？如果企业进行这样的服务策划，部分竞争对手是否也能改善服务？该方法说明，针对某种属性客户服务战略策划应该采取适当的行动。

3. 有效地向市场表明服务的战略观念

客户服务战略策划必须采取具体的步骤建立自己的服务竞争优势，并进行广告宣传，切不可认为竞争优势会在市场上自动地显示出来。客户服务战略策划必须采取实际的行动，通过各种手段来表明本企业选择的市场定位。同时，应避免以下 3 种主要的战略定位错误。

（1）定位过低。消费者对某产品或服务的定位印象模糊，他们看不出该产品或服务与其他产品或服务有什么不同。

（2）定位过高。消费者对其产品或服务了解的很少，以为与相似的产品或服务处于同样的高价位。

（3）定位混乱。产品或服务在消费者心目中的形象混乱不清。

（二）物流客户服务战略的种类

客户服务的战略是多种多样的，但常见的主要有以下5种：

（1）加强战略，即在消费者心目中加强本企业的现在形象的战略。

（2）空缺战略，即寻找为许多消费者所重视的但尚未被占领的细分市场。

（3）比较战略，即通过与竞争者的产品或服务的客观比较，来确定自己的市场位置的一种战略。

（4）首席战略，即追求产品或服务成为本行业中的领导者的市场定位的战略。

（5）高级俱乐部战略，即强调本企业是某个具有良好声誉的小集团的成员之一的战略。如果企业不能取得第一位的市场优势或者某种独特的属性，采取高级俱乐部战略不失为一种良策。

（三）物流客户服务战略的制定

科学、合理地进行物流服务战略的分析和策划是物流管理活动中一项十分重要的职能，具体而言，物流客户服务战略的制定主要有以下几个步骤：

第一步：确定物流客户服务的要素。要进行科学的物流客户服务战略决策，首先必须明确物流客户服务包括哪些要素及相应的具体指标。一般来讲，确定备货、接受订货的截止时间、进货期、订货单位、信息等是物流客户服务战略策划的第一步。

第二步：收集有关物流服务的信息。既然物流服务是客户服务的一个重要组成部分，在进行物流客户战略策划时就应当了解客户对物流活动的要求和认识。制定物流客户服务战略需要收集的信息主要包括：客户对物流服务重要性的认识、客户的满意度以及与竞争者的物流服务相比较是否具有竞争优势等。

第三步：整理物流客户服务信息。在进行客户服务信息的收集之后，要对信息进行筛选、分类、归集，以便定向地选择使用。

第四步：划分客户群体。客户的需求受到客户思维方式、行动模式以及地区差异等诸多因素的影响，因此，以什么样的特性为基础来区分客户群体成为物流客户服务战略制定中的重要问题。同时，在客户群体的划分过程中，应当充分考虑不同客户对企业的贡献程度以及客户的潜在能力。也就是说，针对本企业重要的客户群体，应在资源配置、服务等方面予以优先考虑。

第五步：根据不同的客户群体制定物流服务组合。对客户群进行划分之后，首先要做的就是针对不同的客户群体制定相应的物流服务基本方针，从而在政策上确保将企业资源优先配置给重点客户群。此后，在对企业物流服务水平进行预算分析和对主要竞争对手的服务水平进行分析的基础上，为不同的客户群体制定相应的物流服务组合。

第六步：物流服务组合的管理与决策流程。物流服务组合的确定不是一个静态行为，而是一种动态的过程。也就是说，最初客户群体的物流服务组合确定之后，并不是一成不变的，而是要经常地进行定期核查、变更，以保证物流服务的效率和效果。从物流服务管理决策的全过程来看，决策流程可以分为5个阶段：①客户服务现状的把握；②客户服务评价；③物流客户服务组合的确定；④物流服务系统的再构建；⑤客户满意度的定期评价。各阶段相互之间不断循环往复，使得决策过程动态化，从而推动物流服务不断地深入发展，提高服务的效率和效果。

物流客户服务战略的制定是一项系统工作，在制定战略的过程中应当按照上述步骤综合考虑企业内部和外部的影响因素有序地进行，使得所制定的战略成为企业朝正确方向前进的有力保障。

第四节 物流客户关系管理与客户满意度分析

现代物流在我国是一个方兴未艾的服务行业，由于良好的市场前景和较多的利润机会，吸引了大批的竞争者进入该市场。在市场经济条件下，面对行业的全球化与开放性、成本控制的迫切性、客户需求的多样化等，使得物流企业要承担越来越重要的社会责任和商业责任，而物流客户已经成为物流企业之间竞争的焦点。因此，物流企业迫切地需要重视对物流客户的研究和分析，以适应形势发展的需要和自身生存发展的需要。

一、物流客户关系管理

物流市场的激烈变化，物流服务企业面临新的经常性的挑战。如何提高客户的满意度、开发新的客户资源并保持相对稳定的客户队伍，俨然已成为现代物流企业生存和发展的关键。而客户关系管理模式的引入，为解决这些问题提供了新思路，并成为现代物流企业提高管理效益的新方法。

(一) 客户关系管理的含义

所谓客户关系管理，是指企业以客户关系为重点，通过系统化的研究与分析，不断地改进、完善与客户相关的全部业务流程，并使用先进的技术优化管理的方式与方法，提高客户的满意度和忠诚度，实现企业运营管理的电子化、自动化，提高效率和效益的过程。其内涵是企业利用信息技术和网络技术，实现对客户的整合营销，是以客户为核心的企业营销的技术实现。

物流客户关系管理是现代管理理念与信息、网络技术相结合的产物，是以信息、网络技术为手段，对客户资源进行集中管理的经营策略。理念、机制、技术和策略 4 大要素构成了物流客户关系管理的基本体系，共同为实现物流客户与企业价值最大化服务。

本书认为，可以从以下几个方面来理解物流客户关系管理的含义：

1. 物流客户关系管理是一种以客户为中心的管理理念

物流客户关系管理的核心思想是将物流企业的客户，包括最终客户、分销商和合作伙伴作为企业最重要的资源，通过不断完善的客户服务和深入的客户研究与分析满足客户需求，实现客户价值的最大化。

2. 物流客户关系管理是一种旨在改善企业与客户关系的新型管理机制

物流客户关系管理不仅是一种管理理念，而且是一种管理机制，旨在建立一个完善而严密的管理体系。从管理流程来看，客户关系管理包括建立客户数据库、分析数据、选择客户、目标客户定位、与目标客户建立稳定的关系、构建客户关系管理评价体系。从管理机制层面上理解，物流客户关系管理要求物流企业设立相应的机构，以负责收集和管理客户信息；建立管理制度，以保证客户关系管理理念的贯彻落实；实施企业业务流程重组与优化；实现信息共享与跟踪服务；进行信息的研究与分析，从而为客户提供个性化的服务。

3. 物流客户关系管理也是一种管理技术与方法

物流客户关系管理集成了信息技术、网络技术、物流技术等多项技术，为物流企业的营销、销售、客户服务和决策支持等运营活动提供了一个业务自动化的解决方案，使得供应链上的供应商、生产商、销售商以及物流企业内部的信息能够集成起来，实现供应链的整体化和系统化的管理。

4. 物流客户关系管理更是一种企业运营管理的新型策略

物流客户关系管理的实质就是一种以“产品为中心”的传统运营管理策略向以“客户为中心”的新型运营管理策略的转变或调整。物流客户关系管理的目的是想方设法地保持现有客户、取得客户份额、开发客户的终身价值。也就是说，物流客户关系管理是从客户利益和企业利益两个方面来实现客户价值的最大化。

（二）物流客户关系管理的内容

物流客户关系管理是把物流活动的各个环节作为一个整体，从整体的角度进行系统化的客户管理。它并不是单纯的管理软件和技术，而是融合了企业经营理念及生产管理、市场管理和客户服务等内容，通过建立与供应商、生产商和经销商以及最终客户之间的合作伙伴关系实现信息共享、资源互动和客户价值最大化的管理方法。其主要内容包括以下 4 个方面：

1. 物流客户识别与管理

物流客户识别与管理是指物流企业对客户信息资料的收集、识别、分析和交流反馈的过程，是物流客户关系管理的首要内容。主要包括：物流客户信息资料的收集；物流客户的识别；物流客户的研究与分析；物流客户交流与反馈管理；服务管理和时间管理等。

2. 物流客户满意度管理

物流客户服务是通过物流活动向客户准确、及时地提供产品。在物流活动中，客户满意度是客户对所购买的产品和服务的满意程度，是客户满意的感性评价。客户需求是现代物流的起点和动力，构成了物流服务的市场，同时是物流企业的获利潜力；而在市场上，需求活动的最佳状态是满意，因此，客户满意是物流企业效益的源泉，相应地，客户满意度管理也就成为了物流客户管理的中心和出发点。主要包括：建立物流客户满意度评价体系；积极贴近并仔细地分析客户；为客户提供个性化的产品或服务；增强客户体验；重视客户关怀等。

3. 物流客户的开发

物流客户的开发是物流客户关系管理的工作重心。由于物流客户具有一定的特性，在物流客户的开发过程中，一定要根据客户的特征，结合企业本身的特点，运用市场营销原理，通过良好的物流服务体系、精准的市场定位以及多样化的物流促销活动等途径来为企业挖掘潜在的客户。主要包括：建立良好的物流服务体系；进行精准的物流市场定位；开展多样化的物流促销活动等。

4. 物流客户忠诚度管理

在物流客户关系管理实践中，除了开发新客户外，企业还应重视巩固现有的老客户，提高客户的忠诚度。巩固客户的关键在于获得客户的满意，与客户建立长期的合作关系。因此，物流客户的忠诚度管理是一项长期而复杂的任务，主要包括：建立以客户为中心的数据库；根据客户层次制定营销策略；用信息技术为忠诚客户服务；利用信息系统与客户互动等。

二、物流客户满意度分析

随着市场竞争的日趋激烈，通过削减生产成本和销售费用来获得更多的利润，对于很多企业来说已经变得非常困难了。因此，很多企业将目光转向了客户，试图通过满足客户的需求来获得企业的利润和发展。为此，企业开始从内部控制转向争取客户，客户满意成为企业效益的源泉，提高客户满意度进而增加客户忠诚度成为企业价值实现的重要保证。

（一）物流客户满意度

客户满意是客户服务的终极目标，对于物流企业来说，物流客户的满意和忠诚是企业生存和发展的根本。

1. 客户满意的思想

1960 年，美国哈佛商学院教授西奥多·莱维特（Thedore Levitt）在《哈佛商业评论》上发表一篇题为《营销近视症》的论文，首次提出了“客户满意”的概念。他经过分析认为，行业衰退的原因是管理者们只是专注于提高生产率和削减成本，却看不到对本企业产品的市场竞争，他还提出，任何行业都不应该仅仅只是一个生产产品的过程，而应该是一个使客户满意的过程。因此，采用“一种彻底的客户满意管理，才能使增长的行业持续地增长”。

莱维特的理论随后产生了巨大的影响。自 20 世纪 90 年代以来，由于经营环境与竞争环境、质量观念与服务方式、客户消费观念与消费形态等发生了深刻的变化，在日、美等发达国家的企业中，客户满意的经营战略占据着非常重要的地位，客户满意成为企业客户服务所追求的目标。

2. 客户满意度的含义

客户满意是客户对其需求已被满足的程度的感性认知，是人们在接受产品或服务之后所作出的一种肯定的心理状态，是人们对产品或服务的一种主观的综合评价。

客户满意度来源于市场营销理论的基本概念，是指客户对所购买的产品或服务的满意状态和程度，以及能够期望他们未来继续购买该产品或服务的可能性。它是客户满意程度的感性评价指标。

（二）客户满意的影响因素模型

物流客户满意是客户对事前期望和使用后可感知效果判断后所得的评价，是可感知效果和期望之间的差异函数。客户满意具体受很多因素的影响，主要包括服务质量、产品质量、产品价格以及条件因素和个人因素等。这些影响因素之间的关系构成客户满意的影响因素模型。如图 3－3 所示。

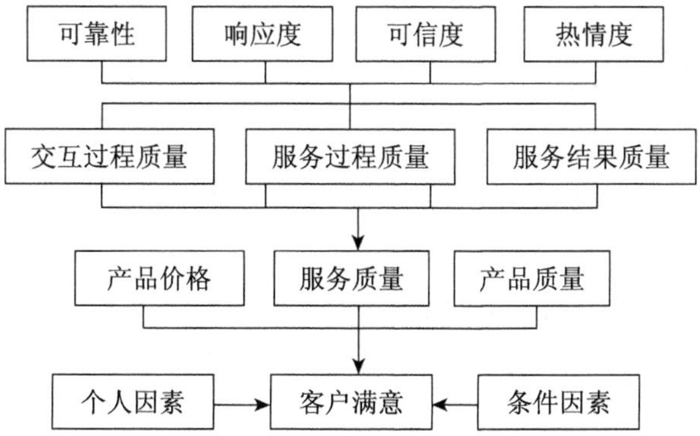

图 3－3　客户满意的影响因素模型

（三）提高物流客户满意的方法

提高物流客户满意度，关键在于企业是否能够为客户提供个性化的产品和及时的服务。提高物流客户满意度的方法，主要包括以下几个方面：

1. 个性化的产品和服务

随着商品经济的发展，客户已经不再仅仅满足于成批生产出来的产品，他们对于能够体现个性的产品更加青睐。因此，企业可以在保持一定的规模生产的同时，为客户提高满足其个性需求的产品，使客户获得超期望的可感知效果。企业可以从以下几个方面着手，为客户提供个性化的产品和服务：了解客户的真正需求；让客户参与产品的设计过程；提高企业生产的柔性和敏捷性；做好企业的宣传工作；提供便捷的购物环境；提供优质的售后服务和后续服务等。

2. 增强客户体验

通常，大部分物流客户对细节问题都十分地注意，他们希望物流企业能够提供“够水准”的物流产品或服务，希望企业能及时地为他们解决难题。客户购买产品和服务的过程，是在接受一种体验，而他们经常地购买某一企业的产品或服务，是因为该企业创造了比竞争对手更让他们喜爱的体验。对此，企业应当做好以下几点：树立为客户服务的理念；制定科学合理、有效的服务质量标准；向客户作出的承诺一定要兑现；做好服务质量的考核和改进等。

3. 重视客户关怀

所谓客户关怀，是指提供物流服务的企业对其客户从购买服务到购买服务后所实施的全程服务活动，包括客户服务、优质的服务质量、及时完善的售后服务等。

客户关怀不仅仅是对客户有礼貌、不回避客户的目光等内容，更重要的是产品和服务的质量。客户关怀活动包含在客户接受产品和服务的客户体验的全过程之中，在客户购买前，客户关怀为鼓励和促进客户购买作了铺垫；在购买中，客户关怀可以激发企业为客户提供更优质的服务，满足客户的需求，实现客户价值的最大化；在购买后，客户关怀主要体现在后续服务中，促进客户信任的形成和巩固，使客户能够重复购买，获得客户满意度和忠诚度。

练习思考题

一、名词解释

物流客户服务　　物流市场定位　　客户关系管理　　客户满意度

二、单选题

1. 客户在购买商品的时候，购买的是（　　）。

A. 商品本身　　B. 信息　　C. 服务产品组合　　D. 有形产品

2. 客户管理是属于（　　）的内容。

A. 营销自动化　　B. 销售自动化　　C. 市场管理　　D. 客户服务

3. 客户关系管理的核心是（　　）。

A. 管理　　B. 客户　　C. 关系　　D. 企业

4. 客户关系管理产生的原因除了管理观念转变之外，另一个是（　　）。

A. 互联网的出现　　B. 信息技术的发展　　C. 客户需求　　D. 信息共享

5. 作为企业客户服务一部分的物流服务，最终要通过（　　）体现出来。

A. 客户的满意度　　B. 企业的收益　　C. 运作绩效　　D. 企业信誉度

三、简答题

1. 简述物流客户服务的重要性。

2. 影响客户满意的因素有哪些？请举例说明。

3. 简述提高客户满意度的方法。

四、案例分析题

中外运的物流服务

1. 背景介绍

中国外运集团（以下简称“中外运”）是一家具有50年历史的国有大型外贸运输企业，是我国最大的国际货运代理企业和第三大船东，也是一个准物流企业。自1998年开始，中外运开展了确定企业发展总定位、总方向的战略研究工作，提出企业的产品定位是把中外运从一个传统的外贸运输企业建成由多个物流主体组成的、按照统一的服务标准流程和规范体系运作的国际化、综合性的大型物流企业集团，并制定了为期3年的战略目标和实施步骤。

这个战略第一次提出了中外运的经营管理理念，即“今天和未来所做的一切，都是以降低客户的经营成本为目标，为客户提供安全、迅速、准确、节省、方便、满意的物流服务”。在该理念中，包含了以下几个方面的内容，即以“客户为中心”的经营理念是企业物流服务的最基本精神，以“降低客户的经营成本”为根本的物流服务目标，以“伙伴式、双赢策略”为标准的、市场化的物流服务模式，以“服务社会、服务国家”为价值取向的大物流服务宗旨。企业经营理念的提出，是中国外运集团经营思想的重大转变，确立了集团经营的价值取向和中心目标，已经成为指导集团物流发展工作的基本原则与思想基础。

2. 确立低成本目标

在物流经营理念中，中外运提出了降低客户经营成本的目标，而在传统的外贸运输服务中，客户成本的降低往往意味着运费收入的减少，当然，这是与运输提供者市场交易的目标相矛盾的。那么，中外运是如何以此来实现产业升级的呢？顺应现代物流的要求，中外运提出了降低客户经营成本的目标。因为降低客户的经营成本是现代物流的本质特征和最终目标，也是中外运能否赢得市场的关键所在。降低客户的经营成本主要通过动态的物流成本分析来实现企业物流效益最大化的目标，主要表现为：降低直接的运输及配送费用。“零库存”的成本效应，实现企业的“零库存”是降低客户经营成本的核心因素，当然，“零库存”的目标不是绝对的，实际上存在着库存与运输成本的均衡问题。因此，如何确定企业最佳库存量，也是中外运为客户提供的物流服务之一。优化资金流，提高企业的资金效率。

对于一个企业来说，实施全方位的物流管理与经营是一项复杂的系统工程，需要一定的基础条件和开拓创新的精神。实现降低客户成本的目标，需要具备以下条件：高效率的综合运输、配送体系；全过程的信息跟踪与服务能力；具有综合服务功能的物流中心建设；贴近客户的供应链分析与管理。中外运的物流系统的构建基本上是按照上述目标进行的。

3. 运营实践

(1) 物流体系建设

中外运物流体系建设的总体目标是：按照现代物流的标准和要求，以信息技术为依托，建立统一的作业流程和操作规范的物流体系，根据市场和客户的要求，确定主导物流产品，培育和发展集团的物流产业竞争力。

为此，中外运正在积极地推进几个方面的工作：一是物流信息服务与信息管理体制创新；二是物流配送体系的建设；三是建设物流中心；四是提高物流成本分析与供应链管理能力。其中，在物流配送体系的建设方面，具体做法是以所在省市为主要经营地域，区域性的货物集散与仓储配送中心、区域集散中心之间的低成本运输通道、货物集散地的信息中心、货物集散地和中心城市的客户服务中心。

(2) 物流服务实践

中外运在物流客户服务方面实施的措施主要是：实施大客户战略，建立大客户服务体系。以该集团下属公司为摩托罗拉公司提供的物流服务为例，简要介绍中外运为物流客户服务的实践。主要包括：制定科学规范的操作流程；提供 24 小时的全天候服务；提供门

到门的延伸服务；提供创新服务；充分发挥中外运集团的网络优势；对客户实行全程负责制等。

（资料来源：张理．现代物流案例分析［M］．北京：中国水利水电出版社，2005.）

思考与讨论：

1. 中外运集团将“双赢策略”作为市场交易的准则和物流服务的模式，而许多企业在经营中往往忘记了这一点。如果你在进行交易时，是否会考虑到“双赢”？请说明“双赢原则”对物流客户服务的重要性。

2. 在逐步与国际市场接轨的今天，你认为我国物流企业最需要解决的具有普遍性的问题是什么？

实训项目

1. 查阅相关资料和信息，设计“客户满意度调查表”、“客户满意度分析表”及“顾客至上检查表”，切实完成一份客户满意度调查，加深对物流客户服务的理解与认识。要求学生以角色扮演的方式进行客户服务满意度调查和员工服务情况检查，说明客户满意或不满意的具体原因，并提出改进建议。

2. 了解当前物流企业客户关系管理信息系统的典型模型；针对典型物流企业设计客户关系管理系统基本模块；用数据库技术编写简单的客户关系管理信息系统。

第四章　物流运营管理

引导案例

上海通用汽车的物流运作

一、案例简介

上海通用汽车创建于1997年6月，总投资15.2亿美元，由美国通用汽车与中国最大的轿车制造商上海汽车工业（集团）总公司各投资50%共同设立。本着“以顾客为中心”的企业文化，上海通用汽车在快速反应、高质量生产以及不断推出新品满足用户需求方面成为中国汽车工业的先锋。从上海通用汽车的生产线上，可以看到成千上万种不同类别的汽车零部件，沿着生产线依次被加工、移动、组合、装配，最后形成完美的汽车，秩序井然。看到排列整齐的色彩和形状各异的车辆依次走下生产线，不禁让人有巧夺天工之感。惊叹之余，不由使人想到众多零部件供应商及时的物料配送，组成不同类型汽车的不同零部件被丝毫不差地按顺序送到自动化生产线，组装在不同类型的汽车上，生产的各类成品汽车最后被送到消费者手中，满足人们对汽车的个性化需求，这一复杂而有序的物流过程的高效管理与运作，更加使人惊叹其物流管理的精益与完美。

上海通用汽车基于精益生产理念建立了一套完整的采购、供应、生产制造、销售与售后服务体系和质量管理体系，并在生产和管理中大量采用计算机控制技术。上海通用汽车将计算机信息技术应用于公司业务的各个领域，公司的信息系统无论硬件还是软件都是目前国内汽车行业中最先进的，不仅为公司各项业务提供强有力的技术支持，而且可以和通用汽车公司全球网络实现联网。

（资料来源：http：//www.5doc.com/doc/422357；卢井，姚娟．由上海通用汽车看企业物流的运作．世界制造技术与装备市场．2006（01）．）

二、案例解析

（一）“精益生产”设计：及时供货

随着汽车市场竞争的激烈化，很多汽车制造厂商都采取了价格竞争的方式来应战。在这一背景下，汽车生产企业不得不降低成本。而要降低成本，很多厂家都从物流这个被视作“第三大利润源泉”入手。我国汽车工业企业一般的物流成本至少占整个生产成本的20%以上，有些公司甚至占到30%～40%，而国际上物流做得比较好的公司，物流的成本都控制在15%以内。上海通用在合资当初就决定，要采用一种新的模式，建立一个在“精益生产”方式指导下的全新理念的工厂。

精益生产的思想内涵很丰富，最重要的一点就像丰田公司一样，实施即时供货（JIT）。即时供货的外延就是缩短交货期。因此，上海通用在成立初期，就在现代信息技术平台的支撑下，运用现代的物流观念做到交货期短、柔性化和敏捷化。从这几年的生产实践来说，上海通用每年都有一个或一个以上新产品下线上市，这是敏捷化的一个反映。而物流最根本的思想就是怎样缩短供货周期实现低成本、高效率的目标。这个交货周期包括从原材料到零部件，再从零部件到整车，每一阶段都有一个交货期，这是敏捷化至关重要的一个方面。

（二）“Milkrun”循环取料模式

Milkrun是指在指定的时间窗口将一定数量的零件和料箱送到通用汽车公司，并将一定数量的空料箱送回供应商处的闭环式的运输路径。Milkrun是一个闭环式的运输体系，每一条路线都有超过一家的供应商。在这种模式下，供应商必须同意在有需要时移动其他供应商的装有零部件的料箱料架或空料箱料架。

闭环式Milkrun循环取货是一个优化的物流网络系统，它要求在计划时间取料、送料以满足车辆生产计划，并保证生产线不停线。其特点是多频次、小批量和定时性。Milkrun模式的实施，有利于可周转料箱的管理，加速供应商质量问题的解决，并为整个供应链上的库存控制提供了一个有效的工具。上海通用通过借用外部的力量，对企业的外部资源优势进行整合，从而实现了聚变，使企业获得超强的竞争优势。通过循环取货，上海通用的零部件运输成本下降了30%以上。这种做法体现了上海通用的一贯思想：精干主业。

（三）物流运作一体化外包服务

1. 零部件再分配中心RDC

上海通用为贯彻入厂物流一体化战略，于投产伊始就采用合同委托第三方物流供应商提供生产及项目零件配送服务。RDC的业务流程主要包括：接收（包括国产件及进口件）；再包装（包括排序等）；储存（包括木箱等）；发运（包括SGM物料等）；编制进口件拉动计划，并实施拉动；项目（包括OTS、PRE－Pilot等）物料配送；废料处理；料账处理；库存跟踪和盘点等。

2. 零部件集散中心CC

上海通用汽车有限公司于2003年合同委托第三方物流供应商负责异地生产（上海通用东岳、北盛）零部件集散、台湾裕隆出口整车零件以及对加拿大出口发动机集散业务。零部件集散中心的业务流程主要包括：接收（上海以外的国内销售零件、出口销售零件）；再包装（按客户需求的形式在CC场地内包装）；发运（包括DY、DYPT、NORSAM、YLGM、CAMI零件）；编制零件在集箱内的配载计划；编制已发运物料的tracking file；料账处理等。

3. 实施信息系统管理

从1997年至今，上海通用总计投入约4亿元人民币，按计划逐步地实施了PDM、ERP、DMS、CRM、SCM等信息系统。这些系统的实施，使公司各业务运作及相关业务流程集成化、信息化，各管理层和业务部门能在一个运作规范、管理先进、反应敏捷、信息同步共享的环境中有效率地工作，促进了公司先进的管理理念和体系向整个价值链上的延伸，支持了公司“资源整合”的发展战略。

21 世纪，企业之间的竞争已演变为供应链与供应链的竞争，这一法则同样适用于当前竞争激烈的汽车工业。这几年，上海通用汽车有限公司的迅速崛起，很大程度上得益于其对上游供应商及下游经销商的全面整合，带动了汽车制造行业的发展。

三、案例涉及的主要知识点

（一）精益生产

Lean Manufacturing，简称“精益生产”，是指利用杜绝浪费和无间断的作业流程，而非分批和排队等候的一种生产方式。

（二）“Milkrun”循环取料模式

“Milkrun”循环取料模式是指运输配送的方式类似于牛奶送货，在指定的时间窗口将一定数量的零件和料箱送到需要的指定地点，并将一定数量的空料箱送回供应商处，形成闭环式的运输路径。

学习导航

掌握供应物流的概念及生产物流的特点与类型，理解并掌握供应链采购下的基本流程，认识并理解分销需求计划（DRP）实施的关键因素，掌握第三方物流及第四方物流运作模型的基本内容。

第一节　供应物流管理

企业是为社会提供产品或服务的经济实体，也是进行物流活动的主要场所。物流活动几乎渗透到企业所有的生产活动和流通管理工作中，对企业的生产经营有着重要的影响。从供应链管理的视角来看，企业供应链物流运作涉及的主要内容包括：供应物流、生产物流、销售物流以及第三方物流、第四方物流的运营管理等。

所谓供应物流管理，是指为了保质、保量、经济、及时地供应企业生产所需的原材料、零部件或其他物品等，对采购、运输、仓储、供料等一系列供应过程进行计划、组织、协调与控制，以确保企业生产经营目标的实现。

一、供应物流概述

（一）供应物流的概念

供应物流是企业物流活动过程的起始阶段，是指为企业生产经营提供所需的原材料、零部件、燃料、辅助材料等物品时，物品在提供者与需求者之间的实体流通。具体包括采购、运输、装卸搬运、库存管理、用料管理和供应输送等环节。因此，供应物流又称为采购与供应物流。

供应物流对企业生产经营活动的正常进行有着直接的影响，在很大程度上，生产经营所需的物资供应时间、数量和质量决定着企业的生产节奏和成本，从而影响企业的经济效益。因此，适时、适量、齐备和成套地完成采购与供应活动，是供应物流的主要任务。

供应物流是企业生产过程物流的外延部分，包括原材料、配件、设备等从供销企业送达本企业的企业外部物流和本企业将物资从仓库送达生产线的内部物流，其表现形式如图4-1所示。

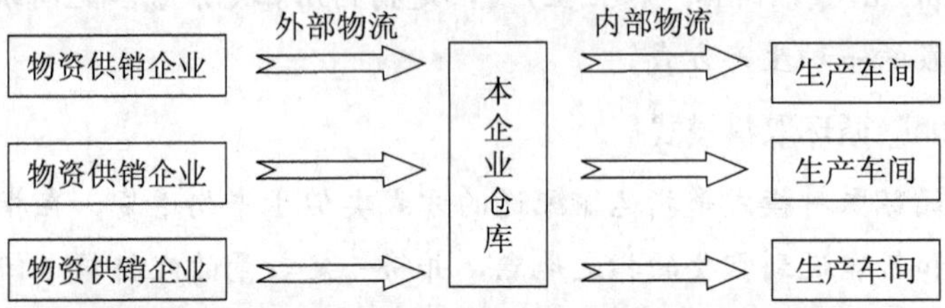

图4-1　原材料及配件、设备采购与供应阶段的物流

(二) 供应物品的种类

所谓供应物品，是指采购与供应过程中涉及实体流动的物质资料，在国际制造业中，人们一般把供应物品分为3个类别。

1. 产品材料（BOM）

产品材料（Bill of Material）是指直接构成产品组成部分的生产所用的原材料、零部件及半成品等。

2. 非产品材料（NON-BOM）

非产品材料又称为NPR（Non-Production Related），是指不直接构成产品本身的所有物品。它包括机械设备、易耗品、办公用品等。

3. 转卖品（Resale Product）

转卖品是指不在本企业生产制造，而从供应商处采购的贴有本企业商标的成品。最具代表性的是OEM（Original Equipment Manufacturer）产品。

二、供应物流管理的内容

对于生产企业来说，供应物流管理主要包括三方面的内容：业务性活动、支持性活动和拓展性活动。如图4-2所示。

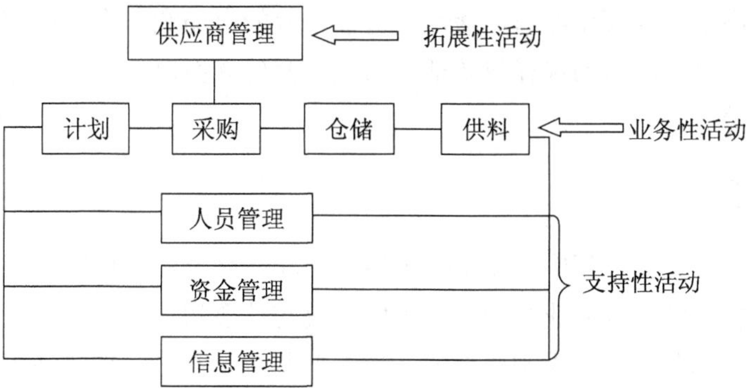

图 4－2　供应物流管理的内容

（一）业务性活动

1. 计划

根据企业的总体战略以及内外部客户的需求，制定供应的战略规划和物品的供应计划。

2. 采购

根据供应战略规划及供应计划，提出采购需求，选定供应商，进行价格谈判，确定交货及相关条件，签订采购合同并按要求收货付款。

3. 仓储

主要包括物品的检验、入库、保管保养、出货，确定合理的库存并对库存进行管理与控制等。

4. 供料

主要包括供料计划的编制、领料审批、定额供料、回收利用及物料消耗的管理与控制等。

（二）支持性活动

1. 人员管理

主要包括供应岗位职责的制定、供应人员能力的考察、员工素质的培养、工作评价以及绩效考核与员工激励等。

2. 资金管理

主要包括物品采购价格的控制、采购成本的管理以及储备资金的核定与控制等。

3. 信息管理

在对物品进行编码的基础上，对供应信息进行管理与实时监控，并利用 MRPII、ERP 系统进行供应物流管理。

（三）拓展性活动

在生产企业中，来自供应商的物品或发生于供应商的相关信息在企业成本中所占的比例最大。因此，将供应物流管理从内部管理拓展到对供应商的管理，以此来降低企业的生产经营成本，提高供应的可靠性与灵活性，增强企业的市场竞争力。供应物流管理的拓展性活动主要包括：对供应商的选择与认证、与供应商建立稳定的合作伙伴关系以及对供应商进行绩效考评等。

三、采购管理

采购是企业生产经营过程中一项重要的经济活动，是企业向供应商购买生产经营所需原材料、设备等物品的一种商业行为，是供应物流与社会物流的衔接点。企业生产经营活动所需的物资绝大部分是通过采购获得的，在大型制造企业中，物料和服务的采购费用通常占到产品成本的55%以上。企业采购的基本作用，就是将资源从供应企业转移到需求企业，低价格、高质量、高效率和优质的服务是采购管理的基本要求。在传统的采购管理理论中，主要注重采购行为本身，集中于考虑供应商的选择、采购谈判等问题。在供应链环境下，与供应商建立一种稳定的合作伙伴关系将更有利于供需双方的共同获利。

（一）供应链采购的特点

在供应链环境下，采购呈现出 3 大基本特点：

1. 基于需求的采购

在供应链管理模式下，采购是由客户订单驱动的。客户的需求产生订单，客户订单驱动企业的生产，企业生产驱动物料的采购，最终产品满足客户的需求。在这种情况下，企业的采购就成为满足客户订单的一个过程。

2. 主动的供应商采购

在供应链环境下，需求者将需求信息及时地传递给供应商，供应商则根据用户的需求状况和变化趋势，及时地调整生产计划，主动地跟踪用户的需求，适时而适量地满足用户的需求。

3. 合作型采购

在供应链环境下，需求方的采购是一种合作型采购。为了获得更大的经济利益，供应链采购中的供需双方通过库存、需求信息的共享，相互配合，各尽其力，从而实现采购效率的提高，最大限度地降低成本，实现企业价值的最大化。

（二）采购管理的目标

供应链采购管理就是以采购经济效益的最大化为主要目标，对采购过程进行计划、组织、指挥、协调与控制等一系列活动。采购管理的目标可以细化为以下几个方面：

（1）为企业的生产经营不间断地提供所需的原材料、设备、其他物品和服务。

（2）将企业对存货的投资和存货的损失降低到最低的程度。

（3）寻找或开发具有竞争优势的供应商。

（4）努力实现采购产品的标准化，保证产品的质量。

（5）以最低的总成本采购企业所需的产品和服务。

（6）增强企业的竞争优势，提高企业的市场地位。

（7）保持和改善与企业内其他职能部门的关系，提高企业生产效率。

(8) 有效地控制采购管理的成本，实现企业采购的目标。

此外，适当的时间、适当的数量、适当的质量、适当的价格、适当的供应商这几个方面，也是采购活动过程中所需要关注的。

(三) 采购流程管理

供应链采购管理的基本任务包括 3 个方面：其一，保证企业所需的各种物资的供应；其二，从资源市场中获取各种信息，为企业的生产经营决策提供信息支持；其三，与资源市场建立并保持良好的关系，为企业创造有利的资源环境。通过这三方面的内容，可以勾画出企业采购过程中所包含的基本活动和流程。这些活动和流程跨越了企业内部的边界，延伸在企业的供应链上。

1. 供应链采购的流程

在供应链采购管理机制下，采购基本流程的组成包括以下几个方面：

(1) 采购需求分析。掌握企业全面的需求信息，为制订科学而合理的采购计划做好准备。

(2) 资源市场分析。根据企业生产经营所需物资的品种和企业采购的类型，分析资源市场的情况，包括资源分布情况、供应商的情况、品种质量情况、价格情况和交通运输状况等。

(3) 采购计划的制订。根据企业物资需求的种类、采购的类型、资源市场的状况，科学而合理地制订出采购订货计划。

(4) 选择供应商。根据采购的计划及前面几个步骤的分析，确定供应商选择的标准、数量及方法；根据相关的标准和方法，在考察评估的基础上决定最终要选择的供应商。

(5) 实施采购计划。依据既定的采购计划和确定的供应商，执行具体的采购活动，包括联系指定的供应商、商贸洽谈、签订购货合同、运输进货、到货验收和货款的支付等。

(6) 采购过程监控。在实施采购活动的整个过程中，需要进行相应的监控工作，包括采购流程的效率和效能、采购资金的支付情况等。

(7) 购后评价。在一次采购活动完成之后，应对本次采购进行相关的评价，主要包括采购活动的绩效、总结经验教训、寻找问题、提出改进意见等。

2. 基于供应链的采购管理模型

采购管理是供应链运作过程中的重要环节，是实施供应链管理的基础。图 4 - 3 给出了供应链环境下采购管理的基本模型。

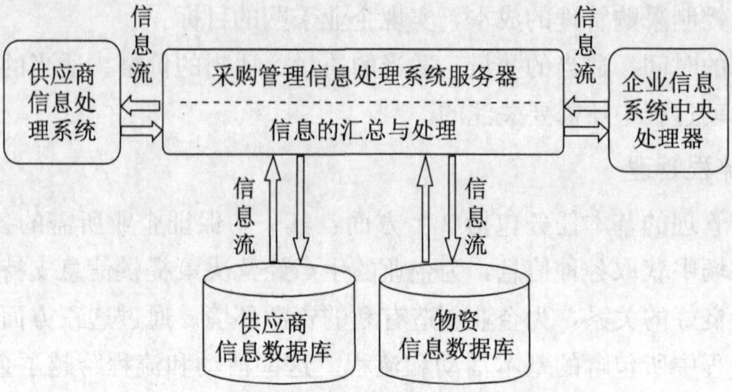

图 4-3　供应链环境下采购管理的基本模型

（四）供应链环境下的 JIT 采购

JIT 采购又称为准时采购，是一种先进的采购模式。其物流体系的基本思想是：在适当的时间、适当的地点，以适当的数量、适当的质量提供适当的物品。它是从准时制生产发展而来的，是为了在生产过程中消除库存和不必要的浪费而进行的持续性改进。其核心要素是：减少批量、频繁而可靠地交货、压缩提前期，并可靠、一贯地保持采购物料的高质量。与传统的采购方法相比，不仅可以减少库存，而且可以加快存货的周转、缩短提前期、保证采购的质量、获得满意的交货等效果。具体区别如下表所示。

传统采购方式与 JIT 采购方式的比较表

比较因素	传统采购	JIT 采购
供应商的选择	较多供应商、关系和质量不稳定	较少供应商、关系和质量稳定
供应商评价	合同履行能力	合同履行、生产设计、配送等能力
交货方式	由采购方安排、按合同交货	由供应商安排、确保交货准时性
进货检验	每次进货检验	由于质量有保证，无进货检验
信息交流	信息不对称	高度、准确、及时地信息共享
采购批量与运输	大批量采购、配送频率低、次数少	小批量采购、配送频率高、次数多

JIT 采购的实施是建立在以订单为驱动的采购流程上的，企业实施 JIT 采购需要满足以下条件：

（1）企业必须制订非常严密而周全的生产计划，确保准时化采购按计划、有步骤地实现。

（2）企业必须与信誉好的供应商建立稳定的合作伙伴关系。

（3）企业必须与供应商实现信息的高度共享，并保证供应与需求信息的准确性和及时性。

此外，运输的准确性、及时性等其他因素，也会直接影响到 JIT 采购的运用。

四、供应管理

（一）供应的概念

供应是供应物流与生产物流的衔接点，是依据供应计划、生产作业计划消耗定额进行生产所需物料的供给的作业层，负责物料消耗的控制。在生产企业中，供应一般有两种基本形式：一种是传统的领料制，即用料单位到供应部门领料；另一种是配送制，即供应部门根据生产作业信息和作业安排，按时按量送料。

（二）供应管理的主要任务

供应物流的业务活动主要包括物资供应计划、物资消耗定额、仓储与库存控制等。

1. 物资供应计划

对于企业的物资管理来说，物资供应计划是订货、采购、储存、使用物资的依据，对强化企业的物资管理起着重要的促进作用。一方面，物资供应计划适应企业生产、维修、技术措施、基建、成本、财务等对物资和资金使用方面的要求；另一方面，物资供应计划又为企业其他计划的顺利实施提供物料保证。正确确定企业生产经营的物资需求量，是编制物资计划的重要环节，而对于不同用途、不同种类的物资需求量的确定，所用的方法是不一样的。概括地说，有直接计算法和间接计算法两种。

直接计算法是直接根据物资消耗定额计划和企业生产计划的任务来核算物资的需求量，也叫定额计算法。

用间接计算法来确定企业物资的需求量是比较粗略的，一般用来确定不便于制定消耗定额的辅助材料的需要量，或用来确定某些辅助生产部门的部分用料。

2. 物资消耗定额

所谓物资消耗定额，是指在一定的生产技术条件下，为制造单位产品或完成某项任务所规定的物资消耗量标准。物资消耗定额的确定，包括“定质”与“定量”两个方面。

（1）确定物资的品种规格。对于物资品种规格的确定，要做到技术上可靠、经济上合理、供应上可能。具体来说，要考虑以下因素：

①品种、规格、质量的选择必须符合产品性能的要求。

②所选用的物资应具有良好的工艺性，以便保证产品生产的质量和企业生产率的提高，同时，满足产品制造的经济性要求。

③选用的物资要充分考虑降低企业生产经营成本的要求。

④选用物资还要考虑资源市场的现实情况及供应的可能性等。

（2）确定物资消耗量的标准。制定物资消耗量的方法大致有以下三种：

①技术计算法。它是根据产品的图样和生产工艺说明等资料计算物资消耗定额的方法。

②实际测定法。它是运用理论称重、计算等方式，对实际物资消耗进行测定，然后通过分析与研究，制定物资消耗定额的方法。

③统计分析与经验估计法。统计分析法，是指根据实际物资消耗的历史统计数据资

料，进行简单的计算和分析，借以确定物资消耗定额的方法。而经验估计法是指根据有关人员的经验和资料，通过估计确定物资消耗定额的方法。

第二节 生产物流管理

企业生产物流作为企业物流的关键环节，是伴随着产品的生产制造过程而发生的。掌握生产物流的基本原理，理解生产物流的特征、类型和组织方式，将有利于企业物流活动的优化，促进企业竞争力的提升。生产物流管理是指对企业生产制造过程中的物流活动进行计划、组织与控制，主要表现在对生产物料流动的进度控制及数量控制上，即根据企业的实际生产进度与计划的差异以及实际情况的变动，来控制与协调生产物流的数量与流动速度。

一、生产物流概述

(一) 生产物流的概念

企业的生产物流是与整个生产制造过程相伴随而产生的，实际上，生产物流活动构成了企业生产工艺的一部分。过去人们在研究企业生产活动时，主要关注的是生产制造的工艺过程，忽视了将生产制造过程串在一起的物流活动过程。事实上，在一个生产周期内，物流活动所用的时间要远多于产品的实际生产加工时间。现代生产过程工艺复杂、时间性强，使得生产物流具有多样性和复杂性，因此，研究生产物流的结构与特点，了解影响生产物流的诸多因素，对于生产物流的组织、计划与控制尤为重要，也为企业生产制造的劳动节约与时间节约提供了巨大的潜力。

生产物流是企业在生产过程中所发生的物流活动，主要是指按照企业生产工厂布局、产品生产过程以及生产工艺流程的要求，完成原材料、在制品、半成品、产成品在各个加工点、供应库、车间、工序之间的流转过程。

(二) 影响生产物流的因素

生产物流与企业其他物流活动的明显区别在于，它与企业生产过程是紧密联系在一起的。生产物流是企业生产过程与物流活动的有机结合，不同的生产工艺过程形成了不同的生产物流系统。概括地说，影响生产物流的因素主要包括以下几个方面：

1. 生产工艺

不同的生产工艺，相应的生产流程、使用的设备也不同，进而对生产物流也就有不同的要求和限制。

2. 生产类型

不同的生产类型，在产品的品种、数量、质量等级、结构复杂程度等方面会有所不同，因而对原材料的种类、质量、数量的要求也不一样，这势必影响到生产物流的构成以及相互间的比例关系。

3. 生产规模

生产规模越大，表明企业生产过程越复杂，生产物流量就大；生产规模小，物流量就小，相应的物流设施、设备也会不同，对于组织管理的要求也不同。

4. 专业化与协作化水平

经济技术的创新与发展，使得企业的专业化与协作化水平不断提高，而很多企业也将非核心的生产业务外包出去，这也将影响到生产物流的构成与管理。

5. 企业的技术管理水平

企业对于技术管理水平的高低，将直接影响着生产工艺的先进性与合理性，关系到生产过程能否顺利进行。因此，企业的技术管理水平也成为影响生产物流的因素之一。

（三）生产物流的特点

企业生产物流的特点主要表现在以下几个方面：

1. 生产物流是企业生产工艺的一个组成部分

生产物流活动与企业的生产工艺过程是密不可分的，因此，生产物流具有很强的一体化的特点：通过物流活动的过程，实现生产工艺过程中的加工与制造环节；通过加工与制造的过程，同时完成物流活动；通过物流活动的流程，实现对不同的加工与制造环节的衔接。因此，物流活动和生产工艺之间，不能像商流与物流那样，可以分开独立地进行运作。

2. 企业生产物流具有的“成本中心”作用

在企业的生产过程中，物流活动对资源的占用和消耗，是企业生产成本中一个重要的组成部分。由于现代生产工艺的复杂化，使得生产物流活动频繁而复杂，对企业生产成本产生较大的影响。因此，在生产制造环节上的物流活动，更加强调成本的观念。

3. 企业生产物流是专业化强的“定制”物流

企业生产物流面对的是企业生产过程中特定的物流需求，因此，生产物流必须完成适应生产专业化的要求，从而，企业生产物流具有专门的适应性而不是普遍的适应性，它是通过专业化的“定制”来实现物流的效率与效益的。

4. 企业生产物流是小规模的精益物流

企业生产物流主要面对特定的对象，这与社会化的集约物流是不同的，因此，企业生产物流的规模取决于企业生产的规模。由于生产企业规模的有限性，并在一定的世界范围内规模固定不变，这就为准确而精密的物流策划提供了基础，企业可以运用资源管理系统等有效手段，使得生产过程中的物流“无缝对接”，实现生产物流的精益化。

（四）生产物流的类型

由于生产物流的类型与决定生产类型的产品产量、品种及专业化程度有着内在的联系，因此，可以把生产物流的类型与生产类型看成是同一问题的两种说法。概括地说，生产物流的类型包括以下几个方面：

1. 从生产专业化的角度分类

根据产品在生产过程中的稳定性和重复性，可以把物料生产过程划分为单件生产、大量生产和成批生产三种类型。

2. 从物料流向的角度分类

根据物料在生产工艺过程中的特点，可以把生产物流划分为项目型、连续型和离散型三种类型。

3. 从物料流经的区域和功能角度分类

根据生产工艺过程中物料流经的区域及生产物流的功能，可以把生产物流分为工厂间物流和工序间物流两种类型。

二、生产物流的组织

生产物流过程是一个从物料投入到成品出产的物流活动过程，通常包括工艺过程、检验过程、运输过程、等待停歇过程和自然过程。生产物流的组织主要从空间、时间、人员 3 个角度进行，提高企业的生产效率。

（一）组织生产物流的要求

企业生产物流和企业的生产过程是紧密联系的，要保证生产活动的顺利进行，就必须科学、合理的组织生产物流过程，保证物料供应和流动的通畅有序。组织生产物流活动的目的，是通过合理的组织与管理，优化物流运输路线，提高物料周转速度。因此，组织生产物流的基本要求包括以下几个方面：物流过程的连续性；物流过程的平行性；物流过程的单向性；物流过程的比例性；物流过程的均衡性；物流过程的适应性等。

（二）生产物流的组织方式

生产物流的人员组织主要体现在人员的岗位设计上，它是实施生产物流在空间、时间两方面组织方式的基础。在此，主要讨论企业生产物流的空间组织和时间组织。

1. 生产物流的空间组织

生产物流的空间组织是相对于企业生产的区域布局而言的，目标是如何缩短物料在生产工艺流程中的移动距离。一般来说，有 3 种专业化的组织形式，即工艺专业化、对象专业化和成组工艺。

2. 生产物流的时间组织

生产物流的时间组织是指物料在生产过程中各个生产单位、各道工序在时间上的衔接与结合方式。要科学合理的组织生产物流，不但要缩短物料流程的距离，而且要加快物料流动的速度，减少物料成批等待的时间，实现生产物流的节奏性和连续性。一般来说，一批物料有 3 种典型的流动组织方式，即顺序移动、平行移动和平行顺序移动。

三、生产物流的计划与控制

在企业生产物流的计划与控制中，计划的对象是物料，生产物流计划的任务是保证生产计划的顺利完成，为均衡生产创造条件，加强在制品管理，缩短产品生产的周期。对生产物流进行计划就是根据计划期内规定的产品品种、数量和期限，具体安排物料在各生产工艺阶段的进度，并使各环节的在制品在结构、数量和时间上相协调。而对生产物流的控制主要体现在物流进度的控制和在制品的管理两方面。在当代的企业生产管理中，主要有以下几种典型的生产物流计划与控制的方法。

1. 基于 MRP、MRPⅡ、ERP 原理的生产物流

物料需求计划（MRP）是 20 世纪 30 年代初为解决订货点法的不足而产生的，由于数据运算量大，靠手工计算存在很大的困难，因此，MRP 方法在初期并没有得到迅速的发展和很好的应用。到 20 世纪 60 年代中期，美国 IBM 公司率先提出了物料需求计划的生产管理模式，并在 20 世纪 70 年代得到不断地完善。MRP 是一种根据产品生产的物料需求组织生产，根据产品的完工日期和产品的结构属性确定生产计划的方法。在 MRP 方法下，根据产品结构的层次关系，以产品零部件为计划对象，以产品完工日期为计划基准倒排生产计划，按各种零部件的生产周期反推出他们的生产与投入的时间和数量，根据提前期的长短确定各种物料下达订单的优先级，从而保证生产过程中物料需求的及时供应，达到减少库存和资金占用的目的。

1977 年，美国著名生产管理专家奥利弗·怀特（Oliver W. Wight）提出了一种对制造企业的全部资源进行系统综合计划的方法，即制造资源计划（MRPⅡ）。MRPⅡ的基本思想是把 MRP 同其他所有与企业生产经营活动直接相关的工作和资源，以及财务计划等连成一个整体，实现企业生产经营管理的系统化。MRPⅡ通过计算机网络，将企业的经营计划、主生产计划、物料需求计划和生产能力计划、销售计划、现金流计划，以及物流需求和生产能力需求计划等有机地结合起来，实现了物流与资金流的统一。

20 世纪 90 年代初，美国加特纳公司（Garter Group Inc）又提出了企业资源计划（ERP），其核心思想是供应链管理。即在 MRPⅡ的基础上，通过前馈的物流与反馈的信息流与资金流，把客户需求和企业内部的生产经营活动以及供应商的制造资源有机地整合在一起，体现为一种完全根据客户的需求进行生产制造的基于供应链管理思想的功能网络结构模式。

从 MRP 到 MRPⅡ，再到 ERP，关于资源概念的内涵得到不断地扩大，体现出不同时期人们对生产物流的认识和发展。归纳起来，就是一种基于“推动”的生产物流管理理念。即从构成产品的物料出发，通过产品结构属性的分析，按层次地制定不同阶段的 MRP，生产物流的计划与控制也逐步从企业的内部扩展到上下供应商企业之间。

2. 基于 JIT 的生产物流

1953 年，日本丰田公司首先创造了一种在多品种、小批量混合生产条件下高质量、低消耗地进行生产的方式，即准时生产、及时配送（JIT）。JIT 生产方式可表述为：“只在需要的时候，按需要的数量，生产所需求的产品。”近年来，JIT 不仅作为一种生产方式，也作为一种物流模式在欧美物流界得到推行。

基于 JIT 的生产物流，是一种积极和动态的物流活动过程，它强调在批量、准备时间、提前期、废品率、成本及质量方面进行持续地改进和完善，对整个生产过程进行全面的分析，消除一切不必要的浪费，减少不必要的操作，降低库存，减少等待时间和移动时间，对问题采取事前预防措施。

JIT 是一种基于“拉动”的生产物流管理理念，即从订货需求出发，根据市场的需求

信息确定生产产品的品种和数量，并以看板管理为手段，采用"领料制"，从而实现产品"无多余库存"甚至是"零库存"，最大限度地提高企业生产过程的效率和效益。

第三节　销售物流管理

企业销售物流是供应链物流系统的一个重要环节，是伴随销售活动将产品实体转移给用户而进行的物流活动。它是以产品离开企业生产线进入流通领域作为起点，以送达用户并经过售后服务作为终点。通过销售物流活动的过程，产品实现其价值，企业获得利润。企业销售物流的管理，就是通过企业销售运输决策、销售配送等环节的计划与控制，实现企业销售物流的合理化。

一、销售物流概述

企业销售物流包含着一系列的内容，其运作的效率与企业赢利的实现程度息息相关。为了保证销售物流活动的顺利进行，以适宜的物流服务水平满足客户的需求，企业需要合理地组织销售物流，包括产品包装、储存、销售渠道的选择、配送、信息管理等相关方面的内容。销售物流的高水平运作，是促进和发展销售的一项积极因素，能为企业产品销售获得市场竞争优势创造机会。

（一）企业销售物流的任务

企业的销售系统通过各种营销策略的组合，利用物流服务满足消费者的需求，实现产品的价值和使用价值，并使企业获得赢利。其主要任务有：

1. 进行市场调查和需求预测

市场调查和需求预测可以为企业的产品开发和生产技术系统提供准确的市场信息，为企业市场竞争的方针、策略的制定提供信息支持。进行市场调查和预测的对象包括国内外的传统市场、新兴市场和潜在市场。

2. 开拓市场并制定产品销售方针和策略

在市场调查和需求预测的基础上，可以积极地开拓目标市场，并制定产品销售的方针和策略，主要包括销售渠道、营销组合、产品定价等。

3. 制订销售计划

销售计划的制订，要正确确定计划期产品销售量和销售收入两个指标，以满足市场需求，保证企业供、产、销诸环节的衔接。

4. 订货合同的组织与管理

在科学、合理地编制销售计划的基础上，开展订货合同的组织与管理工作，主要包括组织订货合同的签订、检查合同的执行情况以及处理合同执行中出现的问题等。

5. 产品推销的组织与策划

产品推销的组织与策划主要包括产品的商标、装潢设计、广告宣传、试销展销、派员推销以及市场信息反馈等相关方面。

6. 组织客户服务工作

客户服务是由企业向其产品或服务的购买者提供的一系列活动，良好的销售物流服务能够增加购买者所获得的效用，提高产品的价值和客户的满意度。客户服务工作的组织主要包括：产品安装调试、使用与维修指导、实行“三包”质量保证、提供配件及售前、售后客户意见的征集等。

7. 进行成本分析

对企业销售系统进行成本费用分析，能够不断地改善企业销售的经济效益，提高企业销售管理的工作水平。

（二）销售物流服务的要素

销售物流服务的要素有4个方面，即时间、可靠性、通信和方便性，这些要素对买卖双方的成本都有重要的影响。

1. 时间

时间要素通常是指订货周期时间。所谓订货周期，是指从客户确定对产品的需求到需求被满足之间的时间间隔，也称为提前期。订货传递、订单处理、订单准备和订单装运等变量，是影响时间因素的主要方面。

2. 可靠性

所谓可靠性，是指根据客户订单的要求，按照预定的提前期，安全地将订货送达客户指定的地点。在许多情况下，对于客户来说可靠性比提前期更为重要。概括地说，可靠性主要包括3个方面：提前期的可靠性、安全交货的可靠性和正确供货的可靠性。

3. 通信

通信是监控客户服务可靠性的关键手段，企业的通信渠道应对所有的客户开放并准入，使得企业获得摆脱销售物流外部约束的信息来源。同时，通信必须是双方的，卖方企业要把关键的服务信息及时地传递给客户。

4. 方便性

所谓方便性，是指企业销售物流服务水平必须灵活，满足不同客户的需求，实现销售物流的经济效益。

（三）销售物流的主要内容

在完成产品的生产制造之后，企业需要及时地组织销售物流，使产品能够及时、准确、完好地送达客户指定的地点。企业销售物流活动主要包括以下几个方面的内容：

1. 产品包装

产品包装作为企业生产物流系统的终点，也是企业销售物流系统的起点。包装分为销售包装和运输包装。销售包装也称为小包装或内包装，其主要目的是向消费者展示货物的基本信息及使用的相关说明和运输的相关情况，以吸引消费者和方便零售。运输包装也称为大包装或外包装，其主要目的是保护产品、便于仓储、运输及装卸搬运等。此外，产品的外包装也向消费者传递了企业的经营理念，将企业的价值观、服务理念、先进文化等展示给消费者。

2. 产品储存

在企业的生产经营中，保持合理的库存水平，及时地满足客户的需求，并应对生产中遇到的不确定性，是产品储存的重要内容。客户对企业产品的可得性非常敏感，一旦出现缺货，不仅客户的需求不能得到及时地满足，而且还会增加企业销售服务的物流成本。因此，产品的可得性成为衡量企业销售物流服务水平的一个重要参数。

3. 销售渠道的选择

一般来说，企业的销售渠道可分为两种类型，即直接渠道和间接渠道。直接销售渠道是指生产企业与消费者之间直接进行产品销售活动的方式，而在间接销售渠道下，生产企业与消费者之间的销售活动还需要通过中间商来实现。中间商主要包括批发商、代理商、零售商等。

企业销售渠道选择的影响因素是多方面的，包括政策性因素、产品因素、市场因素、中间商的状况和生产企业自身特点等。企业在对各种影响因素进行综合分析之后，结合企业自身的特点，对各种销售渠道下的销售量、成本费用、服务水平等进行反复地权衡比较，最终确定适合本企业的最佳销售渠道。

4. 产品配送

产品的配送包含了两个相互关联的活动环节，即配货和产品发送。配货是指企业根据客户的需求完成货物理配的系列活动。由于产品的不同、需求的不同以及配货方的设施及管理方式的差异，配货活动也存在一定的差异性。

产品发送作为企业销售物流的主要管理环节，主要是供需双方的运输活动。产品的发送涉及产品销售渠道、产品批量、运输方式、运输工具、运输路线、运输距离和地理条件等诸多因素，同时，产品在运输端点的装卸搬运等活动对运输产品的质量也有着直接的影响。因此，产品的配送作业流程是一个复杂的过程，企业需要依据物流运作的实际和市场环境确定合适的配送方式。

5. 信息管理

企业销售物流中的信息管理，主要是指在产品销售过程中围绕客户订单所发生的各种信息管理活动，包括信息的生产、信息的传递、信息的合理利用等。信息管理作为供应链管理的重要支持体系，对于销售物流的高效运作是非常重要的。在销售物流过程中，信息管理系统要科学合理地处理好各种信息，完善销售物流系统的信息采集、控制、生成和传递过程。

二、分销需求计划（DRP）

分销需求计划（Distribution Requirement Planning，DRP），是一种既保证有效地满足市场需求，又使得物流资源配置费用最少的计划方法，是 MRP 原理与方法在物品配送中的运用。它是流通领域中的一种物流技术，是 MRP 原理在流通领域应用的直接结果。它主要解决分销物资的供应计划和调度问题，达到既保证有效地满足市场需求又使得配置费用最省的目的。其原理如图 4－4 所示。

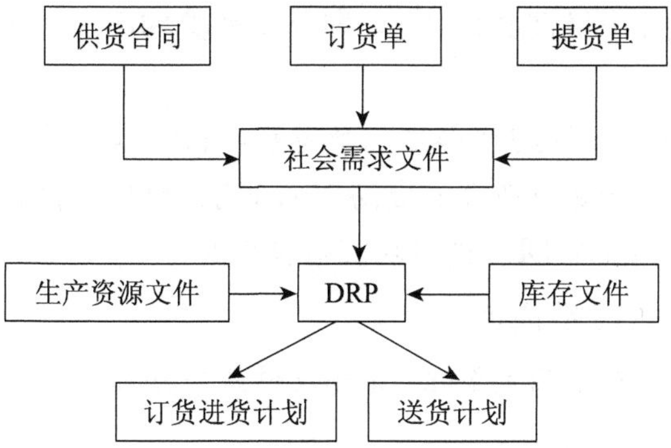

图 4-4　分销需求计划（DRP）的原理

（一）实施 DRP 的关键因素

1. 企业高层领导的支持

这里的企业高层领导一般是指销售副总、营销副总或总经理，他是项目的支持者，其主要作用体现在以下 3 个方面：首先，他为 DRP 设定明确的目标；其次，他是一个推动者，为 DRP 项目提供实现设定目标所需的时间、财力和其他资源支持；最后，他确保企业上下认识到 DRP 项目对企业的重要性。

2. 专注于流程

成功的项目小组应该把注意力放在流程上，而不是过分关注于技术。技术只是促进因素，它本身并不是解决方案。因此，成功的项目小组开展工作后的第一件事就是用一定的时间去研究现有的营销、销售和服务策略，并提出改进的措施和方法。

3. 技术的灵活运用

在那些获得成功的 DRP 项目中，他们的技术的选择总是与要改善的特定问题紧密相关的。在 DRP 项目的实施过程中，技术选择的标准应该是：根据业务流程中存在的问题选择合适的技术，而不是调整流程来适应技术要求。

4. 组织良好的团队

DRP 项目的成功实施需要组建良好的团队，该团队应该在 4 个方面有较强的能力：首先，是业务流程重组的能力；其次，是对系统进行客户化和集成化的能力；再次，是对 IT 部门的要求；最后，是改变管理方式的技能，并提供桌面帮助。

5. 极大地重视人的因素

在很多情况下，企业并不是没有认识到人的重要性，而是对如何做没有清楚地了解。可以尝试如下几个简单易行的方法：一是请企业的 DRP 用户参观实实在在的分销管理系统，让用户了解这个系统到底能为他们带来什么；二是在 DRP 项目实施的各个阶段（需求调查、解决方案的选择、目标流程的设计等），都争取最终用户的参与，使得这个项目成为用户参与负责的项目；三是在 DRP 项目实施的过程中，千方百计地从用户的角度出发，为用户创造便利性。

6. 分步实现

在企业流程分析之后，可以识别业务流程重组中一些可以着手的领域，但要确定实施的优先级，每次只解决几个最重要的问题，即分步实现 DRP。

7. 系统的整合

DRP 效率的实现和有效性的获得是一个过程，它们依次是：终端用户效率的提高、终端用户有效性的提高、团队有效性的提高、企业有效性的提高、企业间有效性的提高。因此，系统各个部分的集成对 DRP 的成功实施非常重要。

（二）分销需求计划的主要内容

分销需求计划的内容包括输入文件和输出文件两个方面。

1. 输入文件

（1）社会需求文件。需求文件主要包括所有用户的订货单、提货单和供货合同，子公司的订货单、企业的订货单，市场调查、需求预测构成的社会需求文件等。

（2）库存文件。库存文件主要是对自有库存物资进行统计汇总，从而根据市场需求情况确定进货量。

（3）生产资源文件。是指包括生产企业的地理位置、企业可供应的物资品种等信息的文件。

2. 输出文件

（1）送货计划。是指根据客户的需求而实施的送货计划。为了保证按时送达，要考虑作业时间和路程远近，提前一定的时间开始作业，对于大批量的需求可实行直送，而对于数量众多的小批量需求可以进行配送。

（2）订货进货计划。是指从生产厂订货进货的计划。对于企业所需求的物资，如果仓库内无货或者库存不足，则需要向生产厂订货。当然，也要考虑一定的订货提前期。

（三）分销需求计划的发展

DRP 的发展经历了几个阶段。第一阶段是 DRPⅠ，即物流计划方法；第二阶段是 DRPⅡ，即物流资源计划方法；第三阶段是 DRPⅢ，即物流资源获得能力分析方法。基本 DRP 就是 DRPⅠ，而 DRP 是 DRPⅡ和一些 CAD 系统、专家系统、管理信息系统、管理决策系统集成的系统，一般称为集成分销资源计划。

最初的分销需求计划，仅仅是提出了需求计划，未考虑计划的执行能力问题。分销需求计划得到发展之后，是一个自我适应、协调、发展的闭环系统，从而增加了车辆管理、仓储管理、物流能力计划、成本核算等系统，对物资的进、销、存进行更为合理的配置，优化物流管理和决策。

第四节　第三方物流与第四方物流

伴随着信息技术的发展和经济全球化步伐的加快，越来越多的产品在世界范围内流通，生产、销售和消费之间的物流活动变得日益庞大而复杂，企业对降低成本的要求愈加迫切，而第一方、第二方物流的组织和经营管理方式已经不能完全适应现实的物流需要。同时，市场竞争的激烈化，使得企业必须确立自身的核心竞争力，加强供应链管理，把不属于本企业核心业务的物流活动外包出去，于是，第三方物流运作方式应运而生。而第四方物流，则是建立在电子信息技术和第三方物流基础上的一种物流运作模式。

一、第三方物流概述

第三方物流可以使企业专心从事自己所熟悉的业务，将企业有限的资源配置在核心业务上，同时，第三方物流企业作为专业化的物流服务提供者，可以凭借其丰富的专业知识和经验，提高货主企业的物流水平和消费者的福利水平。另外，第三方物流还可以促进企业物流活动科学化、合理化和效率化。正因为如此，自 20 世纪 80 年代第三方物流在欧美等发达国家出现以来，就受到了大部分企业的青睐，并得到了迅速的发展。

（一）第三方物流的概念

在 20 世纪 80 年代，美国物流管理委员会率先提出了第三方物流（3PL 或 TPL）的概念。1988 年，在一项客户服务的调查活动中，美国物流管理委员会首次采用了“第三方服务提供者”一词。自 20 世纪 90 年代中期以来，第三方物流作为一种新型的物流形态，日益受到我国产业界和理论界的高度关注，而第三方物流所蕴涵的物流业务外包思想和一体化的物流服务理念也为越来越多的企业所接受。随着第三方物流的发展，它已成为物流现代化的一个重要标志。

虽然第三方物流在全球范围内得到了蓬勃地发展，现已具有多种多样的运作形式，但目前还未形成一个明确的、权威的、得到各方认可的定义。

在国外的相关专业著作中，并未确切的定义第三方物流这一术语。譬如，美国将第三方物流提供者定义为“通过合同的方式确定回报，承担货主企业全部或一部分物流活动的企业”。Robert C. Lied 认为，第三方物流是指用外部企业去完成传统上有组织内部完成的物流功能，这些功能包括全部物流功能或所选择的部分物流功能。1993 年，J. Bonney 提出，第三方物流是指利用外部企业为另一企业提供全部或部分的物料管理或产品配送服务。在日本的有关著作中，对第三方物流的解释有两种。一种解释是，将作为卖方的商品供应商和制造商看成是一方，作为买方的批发商和零售商看成是第二方，而向这两方提供物流运营管理系统的就被称为第三方物流业者。另一种解释是，把货主企业（制造商、批发商、零售商）看做第一方，运输业者（持有运输手段的企业）看做第二方，而不持有运输手段的商社、信息企业等为第三方，第三方物流企业则主要是为货主企业提供物流系统的设计、规划、解决方案等服务。

我国在 2006 年公布的国家标准《物流术语》（GB/T 18354—2006）中，将第三方物流定义为“独立于供需双方，为客户提供专项或全面的物流系统设计或系统运营的物流服务模式”。实际上，第三方物流是物流渠道中由中间服务提供商提供的服务，中间服务提供商以签订合同的形式在一定期间内为其他企业提供全部或部分的物流服务。第三方物流提供者是一个为外部企业管理、控制和提供物流服务作业的企业，一般来讲，它们在供应链中并不占有一席之地，只是通过提供整套物流活动来服务于供应链。第三方物流与第一方物流、第二方物流之间的关系，可用图 4-5 来表示。

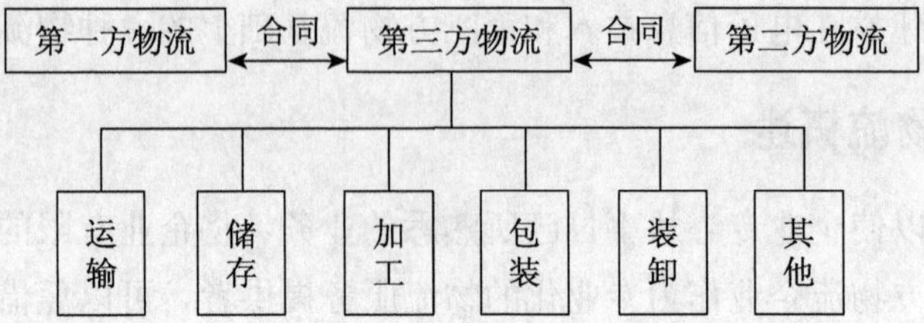

图 4-5 第三方物流与第一方物流、第二方物流的关系

（二）第三方物流的主要特征

第三方物流与传统的运输企业有着明显的不同，其经营效益与货主企业的物流效率、物流服务水平以及物流效益直接地联系在一起。第三方物流企业不是货代企业，也不是单纯的速递企业，而是外部企业的战略同盟者，并是一种具有长期契约性质的综合物流服务。在不断地发展过程中，第三方物流逐渐形成了鲜明的特征，概括地说，主要表现在以下几个方面，如图 4-6 所示。

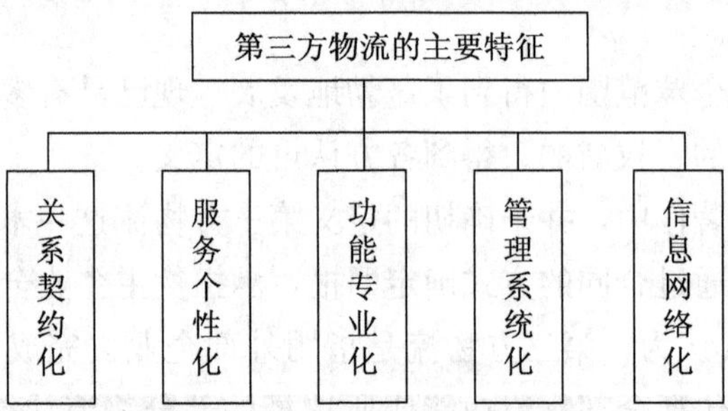

图 4-6 第三方物流的主要特征

1. 关系契约化

关系契约化主要表现在两个方面：首先，第三方物流是通过契约形式来规范物流企业和货主企业之间的关系的；其次，第三方物流发展物流联盟模式也是通过契约的形式来明确物流联盟参与各方的责、权、利关系的。

2. 服务个性化

第三方物流服务的个性化，源于两方面的原因：一方面，不同的货主企业存在不同的物流服务需求，第三方物流需要根据客户的不同要求，提供个性化的物流服务和增值服务；另一方面，面对激烈的市场竞争以及物流资源、物流能力对核心业务的影响，第三方物流需要不断地强化物流服务的个性和特色，以增强市场竞争能力。

3. 功能专业化

第三方物流所提供的是专业化的物流服务，这既是客户企业的需求，也是第三方物流自身发展的基本要求。从物流系统的规划设计、物流业务的操作过程到物流业务流程的管理与控制等，必须体现出专业化水平。

4. 管理系统化

第三方物流需要建立现代管理系统，才能满足其运作和发展的基本要求。因此，第三方物流应具有系统化的物流功能，这也是第三方物流产生和发展的基本要求。

5. 信息网络化

信息、网络技术是第三方物流发展的基础。信息、网络技术实现了数据的快速、准确传递，提高了物流活动的自动化水平，实现了物流业务流程的一体化管理。在物流服务的过程中，信息、网络技术的发展实现了信息的实时共享，促进了物流管理的科学化、合理化，极大地提高了物流的效率和效益。

（三）第三方物流企业的类型

根据第三方物流企业的服务内容和服务对象，可以将第三方物流企业分为 4 类：

1. 为少数客户提供低集成度物流服务的第三方物流企业

这些物流服务提供商由于自身规模和物流服务能力的限制情况，不具备提供高集成度物流服务的能力，同时，因为投入能力的限制，只能为少数客户提供物流服务。

2. 同时为较多客户提供低集成度物流服务的第三方物流企业

这类企业是目前为数较多的一种第三方物流企业，从国内物流业的发展和国外物流的实践来看，该类物流企业将是未来物流市场的主流运作模式。

3. 为少数客户提供高集成度物流服务的第三方物流企业

这是西方物流服务的一种典型模式，很多大型的物流集团在具体的物流操作时，往往采用同客户共同投资建立新的物流公司的方式，全面管理客户的物流业务，就这个新建立的公司而言，就是专门为特定客户提供高集成度物流服务的典型。

4. 同时为较多客户提供高集成度物流服务的第三方物流企业

该类型的第三方物流企业应该是在前一种物流企业的基础上发展而成的。由于高集成度的物流服务个性化强、物流企业参与客户的运营程度深，一般不适宜大规模运作。因此，同时为较多的客户提供高集成度物流服务的困难性极大。即便是在西方发达国家，能同时为多家企业提供高集成度物流服务的第三方物流企业，目前也还没有出现。

（四）第三方物流的利益来源

第三方物流发展的动力源于为客户及物流企业自身创造利润。因此，第三方物流企业必须通过物流作业的专业化与高效化、物流管理的信息化与系统化、物流设施的现代化、物流服务的个性化及物流量的规模化等来满足客户的需求和期望，使客户在物流方面获得效率和效益，同时物流企业自身也获得收益。

总体而言，第三方物流企业的利益来源主要包括以下几个方面：

1. 作业利益

第三方物流服务能为客户提供专业化的“物流作业”改进利益，主要包括两个方面：一方面，第三方物流企业通过专业化的物流服务，使客户企业能够获得自己组织物流活动所不能提供的物流服务或物流服务所需要的生产要素。另一方面，第三方物流企业可以通过改善企业内部管理的运作表现，增加物流作业的灵活性，使得物流作业更具效率。

2. 经济利益

能为客户企业提供经济或与财务相关的利益，是第三方物流企业存在和发展的基础。一般低成本是由低成本要素和规模及范围经济的经济性而创造的，其中包括劳动力成本要素。因此，通过物流业务外包，可以将不变成本转变成可变成本，使企业可以避免盲目投资而将资金用于其他用途，从而降低成本。同时，稳定和可见的成本也是影响企业物流外包的积极因素。通过物流业务外包，可以增加客户企业成本的明晰性和稳定性，从而使得规划和预算手续更为简便。

3. 管理利益

第三方物流服务为客户企业带来的不只是物流作业的改进及企业成本的降低，还使得客户企业获得了与管理相关的利益。物流业务的外包，可以使得企业获得自身不具备的管理技能，而企业则可将内部管理资源用于其他更有利可图的用途中去，并与企业的核心战略相一致。企业采用物流业务外包之后，可以将人力资源更集中于核心业务活动，同时获得第三方物流企业的核心经营能力。

4. 战略利益

物流业务的外包还能产生战略意义，包括地理范围跨度的灵活性及根据环境的变化进行调整的灵活性等。对于企业来说，采用非核心业务外包、集中于主业在管理层次与战略层次的高度上具有同样的重要性。此外，通过第三方物流服务，还可获得风险共担的利益。

二、第三方物流的运作管理

所谓第三方物流运作管理，是指对物流运作过程中的采购、运输、仓储、分拣、装卸搬运、包装加工等作业方式进行计划、组织与控制。它处于第三方物流管理的作业层次，直接面对客户的物流需求，为客户提供可视化的物流服务，实现客户价值及效益。

（一）第三方物流的业务内容

第三方物流所提供的业务内容，可以简单到只是帮助客户安排一批货物的运输，也可以复杂到为一个企业的分销与物流系统进行设计、实施、运作与控制。相对于传统运输、仓储企业而言，第三方物流企业最大的区别在于：第三方物流企业能够将各种物流服务有机地整合起来，提供专业化、系统化、系列化的增值服务，而传统的运输、仓储企业提供的仅仅是单一的、脱节的某一项或某几项物流功能服务。根据第三方物流的服务内容及范围，可以用图 4 - 7 来表示第三方物流的业务内容。

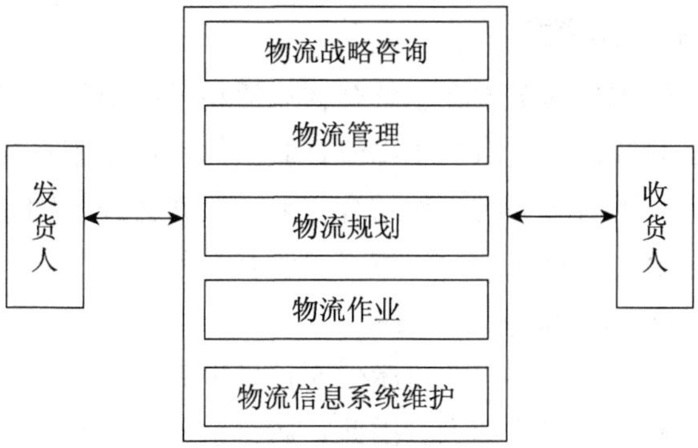

图 4-7　第三方物流的业务内容

（二）第三方物流的运作条件

第三方物流是一种基于契约的物流运作形式，第三方物流的提供者是一个为外部客户管理、控制和提供物流作业服务的企业。在具体的运作过程中，第三方物流充当的是发货人与收货人的中间人，在货物的移动过程中并不是一个独立的参与者，而是代表发货人或者收货人。因此，第三方物流企业的成功运作需要满足一定的条件，具体包括以下几个方面：

1. 第三方物流在供应链中至少拥有一个关键环节的核心能力

如采购制造、装配或配送等领域，这是第三方物流存在的必要条件。只有在这种情况下，第三方物流企业才具备超越其他物流企业、为客户增加价值的能力。

2. 第三方物流的运作需要具备一定的客户规模

也就是说，第三方物流的客户在一定的地域范围内形成规模，才具有规模经济的能力与效益。

3. 第三方物流的信息处理能力

第三方物流企业需要在相关的信息处理方面拥有较为强大的能力与优势，才能帮助客户企业管理供应链上的许多业务活动，尤其是随着企业及供应链全球化的快速发展，第三方物流的客户企业在开发全球市场的销售和采购渠道时，更加需要第三方物流的支持。

4. 物流联盟

在运作中，第三方物流企业需要与其客户建立稳定的合作伙伴关系。在物流联盟中，如果双方能够基于物流的需求进行合作，共同设计和研究物流解决方案，同时将这种合作建立在规范化的合作约束基础上，那么，这种合作关系将使得合作双方的成本大大减少，最终实现双赢。

5. 第三方物流的品牌建设

在市场经济条件下，品牌已经成为第三方物流企业发展的基石。因为合约的不完备性将导致较高的交易成本，因此，企业在进行物流业务外包时，往往选择信誉和服务质量好的第三方物流企业，以此降低交易成本。

(三) 第三方物流的运作模式

第三方物流企业运作成功的关键在于整合物流活动过程中的各种资源，实现对客户的服务增值及物流的价值与效益，这取决于物流企业如何将物流服务中的运输、仓储等基础服务与物流金融、信息等增值服务有机地结合起来，探索适合于物流市场的第三方物流运作模式。就目前而言，第三方物流的运作模式主要有 3 种。

1. 与制造业相结合的物流服务运作模式

日用品、食品等行业，由于一向竞争激烈而且呈现完全竞争或类似完全竞争的行业格局，处于该类行业的企业规模普遍不大。因此，通常这些企业都致力于通过物流的能力使其获得市场竞争优势和产品的增值。因此，第三方物流企业可以与这些企业构建战略联盟合作关系，通过为其提供专业化、高效的物流服务实现企业自身的价值。此外，第三方物流企业也完全可以与其他行业的制造型企业建立合作关系，成为它们的物流服务提供商。

2. 与商业零售业相结合的物流服务运作模式

传统的商业零售行业企业大多拥有自己的物流业务能力，物流业务外包的动力并不是特别强。随着市场环境的急剧变化、竞争的激烈化，商业零售企业也日益面临巨大的竞争压力。处于应对市场竞争的需要，同时是为了充分利用第三方物流提供者强大的供应链末端专业化配送服务能力，商业零售企业也逐渐地采用了第三方物流的经营理念，开始普遍地与第三方物流服务提供商开展多方面的合作。

3. 一体化物流服务运作模式

一体化物流服务运作模式是物流运作的高级阶段，它不但要求第三方物流企业参与制作商或零售商企业的内部物流业务，而且要求它们提供面向企业之间的集成物流服务。在这种运作模式下，物流服务的运作已经超越了企业之间的组织结构界限，将供应商、制造商、销售商和最终用户等纳入到物流系统的管理范围内，致力于从原材料到最终产品的全过程的物流管理。实际上，这种物流运作模式已经具备了供应链管理的特征，强调的是供应链企业之间的合作与集成，赢得供应链的竞争优势。

(四) 第三方物流运作管理的内容

基于供应链的第三方物流的运作管理，主要包括合同管理、能力管理及信息管理等方面的内容。

1. 合同管理

合同管理是指企业对以自身为当事人的合同依法进行订立、履行、变更、解除、转让、终止以及审查、监督、控制等一系列行为的总称。其中订立、履行、变更、解除、转让、终止是合同管理的内容；审查、监督、控制是合同管理的手段。

一个企业的经营成败与合同及合同管理有着密切关系。因此，无论第三方物流承接的是何种项目，都必须做好物流合同的管理工作。一般来说，可以根据合同所处生命周期的不同阶段进行合同的管理，即建立合同、合同的修改与终止、合同的执行与跟踪等。

2. 能力管理

第三方物流企业的能力管理包括运输能力、保管能力、配送能力、装卸能力及设备能力等方面的内容。第三方物流企业必须对自身物流资源能力进行全面的规划和衡量，对自身能力做到心中有数，才能最大限度地发挥物流运作与管理能力，平衡物流负荷，实现最好的物流资源销售水平，以取得最佳的经济效益。

3. 信息管理

第三方物流的高效运作，离不开信息的传递与反馈。第三方物流企业只有在良好的信息管理基础上，才能代替供应链中的其他节点企业，进行供应链的运作管理。信息管理的主要内容包括：企业信息系统的建设、日常信息的接收、存储、处理、发送等。

三、第四方物流概述

第四方物流是基于电子信息技术和第三方物流而产生的一种新型物流形式，它由独立与现有物流系统各环节、与原物流系统无直接利益关系的“第四方”提供，并将自身的资源、技术和能力与来自补充服务提供者的资源、技术和能力整合起来。第四方物流以供应链资源的整合为己任，向企业提供完整的供应链物流解决方案。

（一）第四方物流的含义

第四方物流（4PL）的概念最初是由美国埃森哲管理顾问公司于 1988 年提出，该公司对第四方物流术语注册商标并将其定义为：第四方物流供应商是一个供应链的集成商，它对公司内部及其他组织所拥有的不同资源、能力和技术进行整合，提供一整套的供应链物流解决方案。据此，有些学者将 4PL 描述为：4PL 创造一种协同的环境，从而使协同后的整体效果优于各个部分的简单相加；这种商业实践鼓励个体组织为了达到整体的优化而共享信息和资源。还有学者将 4PL 的定义描述为：集成商们利用分包商来控制与管理客户公司的点到点式供应链运作。由牛鱼龙主编的《现代物流实用词典》中将 4PL 描述为：4PL 是为综合供应链解决方案的整合和作业的组织者，负责传统第三方安排以外的功能整合。

综上所述，虽然目前关于第四方物流的定义还没有统一、标准的解释，但它的基本含义比较明确，4PL 是指不参与具体的物流活动，只对物流活动进行系统规划设计、资源整合、经营管理、信息共享，提供物流解决方案或供应链解决方案，并以此为交易活动的全过程。

（二）第四方物流的特征

第四方物流是通过其对整个供应链的影响能力来增加价值的，它充分利用了一批服务提供商的资源与能力，包括第三方物流、信息技术供应商、呼叫中心、电信增值服务商等以及客户和第四方物流自身。随着人们对 4PL 认识的不断深入，其基本特征逐渐明晰，正是这些基本特征使得 4PL 保持着旺盛的生命力。第四方物流的基本特征主要包括以下几个方面。

1. 抽象性

4PL 是对物流业务活动进行规划、设计、经营管理、协调和资源整合，并提供一整套供应链的解决方案。即 4PL 企业不开展具体的物流业务活动，而是根据自身及社会资源条件进行一系列的规划、设计与整合，制定出科学而合理的物流业务系统，指导具体的物流实践活动，并对物流业务活动加以监控和优化。因此，4PL 具有抽象性。

2. 知识性

即在对 4PL 进行规划设计和经营管理的过程中，不仅需要一定的物流专业基础知识，而且需要掌握物流活动对象的专业知识。

3. 全局性

4PL 在对整个物流业务活动进行规划设计时，需要站在战略的高度上，协调好各方面的资源，使各种资源得到合理地配置和利用，充分地发挥各自的功能优势。

4. 专一性

4PL 在对物流交易活动进行运作管理时，是针对每一个具体的项目进行规划设计的。而每一个具体的物流系统都有自身的特点，因此，要针对具体项目的特点进行规划设计。

5. 创新性

4PL 的创新性是通过供应链的资源整合实现的。在降低成本的基础上，为客户寻求新的利润增长点，同时通过业务流程的再造，为企业设计新的管理制度，引入新的理念。

四、第四方物流的运作模型

就目前而言，第四方物流的运作模型主要有 3 种类型，即协同运作模型、集成运作模型和行业创新者运作模型。

（一）第四方物流协同运作模型

第四方物流协同运作，是指第四方物流与第三方物流共同开发市场，由第四方物流为第三方物流提供一系列的服务，包括技术、供应链策略咨询和项目管理等。第四方物流服务提供商不产生直接的接触，而是在第三方物流企业内部工作，其思想和策略通过第三方物流这样一个实施主体来实现，从而达到为客户服务的目的。其具体模型如图4－8所示。

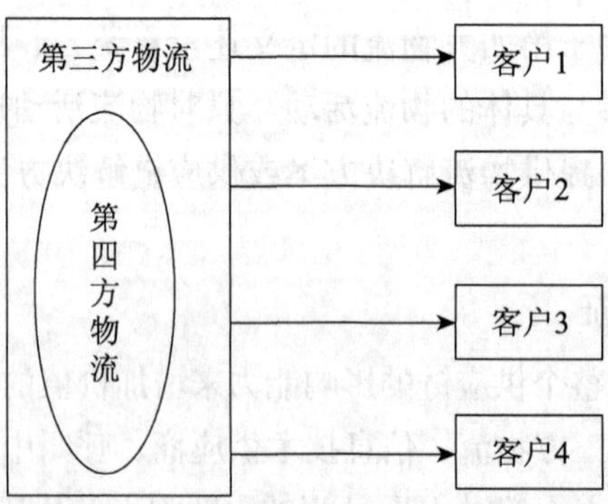

图 4－8　第四方物流协同运作模型

（二）第四方物流集成运作模型

在这种模式下，第四方物流与客户直接接触，为客户提供运作和管理整个供应链的解决方案。第四方物流在对其自身和第三方物流的资源、能力和技术进行整合和统一规划的基础上，借助第三方物流为客户提供全面的、集成的供应链解决方案，而第三方物流是通过第四方物流的方案为客户提供服务的。其具体模型如图 4－9 所示。

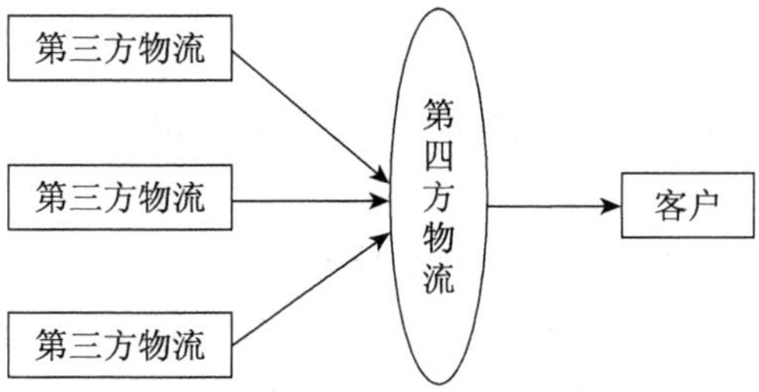

图 4－9 第四方物流集成运作模型

(三) 第四方物流行业创新者运作模型

在行业创新者模型下，第四方物流把整合供应链的职能作为重点，为一个行业中的多个客户开发和提供供应链解决方案。在具体的运作中，第四方物流将第三方物流的资源、能力和技术加以集成，向下游的客户提供解决方案。在这种模型中，第四方物流的职责是非常重要的，因为它是上游第三方物流集群和下游客户集群的纽带。其具体模型如图 4－10所示。

行业创新者模型与集成模型存在相似之处，是在这两种运作模型中，第四方物流都是作为第三方物流和客户之间进行沟通的桥梁，将物流运作的两个端点连接起来。而二者的不同之处在于：行业创新者模型的客户是同一行业中的多个企业，而集成模型只针对一个客户企业进行物流运作与管理。在行业创新者模型下，第四方物流为行业整体物流提供解决方案，这样使得第四方物流运作的规模在更大程度上得到扩充，并使得整个行业获得物流运作上的效益。

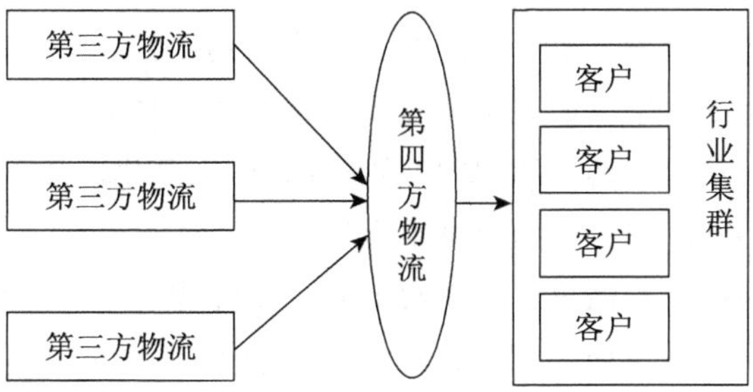

图 4－10 第四方物流行业创新者运作模型

练习思考题

一、名词解释

供应物流　　生产物流　　销售物流　　第三方物流　　第四方物流

二、单选题

1. 以下（　　）环节是企业物流的核心部分。

A. 供应物流　　B. 生产物流　　C. 销售物流　　D. 逆向物流

2. 企业利用第三方物流，可使企业专注于提高（　　）。

A. 经济效益　　B. 核心竞争力　　C. 竞争力　　D. 社会效益

3. 第四方物流成功的关键在于（　　）。

A. 提供最佳的增值服务　　B. 提供最佳的全程服务

C. 提供最低成本的物流服务　　D. 提供最全的物流基础服务

三、简答题

1. 简述供应物流管理的主要内容。
2. 简述基于 MRP、MRPⅡ、ERP 原理的生产物流运营方式的特点。
3. 简述销售物流的主要内容。
4. 简述第三方物流的主要特征及类型。
5. 简述第四方物流的主要运作模型。

四、案例分析题

德国宝马（BMW）的物流秘籍

汽车制造工业对物流供应的要求相当高，其中最难的地方在于有效地提供生产所需的成千上万种零部件器材。居世界汽车领导地位的德国 BMW 公司，针对顾客个别需求生产多样车型，其 3 个在德国境内负责 3、5、7 系列车型的工厂，每天装配所需的零件高达 4 万个运输容器，供货商上千家。面对如此庞大的供应链，相关报道称德国宝马的成功有赖于其成功的物流秘籍。德国宝马（BMW）的物流运作主要体现在以下几个方面：

1. 在订单方面，BMW 挖掘“当日需要量”潜力

在汽车组装零件的送货控制中，最重要的是提出订货需求，也就是把货物的需要量和日期通知物流采购中心。与丰田公司、戴尔公司等全球知名企业施行 JIT 制相比，BMW 在生产规划过程中，可以针对 10 个月后所需提出订货需求，供货商也可借此预估本身对上游供货商所需提出货物的种类及数量。当然，这得随着生产日期的接近，双方才会更明确地知道需要量。

针对送货控制而言，一般可分为两种不同形式：一种为根据生产步骤所需提出订单，另一种为视当日需要量提出需求。前者为由生产顺序决定需要量，其零件大多在极短时间内多次运送，由于此种提出订单的方式对整个送货链的控制及时间要求相当严格，因此，适用于大量、高价值或是变化大的零件。对于大多数的组装程序而言，只要确定当天需要

量就足够了，区域性货运公司在前一天从供货商处取货，隔天就抵达 BMW 组装工厂。在送抵 BMW 工厂的先前取货并停放在转运点的过程称为“前置运送”，而第二阶段送达 BMW 工厂的步骤称为“主要运送”。在过去的几年里，BMW 公司已把根据生产顺序所需的订货方式最佳化。视当日需要量提出订单的方式仍有极大发展潜能，因此，BMW 公司目前积极对此项最佳化进行研究。

2. 在仓储方面，BMW 积极处理低存货带来的运输成本

为了降低 BMW 的仓储设备成本，该公司向来积极减少本身存货数量，如此以来，将导致供货商送货频率的提高，造成货运成本提高。“前置运送”及“主要运送”的费用计算有所不同，前者的费用计算是把转运点到供货商的路程、等待及装载时间都列入计算，与运送次数成正比，但与装载数量的多少无关。而后者的费用计算是与货物量成正比，不受送货次数影响。

大多数供货商接到 BMW 不同工厂的订单，可由同一个货运公司把货物集中到统一的转运站，然后由此再配送到各所需工厂，这样由产地安排取货路径，降低前置运送所需成本。同时，考虑各工厂间整合性仓储设备及运送的供应链管理、各个价值创造的部分程序及次系统，使其产生互动影响，出发点不再只限于局部最佳化，而是以整体成本为决定的依归。

3. 在供应链方面，BMW 已把合作伙伴纳入成本考量因子

现代企业的竞争已不是企业与企业之间的竞争，而是供应链与供应链之间的竞争。BMW 公司很审慎地选择自己的合作伙伴，它把其供应链上的合作伙伴，纳入成本节约的考量因子，这也是供应链管理的意义所在。在此基础上，他们建立成本方程式，例如，在一次的前置运送中，安排从几个供货商处同时取货。这个成本方程式是建立在最佳化计算法的基础上，考虑因素为对供货商成本最低化之送货频率等条件，如尽可能让运输工具满载、每周固定时间送货等。如果同一货运公司替多个 BMW 工厂送货，则必须安排送货先后次序，以达到成本最小化。此外，运送货量最好一星期内平均分配，让运输工具及仓储达到最高使用率，这样就不会影响等待进货时间。

事实上，在这个 BMW 的案例中，仅仅优化了物流链管理的第一步，即采购送货，其他部分也具有最佳潜能。例如，供货商的处理程序及成本、供应商的制造及库存状况等。如此，可以降低整个价值链上的库存成本，这也是整个物流供应链提高竞争力的最佳利器。

（资料来源：中国物流与采购网 http：//www. chinawuliu. com. cn.）

思考与讨论：

1. 试分析 BMW 的供应链物流系统管理，它体现了怎样的管理思想？
2. BMW 的物流运作对企业物品供应计划管理方面有何启示？

实训项目

通过案例分析讨论，加深对第三方物流的认识，锻炼学生的思维能力与演讲能力。讨

论以下案例：某公司首次承揽到 3 个集装箱运输业务，时间较紧，从上海到大连铁路 1200 千米，公路 1500 千米，水路 1000 千米。该公司自有 10 辆 10 吨普通卡车和一个自动化立体仓库，经联系附近一家联运公司虽无集装箱卡车，但却有专业人才和货代经验，只是要价比较高，至于零星集装箱安排落实车皮和船舱，实在心中无底。你认为采取什么措施比较妥当？①自己购买若干辆集装箱卡车，然后组织运输；②想法请铁路部门安排运输，心中无底；③水路最短路程，请航运公司来解决运输；④联运公司虽无集装箱卡车，但可让其租车完成此项运输；⑤没有合适的运输工具，辞掉该项业务。

1. 分组对案例进行讨论，并指定小组发言人。

2. 抽取 2～3 个小组进行交流。

第五章　物流绩效评价管理

引导案例

施乐公司的标杆管理

一、案例简介

在北美，标杆管理这个术语是与施乐公司紧密相连的。有很多公司曾向施乐公司学习标杆管理。1979 年，日本的竞争对手提供高质量、低价格的产品，使施乐的市场占有率在几年时间从 49%降到 22%。为了迎接挑战，施乐的高层管理者创造了若干质量和生产率计划，其中之一就是标杆管理。

施乐公司负责基准质量和客户满意的经理罗伯特·C. 卡伯认为，标杆管理是“对照最强的竞争对手或著名的顶级公司的有关指标，而对自身的产品、服务和实施进行连续不断衡量的过程”。更简单地说，标杆管理就是发现和执行最佳的行业实践。在施乐，取悦顾客的一个方法就是向客户展示与公司做生意是件简单易行的事，而达到这个目标的主要渠道是优化公司与客户的接触点。例如，拿取、填写和修改订单、开发票和收货的全过程必须保证达到客户最佳满意度。

在施乐，标杆管理分为 4 个阶段、10 个步骤：

第一阶段：

识别什么可成为基准；识别可作为基准的公司；确定收集数据的方法、数据收集。

第二阶段：

确定当今的绩效水平；未来绩效水平计划；传递基准发现并予以确认。

第三阶段：

建立功能目标；制订行动计划。

第四阶段：

行动并监督进程；校正。

在施乐，标杆管理包括了战略和运作两方面的要素。战略层面决定公司的基本方向，需要一个结构层次高的集中研究，从而使现场视察得到丰富的效果。运作层则侧重于完成基本业务的功能和程序，如装车、成组发运、排货运车的时间表等物流活动。

多年来，施乐公司通过标杆管理获得了巨大的优势。公司降低了制造成本 50%，缩短了产品流转周期 25%，并使每个雇员增加了 20%的收入。如今，施乐公司的标杆管理活动已经基本改变，公司花费 80%的时间集中研究和利用别的行业的革新思想，更多地致力于质量竞争而不是价格，公司还帮助供应商去适应公司增加的严格要求。这使供应商的无缺陷率从92%提高到99.5%，部件领先时间缩短了38%，采购零件的成本降低了45%。更可喜的是公司现在的市场占有率也出现了增长。

（资料来源：张庆英．物流案例分析与实践．电子工业出版社，2010：66～68.）

二、案例解析

从本案例中可以看到，施乐公司通过标杆管理降低了物流成本，提升了服务水平，使得公司物流系统的整体绩效水平都有所改善。施乐公司怎么实施标杆管理的？首先，公司识别可基准化的公司，通过数据收集和处理，确立标杆；其次，根据标杆制订计划和行动；最后，便是不断地执行和监督，以及校正基准。通过标杆管理，施乐将公司的目标与外部市场连接起来，从而使公司的目标可以得到确认和合理化。然而，标杆不是一成不变的，它需要根据客户需要的物流服务水平做适当调整。正是因为看到了环境的动态变化，抓住客户最关键的需求，把基准活动定位于产品质量上，从而在整个物流供应链系统中把关，提升了物流服务水平，施乐公司获得了更大的市场。

三、案例涉及的主要知识点

（一）标杆管理

由美国施乐公司于1979年首创，是现代西方发达国家企业管理活动中支持企业不断改进和获得竞争优势的最重要的管理方式之一，是指不断寻找和研究同行一流公司的最佳实践，并以此为基准与本企业进行比较、分析、判断，从而使自己企业得到不断改进，进入或赶超一流公司，创造优秀业绩的良性循环过程。

（二）绩效

是一个组织或个人在一定时期内的投入产出情况，投入指的是人力、物力、时间等物质资源，产出指的是工作任务在数量、质量及效率方面的完成情况。

学习导航

了解物流绩效评价的概念与作用，了解物流绩效评价的原则，理解物流绩效评价内部和外部各项指标体系，掌握物流标杆管理法、平衡计分卡法和层次分析法，了解物流绩效评价的其他方法。

第一节　物流绩效评价概述

有效的物流绩效评估和控制，对企业资源的合理配置和优化非常必要。当赢利与运作的差别越来越小，物流能力则成为创造和保持企业竞争优势的关键因素。因此，就需要对企业物流管理工作进行精确的评价和考核。由于物流绩效管理工作涉及的内容繁多，这就使得企业物流管理的绩效考核复杂化，全面、系统地考核企业物流绩效，是值得深入探讨的一个重要课题。

一、物流绩效评价的概念

企业物流绩效是指企业依据顾客的物流需求，在组织物流运作过程中的劳动消耗、占用与其所创造的物流价值对比关系，或者在物流运作过程中企业投入的物流资源与创造的物流价值的对比。如图 5－1 所示。

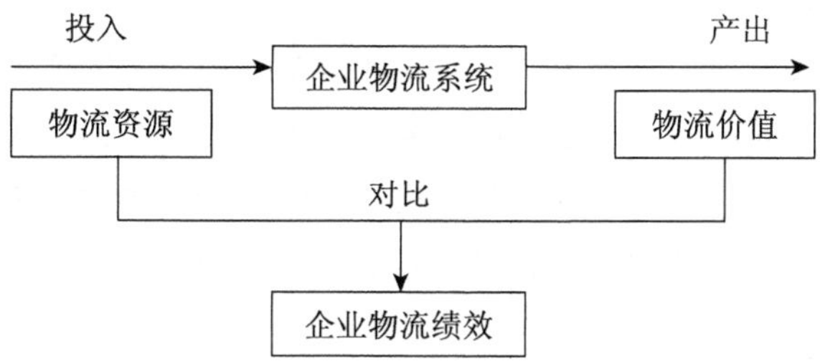

图 5－1　企业物流绩效概念

资料来源：彭建良．企业物流管理．浙江大学出版社，2009：279.

物流绩效评价是对物流业绩和效率的一种事前控制与指导，以及事后分析和评估，从而衡量物流运作系统和活动过程的投入与产出状况的分析技术和方法。依托现代信息技术和分析工具，物流绩效评价成为一个不断分析、控制和修正的动态过程。

二、物流绩效评价的作用

物流是现代企业“除生产、销售外获得利润的源泉”。研究表明，如果企业在开发和应用绩效评价时有较高的水平，就会给企业带来卓越的绩效表现；对企业综合绩效进行评价，就可以使总体生产率提高。因此，依托现代信息技术和分析工具，对企业物流绩效展开评估就显得尤为重要。

（一）物流绩效评价有利于正确引导企业的经营行为

物流绩效评价可以全面、系统地剖析影响企业目前经营和长远发展的诸多因素，充分认识自身的资源和能力，通过将实际绩效与历史状况、战略目标和同行业发展水平进行全方位地比较，制定或修改企业今后的发展方向和路线。

（二）物流绩效评价能够监督企业物流运行的状况

企业定期对物流绩效进行评价，可以实时追踪物流任务目标的完成情况，其主要作用是提供物流管理需要的真实信息。

（三）物流绩效评价能够对物流活动进行控制

通过将物流实际绩效与预期目标进行比较，发现其中的偏差并给予纠正，使其进入正常状态。例如，在商品促销过程中，为使活动顺利进行就要确保有足够的库存，当发现库存量不足时，就要及时采取措施增加库存。

三、物流绩效评价的原则

物流系统是为了满足顾客需求而设计的复杂系统，其主要作用是实现商品流动的空间效应和时间效应。为了使物流系统顺利运行，就要妥善管理好运输、装卸、订单处理、仓储、库存控制和包装等要素，这些都给物流绩效评价带来了一定的难度。在实际操作中，为了建立有效的物流绩效评价指标体系，应遵循下列基本原则。

（一）客观性原则

评价的客观性主要体现在两个方面：一是评价指标体系必须能反映被评价对象的整体绩效，避免仅针对某一局部环节建立指标而忽略整体效能；二是评价工作本身要具有客观性。评价人员要立场公正，评价过程要标准化，评价资料要全面可靠，特别是对物流绩效的定性评价，更要有一套科学的评价方法，避免主观臆断。

（二）经济性原则

物流绩效评价的目的是为了提高物流管理水平，提升物流企业的整体工作效能，从而使企业获得更大的经济效益。评价过程应该重点分析关键指标，注重信息的可获得性，避免资源浪费在毫无紧要却又成本高昂的事件上。

（三）整体性原则

物流系统由运输、装卸、仓储、库存、信息处理等要素构成，物流系统的效益表现为系统的整体效益，而不是只考虑某个要素的效益。

（四）实时性原则

对物流绩效的评价数据主要来源于财务结果，在时间上已经略为滞后，所有对物流系统的评价应加快速度，尽快得出有效的评价结论，以增强物流绩效评价对物流管理决策的影响力度。

四、物流绩效评价标准

评价标准是物流绩效评价工作的标尺，可以分为以下 3 类。

（一）计划标准

计划标准是评价物流绩效的基本标准，以计划标准为尺度，将物流绩效实际水平与其进行比较，从而判断物流绩效计划的完成情况，在一定程度上反映了企业的物流管理水平。

（二）历史标准

历史标准是以历史同期水平或历史最高水平作为衡量标准，采用这一评价标准，具有纵向可比性，能够反映出物流绩效指标的发展动态及其方向，为进一步提升物流绩效提供决策依据。

(三) 行业标准

行业标准是以国内或国际同行业绩效状况作为衡量标准，将物流绩效实际水平与其同行业平均水平进行横向比较，评价的结果较为真实，有利于了解企业所处的市场地位，有助于企业制定物流发展战略。

第二节 企业物流绩效评价指标体系

绩效指标是绩效评价的基础，企业物流控制是否达到了目标，业绩如何，这些都需要建立一定的指标来衡量，即通过建立绩效评价指标来衡量企业物流管理的有效性。由于评价对象属性和企业所处的环境不同，评价指标并不具有通用性，因此，不同的企业就有可能使用不同的指标。企业物流绩效指标目前还没有一个固定的体系，常见的一些绩效指标可以分为内部绩效评价指标体系和外部绩效评价体系。如表 5 - 1 所示。

表 5 - 1　　物流绩效评价指标体系

指　标	一级指标	二级指标
内部指标	财务	运营效率；销售净利率；总资产周转率
	运输	原材料/产成品运输时间；单位运输成本；无缺损运输率
	订单处理	订单处理周期；订单处理正确率；每次订单处理成本
	库存	库存维持成本；搬运成本；存货周转率
	包装	单位产品包装成本；包装可回收率；条码覆盖率
	信息	信息化的基础水平；物流信息管理水平；信息活动主体水平
外部指标	客户服务	客户满意度；客户保持率；客户获得率；客户利润率
	其他	政府政策法律；行业；环境、生态等

一、内部绩效评价指标体系

内部绩效着重评价企业的物流活动过程，主要包括财务、运输、订单处理、库存、包装和信息。

(一) 财务评价指标体系

企业可以通过易于获得的财务数据，对物流绩效进行评价。

1. 运营效率

它表示总收益中用来满足企业运营成本的费用比例。运营效率＝总运营费用/总收益。

2. 销售净利率

它是指除去税后的企业利润与总销售额的比值。一般情况下，企业销售净利率越高，说明企业运营效率越好。销售净利率=净利润/总销售额×100%。

3. 总资产周转率

它是指销售净收入与总资产的比值。当企业投资于物流系统时，这项指标可以反映物流系统的投资收益。

(二) 运输评价指标体系

运输是物流系统中最基本、影响最显而易见的要素，它提供了两大基本的功能：一是物质材料的转移；二是产品的临时储存。

1. 原材料运输时间

只有在供应商以购买地价格采购时，原材料运输时间才是企业需要的一个指标。

2. 产成品运输时间

产成品运输时间是总交付周期的主要组成部分，它是指企业产成品从仓库到达客户要求的地点的时间。

3. 单位运输成本

单位运输成本包括单位运费、服务费、配送费、保险费等。单位运输费用=总运输费用/总运输件数。

4. 无缺损运输率

这项指标反映了运输服务的质量，低缺损率意味着损坏的程度低，使顾客、企业都受益。无缺损运输率=无缺损运输次数/总运输次数×100%。

(三) 订单处理评价指标体系

订单处理是物流的一个关键要素，如果订单处理得缓慢无效率，就有可能延缓订单周期时间，甚至会提高运输成本。

1. 订单处理周期

订单处理周期是指收到订单到完成发货收款的时间，会影响物流其他要素的效率。

2. 订单处理正确率

这项指标是销售部门重点控制的核心指标，订单处理是企业外部物流的起点，失误的订单短期内会影响该订单的完成，长期内会带来顾客忠诚度下降。订单处理正确率=本期无差错订单处理数/本期订单处理数×100%。

3. 每次订单处理成本

订单处理成本主要包括员工薪酬支出、培训、信息系统等成本费用构成。每次订单处理成本=本期订单处理成本/本期订单数。

(四) 库存评价指标体系

库存是企业物流控制的核心指标，其目的就是以最低水平的存货来满足顾客期望的服务水平。

1. 库存维持成本

库存维持成本包括库存的财务成本、储存、保险和损坏、遗失等。

2. 搬运成本

搬运成本主要由收货入库成本、存货搬运、分拣、出货装运等构成。

3. 存货周转率

存货周转率是评价企业购入存货、入库保管、销售发货等环节的管理状况的综合性指标，表示为一定时期内销售成本与平均库存的比率。存货周转率＝销售成本/平均库存×100%。

（五）包装评价指标体系

包装不仅是用以实现产品差异化和吸引顾客注意力的促销工具，还对物流系统的绩效有着重大的影响。良好的包装应该易于搬运和放置，而且能够减小货物占用的货架空间。

1. 单位产品包装成本

它主要包括包装材料成本、包装设备折旧、包装人员工资等。

2. 包装可回收率

大部分包装属于耗材，但在物流实践中往往采用组装或集装箱等集成技术，这样一部分包装材料便可以回收，从而达到减少资源浪费的作用。

3. 条码覆盖率

包装的一个功能是信息的传递，条码与扫描仪的配合使用可以大大提高收货入库、分拣、货物出库的水平。条码覆盖率＝总使用条码的商品种类/总商品数。

（六）信息化评价指标体系

信息贯穿物流活动的整个过程，企业物流信息的软、硬件建设关系到物流系统的整体效率。此处从信息化的基础水平、信息管理水平和信息活动主体水平 3 个方面来设计企业的物流信息评价指标体系。

1. 信息化的基础水平

这项指标主要考察企业物流信息的投入和具体应用，涉及信息技术系统的投入量、网络规模和网络性能等。

2. 信息管理水平

企业物流信息管理水平可以从信息技术应用于管理水平、企业数据库建设和企业重大决策取得信息支持程度来评价。

3. 信息活动主体水平

它主要包括员工的受教育水平、员工培训比例和信息普及率等。

二、外部绩效评价指标体系

虽然内部绩效评价对企业物流的监督和控制很重要，但是，越来越多的企业认识到，以顾客为中心的外部绩效评价，对企业物流的发展起着同样重要的作用。可以说，内部绩效为企业物流的持续发展提供了前提条件；外部绩效为企业同顾客和供应商建立良好的关系奠定了基础。内部绩效和外部绩效共同构成了企业物流绩效的整体。

（一）客户服务绩效评价指标

外部绩效评价一般从顾客服务方面进行。顾客是企业的“上帝”，只有以顾客需求为导向，提高顾客服务的水平，企业才能占有较大的市场份额并获得持续的赢利能力。从物流角度来分析，顾客服务有 4 个传统要素：时间、可靠性、沟通和灵活性。通过对客户服务绩效评价内容和影响客户服务要素的分析，客户服务绩效评价指标可以包括以下几个方面。

1. 客户满意度

客户满意度是指客户对企业所提供的物流服务的满意程度，影响客户满意的因素很多，一般用客户对企业物流服务的抱怨或投诉次数来间接衡量客户的满意程度。客户满意度＝［1－客户抱怨（投诉）次数/企业物流服务总次数］×100％。

2. 客户保持率

客户保持率是指在一定时期内保留或维持老客户关系的比例。随着新客户获取的成本越来越高，忠诚的客户可以给企业带来持久的赢利，客户维持就成为当今企业的一项重要任务。企业物流绩效则对客户维持有着重要的影响。客户保持率＝（企业当期客户数量－企业当期新增客户数量）/企业上期客户数量×100％。

3. 客户获得率

客户获得率反映了企业开拓市场的绩效，是指在一定时期内企业吸引或赢得新客户的比例。客户获得率＝当期新增客户数量/上期客户数量×100％。

4. 客户利润率

客户利润率是指企业从客户获得利润的水平。企业成功地保留老客户、获取新客户和使客户满意，其最终目的就是从客户那里获取合适的利润。

（二）其他指标

外部绩效评价除了从客户服务方面来考虑，还要分析政府政策、法律、行业竞争、环境保护和生态等外部因素对物流绩效的影响。

第三节　企业物流绩效评价方法

物流绩效评价过程在完成绩效指标体系的构建之后，就要选择使用科学的评价方法。目前，绩效指标体系和绩效评价方法已经有一些经典的模式可以借鉴，这些模式将指标体系构建和评价方法融合在一起，共同形成了整体连贯性的物流绩效评价系统。物流绩效评价方法主要由标杆管理法和平衡计分卡法，此外，还有一些其他的评价方法。科学地选择绩效评价方法，将有效支持物流绩效评价结果的真实性和客观性。

一、标杆管理法

标杆管理起源于 20 世纪 70 年代末至 80 年代初，在美国学习日本管理的运动中，首开标杆管理先河的是施乐公司。施乐公司将标杆管理定义为“一个将产品、服务和实践与最强大的竞争对手或行业领导者相比较的持续流程”。

标杆管理又称基准化管理，其核心思想是向业内或业外的最优企业学习，并以此为基准，通过与自身企业进行比较、分析，不断改善企业经营行为，从而进入赶超一流企业、创造优秀业绩的良性循环过程。物流是标杆管理应用最早的领域之一。在物流绩效评价中，主要有 3 个方面作为尺度选择的范围：客户对企业物流绩效的满意程度；与行业最优者的绩效进行对比；分析物流绩效产生的过程，即结果产生的情形。物流标杆管理实施步骤主要分 5 个部分。如表 5－2 所示。

表 5－2　　物流标杆管理实施步骤

阶　段	步　骤	内　容
1	识别	确认对哪些流程进行标杆管理；确定比较对象；数据来源和收集
2	分析	设定“标杆”优先次序；比较差距
3	整合	确定目标、任务；交流并获得认同
4	行动	计划的实施、责任安排、检测
5	完成	处于领先地位；重新调校标杆

（一）识别

确定对哪些流程进行标杆管理，选择作为基准的公司，并决定数据资料的来源和收集方法。标杆管理的信息来源主要有三个方面：一是顾客、咨询公司、学术期刊和物流研究者提供的数据；二是行业内部或相关行业的非竞争企业提供的数据；三是组织同盟或合作伙伴提供的共享数据。

（二）分析

这个阶段的任务是将收集到的信息和资料进行加工处理，对那些被设定为基准化的项目排序，分析哪些物流过程具有战略意义，并确定企业目前的做法与最优企业之间的绩效差距，以及考虑怎样把最优企业物流运作管理的成功经验用到自身企业上来。这一阶段在物流标杆管理实施过程中非常重要，如果目标定位不准确，后续的工作就有可能偏离目标。

（三）整合

在确定了需要基准化的领域和比较对象后，接下来的工作就是制定相应的行动目标，并把目标分解为若干任务。目标的实现过程是一个团队合作的过程，在物流供应链系统内进行交流并获得认同非常重要，使各合作者了解并接受这些目标，使其对目标和行动的解释达成一致。

（四）行动

计划指导行动朝着目标前进，行动促使计划的完成。一个好的计划，没有付诸实施，也只能成为空谈。要制订行动计划，物流系统各成员各司其职、各负其责，并定期检测行动进程，使物流的结果朝着目标前进。

(五) 完成

对于一个持续改进的过程而言，物流标杆管理的完成只是暂时的。当企业物流处于领先地位，标志着上一次物流改进的完成，然而，在动态多变的市场条件下，企业又要根据环境的变化，重新调整标杆，对各种物流活动进行整合，才能获得持续的活力。物流标杆管理的实施过程可以归纳为图 5-2。

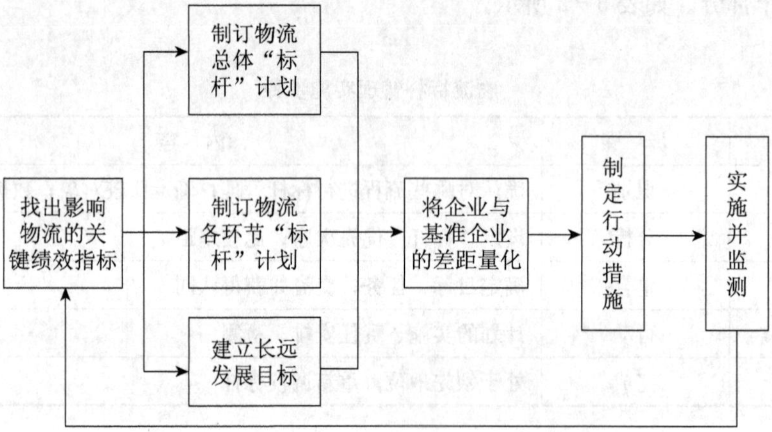

图 5-2　物流标杆管理的实施过程

二、平衡计分卡法

平衡计分卡法是 1992 年由哈佛大学商学院教授罗伯特·S. 卡普兰和复兴国际方案总裁戴维·P. 诺顿设计的，是一种全方位的、包括财务指标和非财务指标相结合的策略性评价指标体系。数据表明，全球前 500 强企业有 80%以上都在使用 BSC，我国也有越来越多的企业开始使用。平衡计分卡法应用于物流绩效评估和控制，可以克服传统的物流绩效评估的不足之处，将财务和非财务指标结合在一起使用，可以对物流绩效进行全面、系统地考察。

平衡计分卡法最突出的特点是：将企业的愿景、使命和发展战略与企业的业绩评价系统联系起来，它把企业的使命和战略转变为具体的目标和评测指标，以实现战略和绩效的有机结合。使用平衡计分卡法评价物流绩效，主要体现在 4 个方面：财务视角、客户视角、内部业务视角和学习成长视角。如图 5-3 所示。

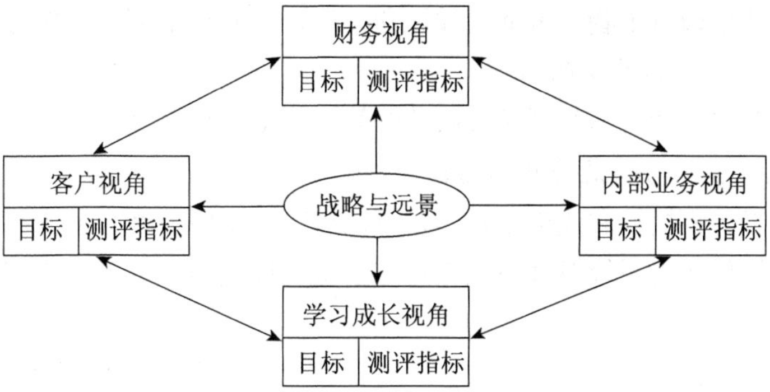

图 5-3 平衡计分卡法与各种绩效指标联系示意

资料来源：彭建良，企业物流管理，浙江大学出版社，2009：303.

(一) 财务视角

财务利益是企业利益相关者的根本落脚点，是其他 3 个方面的出发点和归宿，其他 3 个方面的改善也必然会反映在财务指标上。不同的企业，战略目标不同，对长期和短期利益的追求也会不一致，但从长远来看，利润是企业追求的最终目标。如果企业能使物流战略转化为具体目标，却不能在财务指标上反映出物流绩效的改善，那么，其他所有的物流工作都会失去意义。物流作为企业利润的第三源泉，财务指标在反映物流绩效上有着举足轻重的地位。财务指标是结果性指标，即后向型指标，一般包括总资产收益率、净资产收益率、资产周转率和净值回报率等。

(二) 客户视角

客户是企业利润的来源，企业经营应以客户需求为导向。目标客户是指企业为了完成财务指标，进行有效的市场细分，找到自己的服务客户群体。在应用平衡计分卡法时，要确定客户服务应达到的目标，然后把这些目标转化为具体的测量指标。物流服务的目标就是以尽可能低的成本达到客户要求的服务水平，例如，较低的缺货率、满足客户的次数、供应的稳定性和及时交货的次数等。客户满意能创造较高的客户忠诚度，并提高企业的收益能力。

(三) 内部业务视角

内部业务流程企业物流改善其经营业绩的重点，客户目标的实现和企业利润的提高都需要从内部业务流程中获得支持。内部业务指标属于过程性指标，即先导型指标，它应当来自影响客户满意最大的业务流程。这些指标包括运输、库存控制、仓储、订单处理和物流信息系统建设。内部业务流程按内部价值链还可以分为 3 个过程：创新、经营和售后服务。

(四) 学习成长视角

学习成长能力反映了企业不断保持并提高其竞争力和市场地位的潜力和趋势，是企业物流绩效持续改善的前提。学习成长指标主要包括 3 个方面。

1. 评价员工物流管理能力的指标

企业的成长与员工能力和素质息息相关，企业要不断学习和创新才能持续地发展。这就要求企业要不断培训员工物流方面的知识和技能，开发员工创新的能力。

2. 评价企业物流信息系统的指标

这项指标主要包括物流信息系统反映的时间、接触信息系统的途径、信息覆盖率等。

3. 评价激励、授权与物流协作的指标

激励影响员工的积极性和流失率；授权可以提高员工服务客户的水平和解决突发事件的能力；物流协作使物流系统各环节联系更加紧密，通过信息共享，更好、更迅速地满足市场需求。

三、层次分析法

层次分析法（AHP）是20世纪70年代初由美国运筹学家T. L. Saaty提出的，AHP是一种解决多目标的复杂问题的定性与定量相结合的决策分析方法。该方法将定量分析与定性分析结合起来，用决策者的经验判断各衡量目标能否实现的标准之间的相对重要程度，并合理地给出每个决策方案的每个标准的权数，利用权数求出各方案的优劣次序，比较有效地应用于那些难以用定量方法解决的企业领域。

层次分析法的基本原理是根据问题的性质和要达到的总目标，将问题分解为不同的组成因素，并按照因素间的相互关联影响以及隶属关系将因素按不同层次聚集组合，形成一个多层次的分析结构模型，从而最终使问题归结为最低层（供决策的方案、措施等）相对于最高层（总目标）的相对重要权值的确定或相对优劣次序的排定。

利用层次分析法构造系统模型时，一般可以分为4个步骤：建立问题的递阶层次结构模型；构造两两判断矩阵；层次单排序及一致性检验；层次总排序。

（一）建立问题的递阶层次结构模型

应用层次分析法解决问题时，首先要把问题条理化、层次化，构造一个有层次的结构模型。在这个模型下，复杂问题被分解为若干相互联系的层次的元素，上一层次的元素对下一层次的元素起支配作用。这些层次一般分为3类：①最高层（目标层）。表示解决问题的目的，即层次分析要达到的总目标。②中间层（准则层）。即实施预定总目标所涉及的中间环节，包括所需要考虑的准则、子准则。③最底层（方案层）。表示解决问题的各种措施、政策、方案等。

（二）构造两两判断矩阵

在建立递阶层次结构之后，接下来就要确定各层次元素的权重。如果只是通过定性的方法确定各元素之间的权重，则常常不容易让人接受，因而Saaty提出一致矩阵法，即不把所有因素放在一起比较，而是两两相互比较；采用相对尺度，以尽可能减少性质不同的元素相互比较的困难，以提高准确度。

判断矩阵是表示本层所有元素针对上一层某一个元素的相对重要性的比较，一般每层成对比较的元素不宜超过9个，因为过多的元素会给两两比较带来困难。记准则层元素C所支配的下一层次的元素为U_1，U_2，…，U_m，并按表5-3中定义的标度对重要性程度赋值，形成判断矩阵$A=(a_{ij})_{m\times n}$，其中，a_{ij}就是元素U_i与U_j相对于准则C的重要性比例标度。

表 5－3　　判断矩阵元素 a_{ij} 的标度方法

标　度	含　义
1	表示两个元素相比，具有同等重要性
3	表示两个元素相比，一个元素比另一个元素稍微重要
5	表示两个元素相比，一个元素比另一个元素明显重要
7	表示两个元素相比，一个元素比另一个元素强烈重要
9	表示两个元素相比，一个元素比另一个元素极为重要
2，4，6，8	上述两相邻判断的中值
倒数	元素 i 与 j 的判断 a_{ij}，则元素 j 与 i 比较的判断 $a_{ji}=1/a_{ij}$

判断矩阵 A 具有如下性质：①$a_{ij}>0$；②$a_{ji}=1/a_{ij}$；③$a_{ii}=1$，称为正互反判断矩阵。根据判断矩阵的互反性，对于一个由 N 个元素构成的判断矩阵只需给出其上（或下）三角的 n（$n-1$）个判断即可。

（三）层次单排序及其一致性检验

通过两两比较得到的判断矩阵 A 不一定满足判断矩阵的互反性条件，AHP 采用一个数量标准来衡量 A 的不一致程度。设 $W=(W_1, W_2, \cdots, W_n)^T$ 是 n 阶判断矩阵的排序权重向量，当 A 为一致性判断矩阵时，有：

$$A=\begin{bmatrix} 1 & \frac{W_1}{W_2} & \cdots & \frac{W_1}{W_n} \\ \frac{W_2}{W_1} & 1 & \cdots & \frac{W_2}{W_n} \\ \cdots & \cdots & \cdots & \cdots \\ \frac{W_n}{W_1} & \frac{W_n}{W_2} & \cdots & 1 \end{bmatrix}=\begin{bmatrix} W_1 \\ W_2 \\ \cdots \\ W_n \end{bmatrix}\left(\frac{1}{W_1}, \frac{1}{W_2}, \cdots, \frac{1}{W_n}\right) \tag{5-1}$$

用 $W=(W_1, W_2, \cdots, W_n)^T$ 右乘上式，得到 $AW=nW$，表明 W 为 A 的特征向量，且特征根为 n。即对于一致的判断矩阵，排序向量 W 就是 A 的特征向量。如果 A 是一致的互反矩阵，则有以下性质：$a_{ij}=a_{ik}\times a_{kj}$。当 A 具有一致性时，$\lambda_{max}=n$，将 λ_{max}对应的特征向量归一化后（$\sum_{i=1}^{n}W_i=1$），记为 $W=(W_1, W_2, \cdots, W_n)^T$，$W$ 称为权重向量，它表示 U_1，U_2，…，U_m 在 C 中的权重。

如果判断矩阵不具有一致性，则 $\lambda_{max}>n$，此时的特征向量 W 就不能真实地反映 U_1，U_2，…，U_m 在目标中所占比重，定义衡量不一致程度的数量指标：

$$CI=\frac{\lambda_{max}-n}{n-1} \tag{5-2}$$

对于具有一致性的正互反判断矩阵来说，$CI=0$，由于客观事物的复杂性和人们认识的多样性，以及认识可能产生的片面性与问题的多少、规模大小有关，仅依靠 CI 值作为 A 是否具有满意一致性的标准是不够的。为此，引进了平均随机一致性指标 RI。RI 是多次重复进行随机判断矩阵特征值的计算后取算术平均数得到的，对于 $n=1\sim11$，RI 的取值如表 5-4 所示。

表 5-4　**RI 取值表**

维数	1	2	3	4	5	6	7	8	9	10	11
RI	0	0	0.58	0.90	1.12	1.24	1.32	1.41	1.45	1.49	1.51

定义 CR 为一致性比例，$CR=\frac{CI}{RI}$，当 $CR<0.1$ 时，则称判断矩阵具有满意的一致性，否则，就不具有满意一致性。

（四）层次总排序

计算同一层次所有因素对于最高层（总目标）相对重要性的排序权值，称为层次总排序，这一过程是由高层次到低层次逐层进行的。最底层（方案层）得到的层次总排序，就是 n 个被评价方案的总排序。若上一层次 A 包含 m 个因素 A_1，A_2，…，A_m，其层次总排序权值分别为 a_1，a_2，…，a_m，下一层次 B 包含 n 个因素 B_1，B_2，…，B_n，它们对于因素 A_j 的层次单排序的权值分别为 b_{1j}，b_{2j}，…，b_{nj}，（当 B_k 与 A_j 无关时，取 b_{kj} 为 0），此时，B 层次的总排序权值如表 5-5 所示。

表 5-5　**各层次元素的组合权重**

层次 A / 层次 B	A_1	A_2	…	A_m	B 层次总排序值
	a_1	a_2	…	a_m	
B_1	b_{11}	b_{12}	…	b_{1m}	$b_1=\sum_{j=1}^{m}a_jb_{1j}$
B_2	b_{21}	b_{22}	…	b_{2m}	$b_2=\sum_{j=1}^{m}a_jb_{2j}$
…	…	…	…	…	…
B_n	b_{n1}	b_{n2}	…	b_{nm}	$b_n=\sum_{j=1}^{m}a_jb_{nj}$

如果 B 层次某些因素对于 A_j 的一致性指标为 CI，相应的平均随机一致性指标为码，则 B 层次总排序一致性比例为：

$$CR=\frac{\sum_{j=1}^{m}a_jCI_j}{\sum_{j=1}^{m}a_jRI_j} \tag{5-3}$$

当 $CR<0.1$，认为层次总排序的结果具有满意的一致性；如不满足一致性条件，需对判断矩阵进行调整。

层次分析法最终得到方案层各决策方案相对于总目标的权重，并给出这一组合权重所依据整个递阶层次结构所有判断的总一致性指标。据此，决策者可以作出决策。AHP 通过分析影响目标的一系列因素，比较其相对重要性，最后选出得分最高的方案即为最优方案。

四、企业物流绩效评价其他方法

物流绩效评价方法除了标杆管理法和平衡计分卡（BSC）法外，还有其他方法，如专家评价法、KPI 法、网络分析法（ANP）、组合赋权法和模糊综合评价法等。

（一）专家评价法

专家评价法是一种定性评价法，以主观判断为基础，其优点是简单易用，但其主观性太强，往往用于一些不太复杂的物流系统的评价。常见的专家评价法有德尔菲法和头脑风暴法等。德尔菲法是一种向专家进行调查研究的专家集体判断，通过匿名的方式多次征求专家意见并提供其他专家意见的反馈，供他们分析判断直至意见趋于一致。头脑风暴法是专家们相互交流，进行智力碰撞，使专家的意见不断集中和精化。

（二）KPI 法

关键绩效指标（KPI）是通过对企业内部流程的输入端、输出端的关键参数进行设置、取样、计算和分析，衡量流程绩效的一种目标式量化管理指标，是把企业的战略目标分解为可操作的工作目标的工具，是企业管理的基础。KPI 可以使部门主管明确部门的主要责任，并以此为基础，明确部门人员的绩效衡量指标。建立明确的切实可行的 KPI 体系，是做好绩效管理的关键。

（三）网络分析法（ANP）

网络分析法是美国匹兹堡大学的 T. L. Saaty 教授于 1996 年提出的，它是在 AHP 的基础上发展而形成的一种新的决策方法。AHP 方法核心思想是将系统划分为若干层次，只考虑上一层元素对下一层元素的支配和影响关系，同时假设同一层次的元素之间是相互独立的，不存在相互依存的关系。ANP 方法解决问题的关键是利用“超矩阵”对各种相互作用的因素进行综合分析，得出其混合权重，从而确定选择方案。各因素的相对重要性指标由专家打分、问卷调查等途径得到。

（四）组合赋权法

指标体系中各评价指标对物流战略效果的贡献大小和重要程度不同，对评价指标间的这种差异需要通过赋以不同权重值的办法来表示，多指标评价通常需要事先确定好各种属性的权重，属性的重要性越高，则赋以的权重值越大。关于属性权重的确定办法，主要通过主观赋权法和客观赋权法。主观赋权法是由评价者根据自身的经验和知识对属性赋权的一类办法；客观赋权法是基于各方案相应属性的数据来确定权重的一类方法。两类方法各有优劣、相互补充，因此，一种较为合理的方法是集成或综合主客观赋权，即组合赋权法。

（五）模糊综合评价法

模糊数学是 20 世纪 60 年代由 Zadeh L. A. 首先提出来的。模糊数学理论可采用精确的数学方法来描述模糊性现象。模糊综合评价，就是运用模糊数学的基本理论，通过综合考虑影响某事物的各个因素，来对实际问题的优劣作出科学的、综合的评价的方法。该方法的优点就是可以对涉及模糊因素的对象进行综合评价，而且更加适用于评价因素多、结构层次复杂的对象，因此，实用性非常强。

练习思考题

简答题

1. 什么是物流绩效评价?
2. 简述物流绩效评价的原则与评价标准。
3. 简述物流绩效评价指标体系的内部评价指标和外部评价指标。
4. 简述物流标杆管理法的步骤。
5. 简述平衡计分卡法的 4 个视角。
6. 简述层次分析法的 4 个步骤。
7. 简述物流绩效评价方法中的专家评价法、KPI 法、网络分析法、组合赋权法和模糊综合评价法。

实训项目

选用一种绩效评价方法对实际企业物流绩效工作进行评价，要求自己建立指标体系，并有完整的评价过程和结果。

第三部分

物流作业篇

第六章　运输与配送

引导案例

中远集团远洋航运业运输变革

一、案例简介

航运市场高成本、低运价、竞争激烈，2011年国际航运业再次陷入低迷，作为《财富》500强的中国远洋，虽然拥有规模稳居中国第一、世界第二的船队，但一直以来就绩效不佳，2011年上半年亏损高达27亿元，其核心利润来源是比重不断上升的第三方物流业务，因此，中远正在考虑把业务重心从原来相对单一的航运业偏向以航运业为主导的提供综合的物流服务。

中远相关负责人在总结时提出要进行航运业的变革，特别是在马士基承诺误点就赔钱后，对已经陷入低迷的中国航运业来说更是雪上加霜，中远打算与中海集运、长航等采取结盟形式来稳住市场占有率，我国航运业呈现升级与行业重新洗牌的趋势。在经济全球化的复杂形势下，开展国际航运业务必须适应市场需求。跨国公司为满足多变的市场需求和生产计划，降低生产和营运成本，那种只能从事单调重复的承揽、拆并柜作业，而且附加值低的传统航运业，因为无法提供全套的服务，不能满足整合性的全方位物流方案策划以及运输、仓储、包装、分拣、配送、报关、订舱、保险等多种形式的物流服务需求，因此，中远航运业要摆脱困境，走出低迷，持续发展，保证利润，必须进行转型。

（一）以航运业为主导，加大相关物流业务的比重

中远供应链业务规模的不断扩大，是其收入增长的主要原因之一。在物流领域保持竞争优势和市场领先地位是中远目前很不错的选择。今后，中远会在产品物流方面，专注细分市场，加强电子商务建设。

（二）开展多角化经营及转移主力市场

航运市场低迷之时，航运业成为了利润边缘，中远通过转移大部分业务在大陆及东南亚，如新加坡，充分利用当地廉价的资源。同时，努力发展物流的服务产品与信息系统，以确保在航运业复苏的时候能够尽快抓住市场机遇，重新确定优势。

（三）进行同业或跨行业的战略联盟

通过行业联盟，增强抵御风险的能力。马士基航运公司宣布，公司将从2011年10月24日开始正式在亚欧航线上推出新服务“天天马士基”，为此，中国远洋、中海集运等公

司或采取结盟方式，通过提高船队数量、增加营运航线和实现舱位共享来提高准班率，以保住市场。

（四）加强物流信息网络建设

随着中远航运业逐步向国际物流转型，为了提升服务质量，无论是在对内或对外的信息上都将建立强大的技术支持，资料经网络传输后，货柜及文件的细节将一览无余，不仅提高工作效率，也能给客户提供更好的服务，确保物流程序的顺畅和由订货到抵达的及时实物流转信息，提供包括航班查询、网上议价、载位价目查询、订载管理、电子文件处理以及全球货物追踪等功能。

二、案例解析

中远通过提高物流运输组织技术，把综合物流引进航运业之中，实现航运企业真正向第三方物流甚至是第四方物流转变，在增加整体经营绩效的同时增强中远航运业的竞争力。开展综合物流一体化，把物流引进航运业中，可以提高运输的服务水平和现代化水平，降低物流全过程的总费用，实现物流过程的一体化管理，促进运输经营观念和组织方式等的变革。中远航运业将向集约化、标准化、信息化、智能化和绿色化的物流综合一体化方向发展。

三、案例涉及的主要知识点

运输：用设备和工具，将物品从一地点向另一地点运送的物流活动。

战略联盟：是两个或两个以上的企业或跨国公司为了达到共同的战略目标而采取的相互合作、共担风险、共享利益的联合行动。

学习导航

掌握运输的概念，熟悉运输方式，理解运输决策的方法，掌握运输优化的内容。

第一节　运输及运输方式

运输是物流的主要功能之一，它可以实现物品在空间位置上的移动。我国目前在供应链物流管理中所采取的运输方式主要有 5 种，即公路运输、铁路运输、水路运输、航空运输和管道运输。对于不同的情况，可以采用不同的运输方式，在供应链管理实践中，相关部门可以选择单一的运输方式，也可以选择多种运输方式联合的运输方式。

一、公路运输

公路运输所受限制条件少，且通用性较好。与铁路运输相比，公路运输具有投资少、机动灵活、运送及时、速度快而且可以通达至广大边远基层村镇，能够实现门到门的运输服务，在中、短途运输中具有十分显著的优势。随着高速公路的建设，使用大型拖车的中、长途货运也得到了长足发展。以铁路和船舶运输为主力的中、长干线运输，无论是直达联运，还是倒装，都需要汽车运输作为终端运输予以配合。公路汽车运输的缺点是运输成本比铁路运输和水路运输要高，运输量较小，交通事故和其他风险较多。

公路运输的主要设施有公路、公路桥梁、涵洞、路灯、路标和警示装置等。公路运输的运输工具主要是汽车以及其他无轨车辆（如人力车、畜力车和拖拉机等）。汽车是公路运输的主要车辆，按其设计用途可以分为载重汽车、越野汽车、自卸汽车、特殊用途专用车、客车、轿车和牵引车等。图 6－1 所示即为重型越野汽车。

图 6－1　重型越野汽车

二、铁路运输

铁路运输的优点在于速度快、运输不受其他交通机械的阻碍，载运量大，运输成本低，可以实现高速运输和长距离干线运输，安全性较高。铁路运输的缺点主要表现在灵活性较差，只能在固定的线路上实现运输，需要与其他运输手段配合和衔接。

铁路运输的主要设施有铁道、涵洞、桥梁、电气化铁路供电设施和牵引变电所、道岔及其控制装置、路灯、路标、警示装置和调度装置、车站、编组站和相应的通信设施等。铁路运输的工具主要是作为牵引动力的机车、无动力的车厢和平车。铁路机车是牵引客、货列车和在车站进行调车作业的基本动力，其本身不载旅客或货物。机车按照用途可以分为速度较高的客运机车、牵引力较大的货运机车和机动灵活的调节机车。按照原动力的不同可以分为内燃机车、电力机车和蒸汽机车。图 6－2 所示即为牵引动力机车。

图 6－2　牵引动力机车

三、水路运输

水路运输具有投资少、运量大、成本低、能耗少、占地少等优点，同时，水路运输业适合于大件物品的运输，相对于铁路和公路运输来说，水路运输具有其独特的优势。在沿海和沿主要内河航道运输方向上，水路是长途大宗货物运输的主力。水路运输中的远洋运输具有国际性，是开展国家贸易的主要运输方式，是发展国际贸易、繁荣国民经济的重要支柱。我国水路运输由内河运输、沿海运输和远洋运输 3 部分组成。水路运输的缺点是速度慢，受港口、水位、季节、气候等的影响较大，同时要求对港口设施等进行大规模投资。

水路运输的基础设施主要是航道和港口设施（如港池、泊位、装卸系统、货场和信号设施等）。水路运输的工具主要是船舶，个别内河支流上也有用竹筏等作为运输工具的。供应链物流管理着重研究货运，专门担负水上运输各种货物任务的船只称为货船。货船分为杂货船、散货船、集装箱船、滚装船、油船、液化气船、冷藏船等。图 6－3 所示即为万吨远洋货船。

图 6－3　万吨远洋货船

四、航空运输

使用飞机或者其他飞行器运送物品或者旅客的运输方式为航空运输，简称空运。航空运输的优点在于速度快，对物品的损坏少，适合于急需的或者时效性较强的小批量贵重物品的运输。航空运输的缺点是运载量较小，运输成本高。正因如此，目前航空运输在我国实践中的应用范围远远小于其他的运输方式，主要运用于军事领域，在民用航空方面，主要用于客运、抢险救灾和一些特殊情况，而普通的货物运输则一般不使用航空运输。航空运输的主要设施是机场及其配套设施。机场一般设有停机坪和跑道，直升机一般只要停机坪即可使用。除了停机坪以外，机场还应配备信号系统、通信系统、导航系统、安全系统，以及客梯、气源车、加油设备、灯光、飞机牵引车、救护设备和监视设备等。航空运输的工具主要是飞机以及其他飞行器。常见的有固定翼飞机和直升机两种。

五、管道运输

利用管道来完成对物资运输的方式为管道运输，常用于石油、天然气等液态、气体物资和短距离粉粒状物料的输送。管道运输可以连续不断地运送，因此，可以大量运输，而且由于管道设施是封闭、固定的，故而运输安全，且污染少，即使出现故障需要维修时也较方便。

管道运输的基础设施是管道，而管道的铺设方式可以在地下、地上或者架空安装均可，只需要有相应的地下坑道、地上支架和配套的检测口和检测装置等。

第二节　运输决策

运输决策是整个物流与供应链管理中的核心环节之一，其决策质量的好坏直接影响企业物流管理活动的成功与否。因此，在企业物流管理实践中，运输决策通常是很重要的一个环节。运输决策一般包括运输方式的选择、运输路线的确定和运输服务商的选择等环节。学习并掌握运输决策的相关方法和技术有助于物流管理实际问题的解决。

一、运输方式选择的影响因素

（一）影响运输方式选择的货物因素

一般来说，运输方式的选择受运输物品的种类、运输量、运输距离、运输时间、运输成本几个方面因素的影响，它们是相互关联、相互制约的。

运输物品的种类、运输量和运输距离属于不可变量，是由货物自身的性质和存放地点决定的，一般这 3 个量是不会发生显著变化的。

运输时间和运输成本是可变量，是不同运输方式相互竞争的重要条件，运输时间和运输成本的变化必然带来对于运输方式的重新选择。

(二) 影响运输方式选择的环境因素

1. 经济活动的变化

物流需求是最终消费的派生需求，它随着产业结构的变化、需求结构的变化、地区经济结构的变化和企业行为的变化而变化。

(1) 产业结构的变化。产业比重逐渐从第一产业转向二三产业。我国虽然仍是以进口高档商品及部分原材料、出口原材料及初级加工产品的模式为中心，但高度加工的精密机械、家用电器等的出口制品的比重也在逐渐增加。这些产业结构的调整和变化必然导致物流运输方式相应发生调整和变化。

(2) 需求结构的变化。我国居民对于物质生活资料的需求正在从对量的需求转向对质的需求，如娱乐、教育、文化等方面的消费支出比重上升。在公共物品投资上，国家也正加大对公路、铁路、港口、水库等社会基础设施的投资建设，以扩大内需，刺激消费。这些需求结构的变化也会影响到对物流运输方式的选择。

(3) 地区经济结构的变化。曾集中于大城市周围建设的工业厂址正在逐渐从原有的工业地带分散开来，开始逐渐向各个经济技术开发区迁移。占地面积大的基础资源型工业企业开始向边远地区迁移，消费资料等城市型工业不断分散到城市外围。这些地区经济结构的变化必然也会影响到运输方式的选择。

(4) 企业行为的变化。在上述经济环境变化中，个别企业经济活动的变化特别明显。为了积极地贯彻国家产业政策、金融政策和应对国际需求不旺的情况，各企业纷纷开始注意在经济不景气时期缩小经营目标，在经济高速增长时期则追求高企业利润目标，同时，积极发展各种企业需要的技术。在经济萧条时期，企业会主动减量经营，采取措施降低经营成本和压缩库存等措施。这些变化自然会引起运输方式选择的变化。

2. 物流需求的变化

经济环境的变化给物流需求带来的最直接影响就是随着经济的低速增长，物流需求的增长也同步放慢。

产业结构的变化，如钢铁、水泥、砂石等单位产值产量大的产业的发展出现停滞。与此同时，与物流活动很少直接联系的第三产业的比重也在逐渐增加。这些变化均意味着经济越发展，物流需求也越难增长，而这些变化也会引起运输方式选择的改变。

(三) 影响运输方式选择的其他制约因素

经济环境或社会环境的变化给物流活动带来了过去不曾有的许多制约，如石油等能源物资的涨价或供应限制。这些制约直接影响到物流业最重要的生产运输工具。目前，物流业正在设法确保石油供应渠道畅通，开发节能搬运工具，研究并采用效率高的运输系统。

环保公害事故等社会问题派生出来也对物流管理的运输方式选择产生影响。物流活动需要广阔的空间，无法同国民生活完全绝缘，随着物流量的增大，噪声、震动、大气污染、海洋污染等均已成为社会化问题，政府为了防止这些问题而制定的规章制度也日益严格。这些规定是制约物流活动及物流运输方式的重要因素。另外，近年来劳动力的高龄化也使得工资支付在企业经营总费用中所占比例不断上升，同时，增大了在搬运和装卸作业中发生危险的可能性。这一问题成为物流运输中亟待解决的问题。

二、运输方式选择的方法

选择运输方式时通常要考虑两个基本因素：运输方法和运输费用。从物流运输功能看，速度快是物流运输服务的基本要求。但是，速度快的运输方式往往伴随着很高的费用，同时在考虑运输的经济性时，不能只从运输费用本身来判断，还要考虑因速度加快和缩短物品备用时间等使得物品的必要库存减少，从而减少了物品的保管费用等因素。因此，运输方式和运输工具的选择应该是在综合考虑上述各种因素后，寻求运输费用和保管费用最低的运输方式和运输工具。常用的选择运输方式的方法有：

（一）综合评价法

物流运输系统的目标是实现物品快速、安全和低成本的运输。然而，运输的速度、准确性、安全性和经济性之间是相互制约的。如果重视运输速度、准确性和安全性，则运输成本会增大。反之，若运输成本降低，运输的其他目标就不可能实现。因此，要采用定性和定量分析相结合的方法来选择合适的运输方式。运输方式的经济性、迅速性、安全性和便利性被称为运输的功能需求，如果根据这 4 个指标选择运输方式，就可以采用综合评价方法，得出合理的选择结果。综合评价方法的步骤如下：

1. 确定运输方法的评价因素

评价运输方式的因素有运输方式的经济性、迅速性、安全性和便利性等。

2. 确定运输方式的综合评价值

如果用 F_1、F_2、F_3、F_4 分别表示运输方式的经济性、迅速性、安全性和便利性的值，且各因素对运输方式选择具有同等重要性，则运输方式的综合评价值 F 为：$F=F_1+F_2+F_3+F_4$。但是，由于货物的形状、价格、交货日期、运输批量和收货单位的不同，运输方式的这些特征对运输方式的选择所起的作用也就各不相同。通过给这些评价因素赋予不同的权数加以区别。如这 4 个评价因素的权数分别为 a_1，a_2，a_3，a_4，则运输方式的综合评价值可表示为：$F=a_1F_1+a_2F_2+a_3F_3+a_4F_4$。如果可选择的运输方式有铁路、公路、船舶，它们的评价值分别为 $F(R)$，$F(T)$，$F(S)$，则有：

$$F(R)=a_1F_1(R)+a_2F_2(R)+a_3F_3(R)+a_4F_4(R) \tag{6-1}$$

$$F(T)=a_1F_1(T)+a_2F_2(T)+a_3F_3(T)+a_4F_4(T) \tag{6-2}$$

$$F(S)=a_1F_1(S)+a_2F_2(S)+a_3F_3(S)+a_4F_4(S) \tag{6-3}$$

显然，其中评价值最大者即为选择对象。

3. F_1、F_2、F_3、F_4 以及 a 的确定

(1) 经济性 F_1 的数量化：运输方式的经济性是用运输工具使用费、包装费、保险金以及运输手续费用的合计数来表示的。费用越高，运输方法的经济性就越低，这是不利因素。假设这 3 种运输方式的所需成本分别为 $C(R)$，$C(T)$，$C(S)$，则平均值为：$C=[C(R)+C(T)+C(S)]/3$，3 种运输设备经济性的相对值分别为：$F_1(R)=C(R)/C$，$F_1(T)=C(T)/C$，$F_1(S)=C(S)/C$。

(2) 迅速性 F_2 的数量化：运输方式的迅速性是用从发货地到收货地所需时间（天数）来表示。所需时间越多，则迅速性越低，这是不利因素。假设这 3 种运输方式所需时间分别为 $H(R)$，$H(T)$，$H(S)$，则平均值为：$H=[H(R)+H(T)+H(S)]/3$，3 种运输方式迅速性的相对值分别为：$F_2(R)=H(R)/H$，$F_2(T)=H(T)/H$，$F_2(S)=H(S)/H$。

(3) 安全性 F_3 的数量化：运输方式的安全性可以通过历史上一段时间货物的破损率来表示。破损率越高，安全性越差。假设这 3 种运输方式的破损率分别为 $D(R)$，$D(T)$，$D(S)$，则平均值为：$D=[D(R)+D(T)+D(S)]/3$，3 种运输方式安全性的相对值分别为：$F_3(R)=D(R)/D$，$F_3(T)=D(T)/D$，$F_3(S)=D(S)/D$。

(4) 便利性 F_4 的数量化：运输方式的便利性的数量化表示方法，可采用代办运输点的经办时间与货物运到代办运输点的运输时间之差来表示。其中，时间差越大，表明便利性越高。因此，时间差大是有利因素。如果各运输方式的时间差分别为 $V(R)$，$V(T)$，$V(S)$，则平均值为：$V=[V(R)+V(T)+V(S)]/3$，3 种运输方式便利性的相对值分别为：$F_4(R)=V(R)/V$，$F_4(T)=V(T)/V$，$F_4(S)=V(S)/V$。

各评价因素赋予权数的大小的确定没有绝对统一的方法，一般是结合货物本身的特征，并尽可能吸收实际工作者或有关专家的意见而确定。

(二) 成本费用分析法

物流运输费用是承担单位提供运输劳务所耗费的费用，即运价。运价是由运输成本、税金和利润构成的。运输费用占物流费用比重最大，是影响物流费用的重要因素。为了达到以最快的速度、最少的运输费用实现物资流转，必须对所选择的运输方式进行技术经济比较分析，即进行成本费用分析，这就要求掌握各种运输方式成本的内容及运价计算方法。

1. 运价的分类

由于物资运输采用的运输工具、运输范围、运输距离、货物品种等因素不同，货物运价可以按不同的分类方法分为下列几种形式：

(1) 按适用的范围划分，可划分为普通运价、特定运价、地方运价、国际联运运价。普通运价适用一般货物的正常运输，是货物运价的基本形式。例如，铁路运价适用于全国正式营业铁路，是全国各地统一的铁路运价。特定运价是运价的一种辅助形式，用以补充普通运价。它是指对某种货物、某种流向、某一段线路规定的特殊运价。特定运价是根据运价政策考虑制定的，比普通运价水平升高或者降低一定的数量，或改用较低的、较高运价标准，以在某一时间内对某种货物加以鼓励和限制，有时也可以单独制定特定运价。地方运价，即适用于某地区、某一条线路的运价。如临管营业的新建铁路或未与铁路网接通的营业铁路规定的临管运价率，交通系统的地方水运运价等。国际联运运价，就是国际联运出口、进口或过境货物的运价，国内区段按有关规定办理，过境运价根据国际间的有关规定办理。

（2）按货物发送批量、使用的容器划分，可分为整车（批）运价、零担运价、集装箱运价。整车运价是指按整车运送办理的货物所规定的运价，按整车运价号规定的运价率计算费用。整批运价是指规定满一定重量可作为一张运单，一批托运的按整批计算的运价。零担运价，指不满整车、整批吨位一下托运的零星货物，按零担运价号规定的运价率计算收费的运价，货物按实际重量计算。集装箱运价是指以集装箱运送货物时的运价。

（3）按计算方式不同划分，可分为分段里程运价、单一里程运价、航线里程运价。分段里程运价，是指把里程分为若干区段，在不同区段使用不同的运价率。铁路和交通部直属企业的现行运价就是采用这种计算方法。单一里程运价，是指每千米的运价不变，在运输全程用一个单一的运价率，运价的增加是与运输距离成正比的。航线里程运价，是指在同一航线上使用同一基本运价，航空运输的现行运价就是采用这种形式。

2. 货物运价定价规则

为了根据货物种类、距离以及要求的运输条件的不同而分别收取不同的运费，各种运输方式均有相对应的简单易行、合理的有关货物运价问题的规定，如《铁路货物运价规则》、《水路货物运价规则》、《汽车货物运价规则》、《中国民航国内货物运输规则》等，各个规则对运费的计算都作了具体规定，主要内容有货物运价分号表、货物运价率表、货物运费以及有关问题的说明。

（1）货物运价分号表：由于货物的种类繁多，运输条件和运输成本各不相同，不可能为每一种货物定一个运价率。为了明确对各种货物应该收的运费，对有相同性质、特点的货物进行分类，然后把运输条件和运输成本大致相等的划分为一级，构成货物运价分号表、铁路称运价号、水运称运价等级。运价号和运价等级没有什么本质的不同，都是为了说明运价率的差别。货物的运价号就是将拟采用同一运价率的各种货物品名划归一个运价号，划分阶段的数量不能太多，也不宜太少。

（2）货物运价率表：货物运价率表是确定运价水平的关键，关系到运输企业的收入、发货单位运输费用的支出，影响到国家的积累和企业的利润。货物运价率是由运价基数、各运价号或等级间的增减比例，按距离区段的划分数量及其递减的比例，整车、零担、集装箱运价的比例等确定的。运价基数是指最低运价号的起码计算里程运价率，它是制定不同种类货物、不同运输距离所对应的运价率的基础。运价基础的确定，首先要确定货物起码计算里程，起码计算里程是根据各种运输方式间运量的分配情况，为促进各种运输的合理分工，有利于发展合理运输而确定的。在运价基数、运价率的基础上，按照运输距离递增递减率求出各区段的递差率，然后计算各运价号、各里程区段的每吨货物运价率，编制货物运价率表。

（3）运费计算：在对铁路、水路、公路货物运价规则有了一定的了解后，就可以根据托运的货物品种、数量、发到站计算运费了。计算步骤如下：

第一，根据托运货物的发到站，按运价里程表确定运价里程。铁路运价里程是根据《铁路货物运价里程表》按照发站至到站间最短的线路计算，在《铁路货物运价里程表》内规定计费线路的，按规定的计费线路计算运价里程。运价里程不包括专用线、货物支线的里程。水运运价的里程按公布的《水路货物运价里程表》计算，未规定里程的地点按实际里程计算，实际里程当时难以确定时，按里程表中距离起运或到站地点邻近的地点里程计算。公路汽车货物运输计费里程根据《汽车运价里程》规定计费，里程包括运输里程和装卸里程。

第二，根据货物名称，查找货物运价分号表，确定适用的运价号。铁路货物运价分类表中划分为煤焦、石油及其制品、矿石等二三十类。水运货物运价采用10级运价，每类中分若干项。公路分为普通货物和特种货物分类表。

第三，根据货物的运价里程及运价号，在货物运价率表中查出适用的运价率。铁路货物运价率分为3部分：整车、零担、集装箱。其中，整车货物运价率为1～10号；零担货物的运价率为11～15号；集装货物的运价分5吨和10吨两种箱型，每种箱型又分为两个运价号。水运分北方沿海、华南沿海、南北沿海各港口直达航线、水陆联运价率表和长江主要航线货物运价率表。长江又有干线、下游、上游3种运价率表。内河由各省、市、区自行制定运价率表。公路与铁路、水运不同，只分整车和零担，运价率水平由地方根据公路状况等具体情况制定。铁路和水运运价查找的方法是根据不同的发运方式、零担或整车、不同运价等级和运输里程，在货物运价率表中找到纵横交叉的一格，此交叉的数字就是运价率表中确定适用的运价率。

第四，按有关规定确定货物计费重量。铁路和公路整车运输，按使用的货车标记载重计算运费，如30吨的铁路货车按30吨计算运费，4吨的汽车按4吨计算运费。水运货物计算吨分重量吨（W）和体积吨（M），重量吨按货物的毛重，以1000千克为1重量吨；体积吨按货物“满尺丈量”的体积，以1立方米为1体积吨。货物分级表中，计费单位为“W/M”的货物，按货物的重量吨和体积吨两者择大计费。换算重量的货物，按换算重量计算。

第五，确定计费重量后进行运费计算。铁路（整车）、水运、航空运输的运费计算公式为：运费＝计算重量（吨）×适用的运价率。

铁路、水路联运运费计算公式为：运费＝［（铁路计费重量×适用的运价率）＋（水路计费重量×适用的运费率）］×（1－15%）。

（4）运输方式的确定：通过对运输成本与费用的分析，对同一批货物应计算其铁路、公路、水路的成本费用，然后，根据运输时间、运输条件、货物的特征，选择合理的运输方式。如果是自营运输，还应加强对各种运输工具和运输设施的合理运用。运输工具、运输设施都属于固定资产，这类费用可称为相对固定费用。这部分费用在物流变动时，其绝对额通常保持不变或变化较小。这部分费用水平同物流量成反比关系，即物流量增长时，费用水平反而下降，分摊到每一单位物资上的这类物流费用就会减少。因此，应加强对运输工具和运输设施的合理运用，尽可能加快物流速度，扩大运输量，从而使这部分费用水平相对减少。

三、运输路线的确定

（一）确定车辆运行路线的方法

运输路线的选择影响到运输设备和人员的利用，正确地确定合理的运输路线可以降低成本，因此，运输路线的确定是运输决策中的一个重要领域。尽管路线选择问题种类繁多，但可以将其归纳为以下几个基本类型。

1. 起讫点不同的单一问题

对分离的、单个始发点和终点的网络运输路线选择问题，最简单和直观的方法是最短路线法。网络由节点和线连接，线代表点与点之间运行的成本（距离、时间或时间和距离加权的组合）。初始，除始发点外，所有节点都被认为是未解的，即均未确定是否在选定的运输路线上。始发点作为已解的点，计算从原点开始。计算方法如下：

第一步：第 n 次迭代的目标——寻求第 n 次最近始发点的节点，重复 $n=1, 2, \cdots$，直到最近的节点是终点为止。

第二步：第 n 次迭代的输入值——（$n-1$）个最近始发点的节点是由以前的迭代根据离始发点最短路线和距离计算而得的。这些节点以及始发点称为已解的节点，其余的节点是尚未解的点。

第三步：第 n 次最近节点的候选点——每个已解的节点由线路分支通向一个或多个尚未解的节点，这些未解的节点中有一个以最短路线分支连接的是候选点。

第四步：第 n 个最近节点的计算——将每个已解的节点及其候选点之间的距离和从始发点到该已解节点之间的距离加起来，总距离最短的候选点即是第几个最近的节点，也就是始发点到达该点最短距离的路径。

2. 多起讫点问题

如果有多个货源地可以服务多个目的地，那么，面临的问题是，要指定各目的地的供货地，同时，要找到供货地、目的地之间的最佳路线。该问题经常发生在多个供应商、工厂或仓库服务于多个客户的情况下。如果各供货地能够满足的需求数据有限，则问题会更加复杂。解决这类问题常常可以运用一类特殊的线性规划算法，即运输方法求解。

3. 起讫点重合的问题

物流管理人员经常遇到的一个路线选择问题是始发点就是终点的路线选择，例如，配送车辆从仓库送货至零售店，然后返回仓库，再重新装货；当地的配送车辆从零星店送货至顾客，再返回；接送孩子上学的学校巴士的运行路线；送报车辆的运行路线；垃圾收集车辆的运行路线等。这类问题求解的目标是寻求访问各点的次序，以求运行时间或距离最小化。始点和终点相重合的路线选择问题通常被称为“旅行推销点”问题，对这类问题应用经验探视法比较有效。

（二）安排车辆运行路线和运行时间

车辆运行路线和时间安排是车辆运行路线选择问题的延伸，车辆运行路线和时间安排受到的约束条件更多。

1. 车辆运行路线和时间安排的约束条件

主要包括：每个停留点规定的提货数量和送货数量；使用的多种类型车辆的载重量和载货容积各不相同；车辆在路线上休息前允许的最长行驶时间；停留点规定的在一天内可以进行的提货时间；可能会有允许送货后再提货的时间。

司机可能只能在一天的特定时间进行短时间的休息或进餐。这里的问题是车辆从一个仓库出发，向多处停留点送货，然后在同一天内返回到该仓库，要安排一个满意的运行路线和时间。

2. 运行路线和时间安排的原则

要实现满意的运行路线和时间安排，则必须遵循以下 8 个原则：

原则一：将相互接近的停留点的货物装在一辆车上运送。车辆的运行路线应将相互接近的停留点串起来，以便停留点之间的运行距离最小化，这样也就使总的路线上的运行时间最小化。

原则二：将集聚在一起的停留点的货物安排在同一天送货。当停留点的送货时间是定在一周的不同天数进行时，应当将积聚在一起的停留点安排在同一天送货，要避免不是同一天送货的停留点在运行路线上重叠，这样有助于使所需的服务车辆数目最小化以及一周中的车辆运行时间和距离最小化。

原则三：运行路线从离仓库最远的停留点开始。合理的运行路线应从离仓库最远的停留点开始将该集聚区的停留点串起来，然后返回仓库。一旦确认了最远的停留点之后，送货车辆应满载相邻这个关键停留点的一些货物。这辆运货车满载后，再选择另一个最远的停留点，用另一辆运货车满载相邻第二个最远停留点的货物，按此程序进行下去，直至所有停留点的货物都分配给运货车辆。

原则四：一辆运货车顺次途经各停留点的路线要成泪滴状。运货车辆顺次途经各停留点的路线不应交叉而应成泪滴状，但停留点工作时间的约束和停留点送货后在提货的要求往往会导致路线交叉。

原则五：最有效的运行路线通常是使用大载重量的送货车辆的结果。最好是使用一辆载重量达到能将路线上所有停留点所要求运送的货物都装载的送货车，这样一来可将服务区停留点的运行距离或者时间最小化。因此，在多种规格车型的车队中，应优先使用载重量大的送货车。

原则六：提货应混在送货过程中进行，而不用在运行路线结束后再进行。提货应尽可能在送货过程中进行，以减少交叉路程量，而在送货结束后再进行提货经常会发生路程交叉。提货混在送货中进行，究竟能做到什么程度，则取决于送货车辆的形状、提货量和所提的货物对车辆后续送货通道的影响程度。

原则七：对偏离集聚停留点路线远的单独的停留点可应用另一个送货方案。偏离集聚停留点远的停留点，特别是那些送货量小的停留点一般要花费大量的运输时间和车辆费用，因此，使用小载量车辆专门为这些停留点送货是经济的，其经济效益取决于该停留点的偏离度和送货量。偏离度越大，送货量越小，使用小载重量的车辆专门为这些停留点送货越经济。另一个可供选择的方案是租用车辆为这些停留点送货。

原则八：应当避免停留点工作时间太短的约束。停留工作时间太短常会迫使途经停留点的顺序偏离理想状态。由于停留点的工作时间约束一般不是绝对的，因此，如果停留点的工作时间确实影响到合理的送货路线，则可以与停留点商量，调整其工作时间或放宽其工作时间约束。

(三) 用扫描法确定车辆运行路线

当附加了许多约束条件之后，要解决车辆运行路线和时间安排问题就变得十分复杂，有些约束条件在实际工作中常常会发生，如停留点的工作时间约束、不同载重量和容积的多种类型的车辆、一条路线上允许的最大的运行时间、不同区段的车速限制、运行途中的障碍物（山脉、湖泊等）、司机的短时间休息等。

用扫描法确定车辆运行路线的方法十分简单，甚至可用手工计算。它求解所得方案的误差率在10%左右，这样的水平误差率通常是可以接受的，因为调度员往往在接到最后一份订单1小时内就要制定出车辆运行路线。

1. 扫描法的组成阶段

第一阶段是将停留点的货运量分配给送货车。第二阶段是安排停留点在路线上的顺序。由于扫描法是分阶段操作的，因此，有些时间上的问题，如路线上的总的时间和停留点工作时间的约束等难以妥善地处理。

2. 扫描法的进行步骤

(1) 将仓库和所有的停留点位置画在地图上或坐标图上。

(2) 在仓库位置放置一个直尺，直尺指向任何方向均可，然后顺时针或逆时针转动直尺，直到直尺交到一个停留点。计算累积的装货量是否超过送货车的载重量或载货容积(首先要使用最大的送货车辆)。按照这种方式，把最后的停留点排除后将路线确定下来，再从这个被排除的停留点开始继续扫描，从而开始一条新的路线。这样扫描下去，直至全部的停留点都被分配到路线上。

(3) 对每条运行路线安排停留点顺序，以求距离最小化。

(四) 安排车辆运行时间

上述的车辆运行路线的设计是假定一辆送货车服务一条路线，如果路线短，就会发生送货车辆在剩余时间里得不到充分利用的问题。实际上，如果第二条路线能在第一条路线任务完成后开始，则完成第一条路线的送货车辆可用于第二条路线的送货。因此，送货车的需求量取决于路线之间的衔接，应使车辆的空闲时间最短。

四、运输商的选择

只要运输业没有垄断存在，对于同一种运输方式，托运人或货主就有机会面对不同的运输服务商，而托运人或货主及供应商在确定运输方式后，就需要对选择哪个具体的运输服务商作出决策，不同的客户会有不同的决策标准和偏好，可以从以下几个角度来考虑。

(一) 服务质量比较法

客户在付出相同运费的情况下，总是希望得到最好的服务，因此，服务质量往往成为客户选择不同运输服务商的首要标准。

1. 运输质量

运输所体现的价值是把货物从一个地方运送到另一个地方，完成地理上的位移，而无须对货物本身进行任何加工。但如果运输保管不当，就会对货物的质量产生影响。因此，客户在选择运输服务商时会将其运输质量作为一个重要因素来考虑。客户通常从以下几个方面来考察运输质量：

(1) 该运输公司提供的运输工具的完好状态。

(2) 该公司所雇用的装卸公司的服务质量。货物在装卸过程中容易造成货损、货差，因此，装卸工人的服务质量会直接影响到货物的运输质量。

(3) 该公司所雇用的从业人员的经验及工作责任心。从业人员丰富的经验及高超的技艺是保证货物运输的首要条件。

(4) 该公司的货物运输控制流程。良好的运输控制流程将保证货物及时准确地发运、转运和卸载，减少货物的灭失、错卸、短卸和溢卸以及错误交付等，从而保证运输质量。

2. 服务理念

随着各服务商运输质量的提高，客户对服务的要求也越来越高，于是，客户在选择不同的运输服务商时还会考虑其服务理念。

(1) 运输的准班率。较高的准班率可以方便客户对货物的库存和发运进行控制，当然也为安排接运等提供了便利。

(2) 航班的时间间隔、船舶的发船密度、铁路运输的发车时间间隔等。合理的间隔同样也将方便客户选择托运的时间及发货密度。

(3) 单证的准确率。

(4) 信息查询的方便程度。不同的服务商除了提供运输以外，还要在附加服务上进行投入，如价格查询、航班查询以及货物跟踪等服务。

(5) 货运纠纷的处理。无论服务商如何提高运输质量，改进服务水平，货运纠纷都难免发生，发生后如何及时圆满地处理是客户所关心的。

由于运输技术及运输工具的发展，目前，各运输服务商之间的运输质量差异正在缩小，而为了吸引客户，服务商不断地更新服务理念，以求与其他服务商有服务差异，实现服务个性化，为客户提供高附加值的服务，从而稳定自己的市场份额，增强竞争力。这也就为客户选择不同服务商提供了更多的空间，客户可以根据自己的需求确定选择目标。

(二) 运输价格比较法

各运输服务商为稳定自己的市场份额，都会努力提高服务质量，而随着竞争的日趋激烈，对于某些货物来说，不同的运输服务商所提供的服务质量已近乎相同，因此，运价很容易成为各服务商竞争的最后手段。于是，客户在面对几乎相同的服务质量进行选择时，或有些客户对服务质量要求不高时，运输价格就成为另一个重要的决策准则。

(三) 综合选择法

当然，会有更多的客户在选择运输服务商时同时考虑多个因素，如服务质量和运输价格以及服务商的品牌、服务商的经济实力、服务商的服务网点数量等。用公式表示为：

$$S=K_1Q/K_2P+K_3B+K_4C+K_5N+\cdots+K_nO \tag{6-4}$$

式中：S——综合因素；

K_n——不同因素的权数，$n=1, 2, 3, \cdots$；

Q——服务质量；

P——运输价格；

B——运输服务商的品牌；

C——运输服务商的总资产状况；

N——运输服务商的网点数；

O——其他因素。

客户可以根据自己的需求，调整不同因素的权数，然后作出决策。

五、运输调度决策

当有多个货源和多个目的地时，就需要指定目的地的供货地，同时，要找到供货地、目的地之间的最佳路径。如果各供货地能够满足的需求数量有限，则问题会更加复杂。这类问题在运筹学中称为运输问题。

多点间的运输调度问题，目前主要有两大类求解方法，一类是单纯形法，一类是表上作业法。单纯形法相对精确，但是，由于运输问题的数学模型具有特殊结构，因此，应用单纯形法求解时有许多冗余计算，该方法可以参照相关的运筹学专业书籍。表上作业法适合于对相对简单的问题进行求解，求解过程方便直观，而且由于计算量不大，可以用手工直接完成。下面运用表上作业法对该类问题的一个实例进行求解。

【示例】某公司下属3个仓库，供应4个客户的需要，3个仓库的供应量和4个客户的需求量，以及由各仓库到各客户的运输单价如表6-1所示。求运输费用最少的运输方案。

表6-1　　　　仓库到各客户的运输单价

产地＼销地	客户1	客户2	客户3	客户4	供应量
仓库A	2	9	3	8	700
仓库B	1	7	2	6	400
仓库C	6	4	8	5	900
需求量	300	600	500	600	2000

解析：利用表上作业法有以下三个基本步骤：

1. 确定初始调运方案

确定初始方案的方法很多，一般常用的有西北角法、最小元素法等。这些方法在专业的运筹学书籍中都有详细介绍。这里介绍如何用最小元素法确定初始调运方案。

最小元素法是按运价表依次挑选运费小的供—需点组合，尽量优先安排运费最低组合的方法。具体做法是先找出所有运价中最小的运价。在表6-1中，仓库B到客户1的运价最低，B先尽可能满足客户1的需求，于是，在表6-2中有（2，1）=300。此时，由于客户1已全部满足，不再需要A、C仓库供应，运价表中的第一列数字已经不再起作用，因此，将运价表的第一列划去。

然后，在运价表尚未划去的行、列中，再选取一个最小值，即（2，3）=2，让B仓库尽量满足客户3的需求。由于B仓库储备量400中已供300给客户1，因此，最多只能供应100给客户3。于是，在单元格（2，3）中填入100。相应地由于仓库B所储物资已全部供应完毕，因此，在运价表6-1中与仓库B在同一行的运价也已不再起作用，因此，也将它们划去。直到所有的行列全部划去，就得出初始调运方案。

一般情况下，初始方案在产销平衡表方格中填上数字的格子数目是产地数+销地数-1，但在按最小元素法作初始运输方案时，有时会遇到不需要或不能供给的情况，就在本应填数的单元格内加“0”，仍然计数。

表6-2　　初始调运方案

销地 产地	客户1	客户2	客户3	客户4	供应量
仓库A			400	300	700
仓库B	300		100		400
仓库C		600		300	900
需求量	300	600	500	600	2000

表6-2中单元格右上角数字是其相应的运价，根据得到的初始调运方案，计算运输费用为：$C=1\times300+4\times600+3\times400+2\times100+8\times300+5\times300=8000$（元）。

2. 初始方案的检验

在制订了初始调运方案之后，需要对其进行检验。如果制订的初始调运方案不是最优方案，需要对其进行调整，直到获得最优调运方案。如何判断调运方案是不是最优呢？在此，引进最优方案的数字特征——检验数的概念。

首先介绍闭回路的概念。从理论上讲，对于表上作业法的初始方案来说，从调运方案表上的一个空格出发，存在一条且仅存在一条以该空格（用 x_{ij} 表示）为起点，以其他填有数字的点为其他顶点的闭合回路，简称闭回路。这个闭回路有以下性质：

（1）每个顶点都是转角点。

（2）闭合回路是一条封闭折线，每一条边都是水平或垂直的。

（3）每一行（列）若有闭合回路的顶点，则必有两个。

只有从空格出发，其余各转角点所对应的方格内均填写数字时，所构成的闭合回路才是此部分说的闭回路；另外，过任一空格的闭合回路不仅是存在的，而且是唯一的。

下面以表6-2的初始调运方案为例，说明闭回路的性质，表6-2给出了单元格（3，3）所形成的闭回路：（3，3）—（3，4）—（1，4）—（1，3）—（3，3），其他空格的闭回路与此同理。

在调运方案内的每个空格所形成的闭回路上，作单位物资的运量调整，总可以计算出相应的运费是增加还是减少。把所计算出来的每条闭回路上调整单位运量而使运输费用发生变化的增减值，称其为检验数。如果检验数小于 0，表示在该空格的闭回路上调整运量会使运费减少；相反，如果检验数大于 0，则会使运费增加。

用闭回路法求检验数时，需给每一空格找一条闭回路。当产销点很多时，这种计算很烦琐，可以用较为简便的方法“位势法”求解。

设 u_1，u_2，…，u_m；v_1，v_2，…，v_n，是对应运输问题的 $m+n$ 个约束条件的对偶变量。在初始调运方案中 x_{13}，x_{14}，x_{21}，x_{23}，x_{32}，x_{34}是基变量，这时对应的检验数是：

基变量	检验数	
x_{21}	$c_{21}-(u_2+v_1)=0$	设 $v_1=0$，并且 $c_{21}=1$，所以，$u_2=1$
x_{23}	$c_{23}-(u_2+v_3)=0$	$2-(u_2+v_3)=0$
x_{13}	$c_{13}-(u_1+v_3)=0$	$3-(u_1+v_3)=0$
x_{14}	$c_{14}-(u_1+v_4)=0$	$10-(u_1+v_4)=0$
x_{34}	$c_{34}-(u_3+v_4)=0$	$5-(u_3+v4)=0$
x_{32}	$c_{32}-(u_3+v_2)=0$	$4-(u_3+v_2)=0$

通过这些方程可以求得：

$u_1=2$　　$u_2=1$　　$u_3=-1$　　$v_1=0$　　$v_2=5$　　$v_3=1$　　$v_4=6$

在初始解调运方案中增加一行一列，在列中填入 u_i，在行中填入 v_i。接下来，按 $\sigma_{ij}=c_{ij}-(u_i+v_j)$ 计算所有空格的检验数。完成后的表格见表 6-3。

表 6-3　　检验数表格

销地 运价 产地	客户 1 2 1 6	客户 2 9 7 4	客户 3 3 2 8	客户 4 8 6 5	u_i
仓库 A	0	2	0	0	2
仓库 B	0	6	0	−1	1
仓库 C	7	0	8	0	−1
v_i	0	5	1	6	

3. 方案调整

判定一个初始调运方案是不是最优调运方案的标准，是在检验数表格中出现负值的检验数。如果检验数的负值不止 1 个时，一般选择负检验数绝对值最大的空格作为具体调整对象。

从表 6-3 可以发现，单元格 x_{24}的检验数是负数，因此，对其进行调整，具体过程如表 6-4 所示。

表 6－4　　　　　　　　　　调动方案调整表

x_{13} 400+100=500	x_{14} 300−100=200
x_{23} 100−100=0	x_{24} 0+100=100

从单元格 x_{24} 开始，沿闭回路在各奇数次转角点中挑选运量的最小数值作为调整量。在此将 x_{23} 单元格的 100 作为调整量，将两个数填入单元格 x_{24} 内，同时，调整该闭回路中其他转角点上的运量，使各行、列保持原来的供需平衡，这样就得到一个新的调运方案。如表 6－5 所示。

表 6－5　　　　　　　　　　调整后的方案

销地 产地	客户 1	客户 2	客户 3	客户 4	供应量
仓库 A			500	200	700
仓库 B	300			100	400
仓库 C		600		300	900
需求量	300	600	500	600	

按新方案计算调运物资的运输费用为：

$3\times500+8\times200+1\times300+6\times100+4\times600+5\times300=7900$（元）

新方案是否最优方案，还需再进行检验。经计算，该新方案的检验数 $\sigma_{11}=-2$，出现负数说明该方案还不是最优方案，因此，再遵照上述思路进行一次调整。具体过程如表 6－6所示。

表 6－6　　　　　　　　　　调动方案调整表

x_{11} 0+200=200	x_{14} 200−200=0
x_{21} 300−200=100	x_{24} 100+200=300

从单元格 x_{11} 开始，沿闭回路在各奇数次转角点中挑选运量的最小数值作为调整量。在此将 x_{14} 单元格的 200 作为调整量，调整该闭回路中其他转角点上的运量，使各行、列保持原来的供需平衡，这样就得到一个新的调运方案。如表 6－7 所示。

表 6－7　　　　调整后的方案

销地 产地	客户 1	客户 2	客户 3	客户 4	供应量
仓库 A	200		500		700
仓库 B	100			300	400
仓库 C		600		300	900
需求量	300	600	500	600	

按新得到方案计算调运物资的运输费用为：

2×200＋3×500＋1×100＋6×300＋4×600＋5×300＝7700（元）

新方案是否最优方案，还需再进行检验。经计算，该新方案的检验数都是非负数，说明该方案已经是最优方案了。

六、运输优化

（一）运输优化的概念

物流运输优化是第三利润源的一个重点。所谓物流运输优化，是从物流的总体目标出发，运用系统理论和系统工程原理和方法，充分利用各种运输方式的优点，以运筹学等数学方法建立模型与图表，选择和规划合理的运输线路和运输工具，以最短的路径、最少的环节、最快的速度和最少的费用，组织好物质产品的运输活动，避免不合理运输和次优化情况的出现。

运输优化是指按商品自然流向，组织商品合理运输的活动。它直接决定着商品物流的效率与效果。合理的、优化的商品运输不仅节约物流成本，提高商品运动的速度，而且由于能有效地连接生产与消费，从而既有利于物流服务和商品附加值的实现，又能有效地促进生产商高效地生产，真正使供应链物流管理建立在实际经营需要的基础上。要实现现代化商品运输，就必须在满足经济发展和人民生活需要的前提下，保证商品的生产和流通的社会劳动耗费最小。

（二）运输优化的内容

运输优化的内容是避免不合理运输的出现，因为不合理运输是对运力的浪费，会造成运输费用不必要的增加，从而使运输费用及服务失衡。以下是运输优化所需要解决的问题。

1. 减少对流运输

对流运输是不合理运输中最突出、最普遍的一种，对流运输不合理的实质在于多占用了运输工具，出现了额外的车辆走行和货物走行的吨千米，增加了不必要的运费。对流运输所产生的多余吨千米可表示为：

$$对流运输浪费的吨千米＝最小对流吨数×对流区段里程×2 \tag{6-5}$$

2. 消除迂回运输

迂回运输的原因很多，但多是选择运输路径不当引起的。如果因道路施工、事故等原因被迫绕道是允许的，但应当尽快恢复正常，因为它会引起运输能力的浪费和运输费用的超支。迂回运输造成的损失可表示为：

迂回运输浪费的费用＝迂回运输浪费的吨千米×该种物质每吨千米的平均运费　(6-6)

3. 消除重复运输

把可以直接运输的物资进行不必要的中转，称为重复运输。这不仅浪费装卸劳力，增加作业和负担，而且增加物资损耗和出入库手续，造成物流时间长，费用消耗和占用多等不利情况。

4. 减少过远运输

过远运输在运输总量中占有相当大的比重，主要表现在木材和建筑材料上。在木材的不合理运输总量中，过远运输甚至达到70%以上。

过远运输浪费的吨千米＝过远运输地货物吨数×（过远运输的全部里程－该物资的合理运输里程）　(6-7)

过远运输浪费的运输费用＝过远运输浪费的吨千米×该物资的平均运费　(6-8)

5. 消除无效运输

无效运输即不必要的运输，它不仅浪费额大量的运输能力，而且往往人为地夸大了生产单位的成果，使消费者不能按质按量地得到价格适当的产品。消除无效运输具有十分惊人的经济效果。如大众石油由于增设了原油脱水设备，使原油含水量由7%下降到2%，1963年1年就消除了18万吨水的无效运输，由此，可减少灌装车4500辆，节约运费500万元。

（三）运输优化的作用

合理组织货物的运输，有利于加速社会再生产的进程，促进国民经济持续、稳定、协调发展。

货物合理运输能节约运输费用，降低物流成本。运输费用是构成物流费用（成本）的重要组成部分。在物流过程中，运输作业所消耗的活劳动和物化劳动占的比例最大。据统计，物流成本中运输费用的支出占30%左右，如果把运输过程中的装卸搬运费加上，其比例则更大。因此，降低运输费用是提高物流系统效益、实现物流系统目标的主要途径之一。物流过程的合理运输，就是通过运输方式、运输工具和运输路线的选择，进行运输分类的优化，实现货物运输的合理化。货物运输合理化必然会缩短运输里程，提高运输工具的运用效率，从而达到节约运输费用、降低物流成本的目的。

合理的运输缩短了运输时间，也加快了物流速度。运输时间的长短决定着物流速度的快慢，因此，货物的运输时间是决定物流速度的重要因素。合理组织货物的运输，才使被运输货物的在途时间尽可能地缩短，达到到货及时的目的，可以降低库存货物的数量，实现加快物流速度的目标。因此，从宏观的角度讲，物流速度的加快，减少了货物的库存量，节约了资金的占用。

运输合理化，可以节约运力，缓解运力紧张的状况，还能节约能源。货物运输合理化，克服了许多不合理的运输现象，从而节约了运力，提高了货物的通过能力，起到合理利用运输能力的作用。同时，物流运输的合理性，还可以降低运输部门的能源消耗，提高能源的利用率。

第三节 配送及配送模式

一、配送的概念

配送是指根据用户要求，对物品进行挑选、加工、包装、分割或者组配等作业，并按时送达指定地点的物流活动。

配送活动是物流活动的末端环节，比较接近于客户，容易受外界环境影响，如消费者需求的变化、产品不同的特性以及客户对配送服务水平的不同要求等。为满足不同产品、不同企业和不同流通环境的要求，国内外形成了多种配送形式。

二、配送的分类

（一）按照配送机构不同进行分类

1. 配送中心配送

一般情况，配送中心的配送业务规模较大，专业性较强，可满足客户的各种需要。根据其从事的业务不同，其主要实现的功能也不同，有的配送中心需要储存各种商品，存储量比较大。有的配送中心专门从事商品中转流通业务，存储量比较小，资源靠附近的仓库补充。

配送中心专业性强，通常可以和客户建立较固定的配送关系。它既能承担工业企业生产使用的主要物资的配送，也能承担零售企业主要销售商品的补给，以及针对消费者的配送，等等。从实施配送较为普遍的国家看，由配送中心组织的配送是配送的重要形式。

由于配送中心配送规模较大，覆盖面较宽，需要有满足大规模配送活动的配套设施，如配送中心建筑、装卸搬运设备、分拣设备以及配送车辆等。这些设施设备一旦投入使用便很难改变，投资较高，企业一般不会建设大量配送中心去实施配送活动。因此，这种配送形式有一定的局限性。

2. 仓库配送

仓库配送形式是一种以仓库为活动地点进行配送的形式。主要包括两种：一是将原有仓库改造成配送中心；二是以仓库原有功能为主，增加一部分配送职能。两种形式的优势是可以利用原仓库的各种资源，如收发货场地、储存设施和设备、配送路线等，进行中小规模的配送，不需要大量投资，较容易实现。但是，利用原有资源进行的配送活动，往往与真正意义上的配送要求有一定的差距，因此，这种形式的配送规模较小，配送专业性较差。

3. 商店配送

商店配送形式的组织者是承担商品零售配送的商业或物资门市网点。门市网点配送形式的特点是配送网点数量较多，配送半径较短，灵活机动性强，是配送中心配送的辅助及补充形式。这种配送一般品种较齐全，能按照客户的要求将需要的商品配齐，还可替客户外购部分特殊要求的商品和需要的商品一起配齐送交客户。商店配送的商品种类繁多，量不大且不稳定，有些商品只是偶尔需要，很难与规模较大的配送中心建立稳定的配送关系。因此，一般是小量零星的商品配送。

4. 生产企业配送

这种配送形式的组织者是生产企业，生产企业不将商品送到配送中心进行配送，而是由企业直接按客户要求进行配送，这种形式对多品种生产的企业比较适用。生产企业直接配送可以避免一次物流中转，具有一定优势。但生产企业组织配送的商品品种和数量比配送中心配送的品种和数量小，无法实现规模效益。

（二）按照配送商品种类及数量不同进行分类

1. 少品种、大批量配送

少品种、大批量配送形式的配送主要针对工业企业需要量较大的商品，由于较少品种的商品需求量就可以达到较大规模的运输，因此，商品一般不需要再与其他商品搭配，可由专业性强的配送中心进行配送。配送量大，可使用大吨位的车辆进行满载运输。配送作业简单，配送中心内部设置、组织、计划等工作也较简单，可实现低成本配送。在降低客户库存效益的同时将商品从生产企业直接运抵客户，效果更好。

2. 多品种、小批量配送

由于消费者的消费特点和消费规模的要求，大部分生产企业需要多品种、小批量地满足客户需要。这种形式是按客户要求将所需要各种商品配备齐全，由配送地点送达客户。这种配送作业环节多，服务水平要求高，配送中心内部设计复杂，配货、配送计划难度大，需要较高水平的组织工作保证和配合。这种形式往往伴随着多客户、多批次的特点，其配送难度较高，需要具有高技术、高水平。

配送的特殊作用主要反映在多品种、少批量的配送中，这种方式也正符合现代消费者需求多样化的新形势，因此，是许多发达国家推崇的方式。

3. 配套成套配送

这种配送方式主要是为生产企业服务的，是按企业生产需要，尤其是装配型企业生产需要，将生产每一个商品所需要的全部零件配齐，按生产企业生产节奏要求，定时送达生产企业，满足生产企业生产线装配产品的需要。配套成套配送方式中，生产企业大部分供应工作由配送企业承担，而生产企业只需专于生产，与多品种、小批量方式效果相同。

（三）按照配送时间及数量进行分类

1. 定时配送

定时配送是指按预先确定的时间间隔进行配送的方式。每次配送商品的品种及数量按预先制订的计划执行，或是在配送之前按客户订货信息送货。这种配送方式的优点是，配送时间固定，易于按计划安排工作，对客户来讲，也易于接货能力的安排。缺点是，配送商品需求变化，配装货难度较大，在配送需求较大时，会使配送作业安排出现困难。

2. 定量配送

定量配送是指按规定的数量进行配送的一种方式。配送数量固定，备货工作较为简单，对客户来讲，每次接货都处理相同数量货物，有利于人力、物力的准备。这种配送方式可以按托盘、集装箱、车辆装载能力规定配送定量，能有效利用托盘、集装箱等集装设备，也可做到整车配送，提高配送效率。这种方式对时间要求不严格，可以将不同客户所需商品凑整车进行配送，有利于提高运输工具的利用效率。

3. 定时定量配送

定时定量配送是指按规定的配送时间和配送数量进行配送的一种方式。这种配送具有定时配送、定量配送的优点，但特殊性强，计划难度大，适合采用的对象不多，不是一种被普遍应用的方式。

4. 定时定路线配送

定时定路线配送是指在规定的配送路线上制订货物送达时间表，按送达时间表进行配送，客户可按规定路线及规定时间接货或提出配送要求。

采用这种方式的优点是，对配送企业来讲，易于按计划安排车辆人员，解决配送客户较多时，由于过分负责配送要求所造成的组织工作及车辆安排的困难；对客户来说，能按计划安排接货力量。但是，这种方式的应用领域也是有限的。

5. 即时配送

即时配送是一种按照客户要求随时提供配送服务的一种方式。它是以某天任务为目标，在充分掌握了这一天需要量、需要种类的前提下，及时安排最优的配送路线和相应的配送车辆实行配送。即时配送可以在初期按预计结果制订计划，以便统一安排一定时期的任务，并准备相应的力量，而实际的配送计划则以配送前一两天安排任务。该种配送方式是具有很高灵活性的应急方式。

（四）按照经济组织的经济功能进行分类

1. 销售配送

销售配送的主体是销售性企业，或销售企业作为战略一环所进行的促销型配送，是以销售经营为目的、以配送为手段的配送。销售配送的配送对象往往是不固定的，配送客户往往也是不固定的，配送对象和客户依据对市场的占有情况而定，配送的经营情况也取决于市场情况。配送的随机性较强、计划性较差。各种类型的商店配送一般都属于销售配送。

用配送方式进行销售是扩大销售数量、扩大市场占有率、更多获得销售收益的重要方式。由于是在送货服务前提下进行的活动，因此，也受到客户的欢迎。

2. 供应配送

客户为了自己的供应需要所采取的配送方式，往往由客户或客户集团组建配送据点，集中组织大批量进货（取得批量优惠），然后，向本企业或向本企业集团若干企业配送。

运用供应配送形式组织对本企业的供应，在大型企业、企业集团或联合公司中较多，例如，商业中广泛采用的连锁商店，就常常采用这种方式。

用配送方式进行供应，是保证供应水平、提高供应能力、降低供应成本的重要方式。

3. 销售—供应一体化配送

销售企业对于基本固定的客户和基本确定的配送产品，可以在自己销售的同时承担客户有计划供应者的职能，既是销售者同时又成为客户的供应代理人，兼具客户供应代理人的作用。对某些客户来说，这就可以减除自己的供应机构，而委托销售者代理。

这种配送方式对销售者来说，能获得稳定的客户和销售渠道，有利于本身的稳定持续发展，有利于扩大销售数量。对于客户来说，能获得稳定的供应，可大大节约本身为组织供应所耗用的人力、物力和财力。销售者能有效控制进货渠道，这是任何企业供应机构难以做到的，因此，对供应保证程度可大大提高。

销售—供应一体化配送是配送经营中的重要形式，有利于形成稳定的供需关系，有利于采取先进的计划手段和技术手段，有利于保持流通渠道的畅通稳定，因此，受到人们的重视。

4. 代存代供配送

客户将属于自己的货物委托配送企业代存代供，有时还委托代订，然后组织对本身的配送。这种配送，在实施时不发生商品所有权的转移，配送企业只是客户委托的代理人，商品所有权在配送前后都属于客户所有，所发生的只是商品位置的转移，配送企业仅从代存代送中取得收益，而不能取得商品销售的经营性收益。

三、配送模式

配送模式是指构成配送运动的诸要素的组合形态及其运动形式。配送模式是根据配送对象的性质及状态、配送工作流程、配送工艺等因素确定的。根据国外现代配送模式以及我国当前开展的配送模式情况，可将配送模式归纳为以下几类。

（一）越库配送模式

越库配送模式也称为直接换装（cross-docking）。中华人民共和国国家标准《物流术语》对越库配送是这样阐述的：“物品在不同的流通环节中，不经过中间仓库或站点，而直接从一种运输工具换载到另一种运输工具的物流衔接方式。”也就是商品运到配送中心以后不进库储存，就直接在站台上按客户订单的要求向所需要的客户进行配送。

在典型的越库配送系统中，仓库是库存的协调点而不是存储点，商品在仓库中停留的时间很短（通常不超过 12 小时）。这种系统通过缩短存储时间而降低了库存成本，缩短了提前期。

在越库配送中，配送中心、零售商和供应商之间需要构建完善、高效的信息平台，建立快速反应的运输系统，实现无缝连接，实现信息共享，提高预测的效果，保证到达直接转运机构的商品能够以整车数量立即运输到零售商店。

目前，越库配送为希望精简原产地到销售点供应链的零售商提供了巨大的发展潜力，除了可以消除不必要的产品输送和存储工作以及所有与过量存货相关的直接成本外，越库配送还为零售商提供了进一步节约成本的可能性。如果需要存储产品的数量减少，存储并运送该产品损坏和过期的可能性也大大降低。

成功实施越库配送主要取决于以下 3 个因素：

(1) 仓库或配送中心要预先知道供应商要运送的货物情况（预先通知）。

(2) 无论运送到的商品包装的尺寸或原产地如何，仓库或配送中心都要具备利用自动数据采集（ADC）设备对多有运送到的商品包装的识别能力。

(3) 具备交货接收的自动确认能力。

(二) 共同配送模式

共同配送是企业追求配送合理化，经过长期探索实践而总结出来的一种配送模式。在这种模式下，配送经营企业间以互惠互利为原则，互相提供便利的配送服务，实现整体的配送合理化。共同配送是指两个或两个以上的有配送业务的企业相互合作对多个用户共同开展配送活动的一种配送模式。

共同配送需要有较强的组织能力。它是在配送中心的统一计划、统一调度下展开的，是一种协作性的配送活动，配送企业可以充分发挥整体优势，合理利用物流设施和运输工具。共同配送主要有两种运作方法：多家用户联合设置接货点和货物处置场地，集中人力、物力开展配送；数个配送企业交叉利用地方公共配送中心和机械设备进行配送。

(三) 协同配送模式

1. 以货主为主体的协同配送

由有配送需要的厂家、批发商、零售商及其组建的新公司或合作机构作为主体进行合作，解决个别配送效率低下的问题。这种配送又可分为发货货主主体型和进货货主主体型。

发货货主主体型的特点有：

(1) 与客户的协同配送。用于采购零部件或采办原材料的车均可用于产品的运输，即都可以参与协同配送。

(2) 不同行业货主的协同配送。不跑空车，让物流子公司与其他行业合作，装载回程货或与其他公司合作进行往返运输。

(3) 集团系统内部的协同配送。企业集团、大资本集团、零售商集团等内部的协同配送。

(4) 同行业货主的协同配送。

进货货主主体型的特点有：零售商以中心批发商（一级批发商）为窗口，从中间批发商（二级批发商）处统一进货再配送给物流中心或零售商店。

2. 以物流业者为主体的协同配送

由提供配送的物流业者，或以他们组建的新公司或合作机构作为主体进行合作，克服个别配送效率低下问题。这一类协同配送又可分为公司主体型和合作机构主体型。

公司主体型的特点有：

(1) 运送业者的协同配送。向特定交货点运送货物，交货业务合作化。

(2) 共同出资组建新公司开展协同配送。本地的运送公司（特别零担货物运送业者、包租业者）共同出资组建新公司开展送货到户业务。

合作机构主体型的特点有：

(1) 运送业者组成合作机构开展协同配送。运送公司组成合作机构，将各成员在各自收集货物或配送货物地区所收集的货物运到收配货据点，统一配送。

(2) 运送合作机构和批发合作机构合作，开展协同配送。运送业者的合作机构和批发商的合作机构合作，设置收集货物和配送货物的据点，运送公司的合作机构统一承包批发商的集货和配送业务。

(四) 生产资料配送模式

生产资料指用于满足工作、交通、基本建设等需要的工业品生产资料，其中包括各种原料、材料、燃料、机电设备等。在管理运作中，人们常常把生产资料分成两大类：工业品生产资料和农产品生产资料。生产资料的消费量比较大，运输量也比较大，对不同生产资料的配送模式也有所不同，煤炭、水泥、木材等是以散装或裸露方式流转的，金属材料、机电产品等生产资料是以捆装和集装方式流转的，而木材、配煤、型煤等产品是经过初加工以后才供应给消费者使用。从流程上看，生产资料配送模式大体上可分为两种。

(1) 单纯配送模式。在配送流程中，作业内容和工序比较简单，装卸运输作业通常要使用专用的工具或设备，车辆可直接开到储货场地进行作业。这种模式包括进货、储存、装货和送货等作业，基本上不存在其他作业环节。这种配送模式流程为：进货—储存—装卸—送货。按照这种模式进行配送的生产资料产品主要有煤炭、水泥、成品油等。

(2) 加工配送模式。在配送活动中包含着加工。加工作业成了配送流程中的一道重要工序。由于产品种类和需求方向不同，在加工工序之后续接的作业也不尽相同，其流程为：进货—储存—加工—装货—送货，进货—储存—加工—储存—分拣—配货—送货。第二种模式要比第一种模式复杂，作业工序多，还会发生同样工序重复出现。

(五) 生活资料配送模式

生活资料是指用来满足人们生活需要的各种劳动产品，主要包括各种食品、饮料、衣物、化妆品、用具、运动器械、娱乐用品以及各种杂品等。生活资料的品种、规格、数量、性质等都要比生产资料复杂，需求变化也比生产资料快，因此，生活资料的配送也比生产资料的配送复杂，而且作业难度也比较大。生活资料的配送环节多，一般包含分拣、配货和配装等工序。此外，根据产品的特点和客户的需要，部分生活资料的配送流程中还包含加工工序。生活资料的配送以日用中、小件杂货和食品的配送模式为主。

(六) 其他配送模式

1. 宅配模式

宅配模式是指有着现代 IT 系统的支持及营销货运驾驶员的优质服务，通过分区域的配送体系实现门到门的小件货物的配送模式。随着电子商务的迅速发展与网络的快速普及，人们的购物方式比以往多元化，而送货到家的服务——宅配在发达国家已成为最新的送货方式。对于没有时间采购的上班族或不方便外出的民众，只需一个电话就可以享受宅配贴心的服务，不仅可以节省购物的时间、免去了提运的负担，而且可选择方便的收件时段，货到付款，灵活、方便又快速。宅配最初产生于日本，被称为“宅急便”或“宅配便”，因其强调细致、便利的服务品质，被日本民众所接受和喜爱。日本的宅急便全面提供个人包裹递送服务，是日本特有的配送模式，它不仅是物流业，而且是深化当地生活形态的服务业，是日本消费文化的产物。

2. 快递配送模式

在讲求服务、重视速度的时代，配送的时效成为众多客户考虑的重要因素，为快递业的发展提供了良好的市场机遇。一些国际著名的快递企业，如美国联合包裹公司 UPS、联邦快递 FedEx 等，都将快递业务延伸到世界各国，提供安全、快捷的服务，积极拓展小批量、多品种、高时效服务的快递业市场。UPS 经过近百年的发展，在全球快递业中独占鳌头，代表着世界运输和快递业务的最高水准，并成为“美国经济主干架”。中国快递市场中既有外资快递巨头，也有国有性质的 EMS，还有四通一达等民营快递力量，形成了三足鼎立格局。

第四节　配送中心及设备

一、配送中心概念

以配送业务为主要业务的物流中心便可称为配送中心。配送中心具有物流中心的一般特征，其功能几乎包括物流的所有功能。配送技术包括配送作业所使用的关键设备及其操作技能、配送作业程序和配送管理方法等。

通常配送中心的作业流程为：入库、保管、检货、分拣、暂存和出库。配送中心的主要任务是把商品按时、按照指定品种、按量运送给指定用户。因此，分拣工作是配送中心的一项非常繁忙的工作，必须运用自动化程度较高的分拣设备才能高效率、少差错的配送货物。

二、配送中心设备

配送业务使用的硬件设备包括仓储、包装、装卸、搬运、检测计量和运输等过程中要用到的设备，但是，重点设备则是分拣和拣选设备，与之配套的系统有：制单系统（包括条码制作）、自动识别系统、输送系统等。

分拣设备是配送中心实现大规模自动化分拣货物的现代化设备，是开展配送业务的强有力的技术保证。目前国内已有的大容量配送中心几乎都配备有自动分拣机。自动分拣系统目前已经成为发达国家大中型物流中心不可缺少的一部分。

自动分拣系统的作业过程是：物流中心每天接收成千上万家供应商和货主通过各种运输工具送来的大量商品，自动分拣系统在最短的时间内将这些商品卸下并按商品品种、货主、储位或者收获地址快速而准确地分类，并将这些商品运送到指定地点（如指定的货架、加工区域、出货站台等），同时，当供应商或者货主通知物流中心配送指示发货时，自动分拣系统在最短的时间内从庞大的高层货架存储系统中准确找到要出库的商品所在位置，并按所需数量出库，将从不同储位上取出的不同数量的商品按配送地点的不同，运送到不同的理货区域或配送站台集中，以便装车配送。

自动分拣机种类很多，基本上都是由以下主要部件组成的：

(1) 输入装置：被拣商品由输送机送入分拣系统。

(2) 货架信号设定装置：被拣商品在进入分拣机前，先由信号设定装置（键盘输入、激光扫描条码、语音识别、重量检测、高度检测及形状识别等方式）把分拣信息（如配送目的地、客户户名等）输入计算机中央控制器。

(3) 进货装置：也称喂料器，它把被拣商品依次放入分拣传送带，同时使商品逐步加速到与分拣传送带相同的速度。

(4) 分拣装置：它是自动分拣机的主体，包括传送装置和分拣装置两部分。前者的作用是把被拣商品送到设定的分拣道口位置上，后者的作用是把被拣商品送入分拣道口。

(5) 分拣道口：负责从分拣传送带上接纳被拣商品的设施。分拣商品脱离主输送机（或主传送带）进入集货区域的通道，一般由钢带、皮带、滚筒组成滑道，使商品从主输装置滑向集货站点。暂时存放未被取走的商品，当分拣道口满载时，由光电管控制阻止分拣商品不再进入分拣道口。

(6) 计算机控制器：传递处理和控制整个分拣系统的指挥中心。自动分拣的实施主要靠它把分拣信号传送到相应的分拣道口，并指示启动分拣装置，把被拣商品送入道口。分拣机控制方式主要是脉冲信号跟踪法。

自动分拣系统就是由以上 6 部分装置经由计算机网络联结在一起，同时配合人工控制及相应的人工处理环节所构成的。常用自动分拣机有以下类型。

(一) 带式分拣机

带式分拣机是利用输送带载运货物完成分拣工作的机械设备。如图 6-4 所示。它可以被使用于邮政、食品、机场、烟草等行业，结构包括制单系统、扫描器、供包机、输送系统、监视系统和主控系统等。

带式分拣机工作原理和流程：成件货物的信息代码由制单系统输入计算机，条码打印机按照计算机的指令自动打印出条码标签，贴在待分拣的物品上。物品送到配送中心后，送到由输送机组成的供包线上，然后汇集到一条自动分拣机上。自动分拣机的上方（或下方或侧方）安装有全方位的条码扫描器，每当物品通过时就自动识读物品上的条码。由于物品的大小各异，条码在物品上的位置也不齐，因此，要求扫描器能全方位识读。自动分拣机设有多个出口，它收到条码扫描器的识读信息后能准确地把物品拨到对应的出口溜槽。

图 6-4　带式分拣机

（二）托盘式分拣机

托盘式分拣机是一种使用十分广泛的机型，主要由托盘小车、驱动装置、牵引装置等构成。其中，托盘小车型号多样，有平托盘小车、U 形托盘小车、交叉带式托盘小车等。

交叉带式托盘小车没有传统的盘面倾翻和利用重力卸货的结构，而是在车体上设置了一条可以双向运转的短传送带（也成为交叉带），靠它来承接从上货机传来的货物，由链牵引运行到相应的格口，再由交叉带运转，将货物强制卸落到左侧或者右侧的格口中。交叉带式托盘分拣机的具体实物如图 6-5 所示。

图 6-5　交叉带式托盘分拣机

练习思考题

简答题

1. 简述公路运输方式与其他运输方式相比较的优缺点。
2. 简述运输决策的含义及其所包含的内容。
3. 影响运输方式选择的因素有哪些？并分别举例说明。
4. 运输方式选择的方法有哪些？
5. 简述管道运输的具体内容。
6. 简述航空运输的优缺点并为其用途举例。

7. 简述起讫点不同的单一问题的运输路线确定方法。

8. 要实现满意的运行路线和时间安排必须遵循的原则有哪些?

9. 简述用扫描法确定车辆运行路线的步骤。

10. 简述运输优化的含义及其内容。

实训项目

请在任课老师安排下参观配送中心，并参与配送活动实践，切身体会配送活动。

第七章 仓储管理与库存控制

引导案例

一汽大众的“零库存”管理

一、案例简介

一汽大众汽车有限公司（简称一汽大众）于1991年2月6日成立，是由中国第一汽车集团公司和德国大众汽车股份公司、奥迪汽车股份公司及大众汽车（中国）投资有限公司合资经营的大型乘用车生产企业，是我国第一个按经济规模起步建设的现代化乘用车工业基地。经过多年的发展，一汽大众在长春和成都共有两大生产基地，包括轿车一厂、轿车二厂、轿车三厂（成都分公司）和发动机传动器厂。

目前，一汽大众仅就其生产的捷达车就有80多个品种、18种颜色，每辆车都有2000多个零部件需要从企业外部采购。1997—2000年，公司捷达车销售从43947辆一路跃升至94150辆，在同类车型中的市场占有率高达95%。一般来说，一汽大众要维持这样的业绩应当有一个相当强大的仓储能力来支持才可能。然而，一汽大众的零部件仓储情况却是处于“零库存”状态。为何一汽大众可以凭借近乎零库存的仓储状况实现这些骄人的经营业绩呢？原因就在于启用了一套完善的物流信息管理系统，正是这套奇特的系统帮助一汽大众实现了零库存却依然高效运转的神话。一汽大众实现零库存的具体的运作方法有以下几个。

（一）车间只有“入口”而没有仓库

一汽大众拥有一个占地9万多平方米、可同时生产3种不同品牌汽车、亚洲最大的整车车间，不知情的人一定以为它的仓库也一定非常庞大，可是，一汽大众的工作人员却认为他们那里没有仓库，只有入口。

（二）进货的“零库存”处理流程

只要走进一汽大众的一个标有“整车捷达入口处”牌子的房子，就可以看见上千平方米的房间内零零星星地摆着几箱汽车玻璃和小零件，四五个工作人员在有条不紊地用电动叉车往整车车间搬零件。在入口处旁边的一个小亭子里，一位小伙子正坐在电脑前用扫描枪扫描着一张张纸单上的条码——他正在把订货单发往供货厂。

一辆满载着保险杠的货车开了进来，两个工作人员见状立即开着叉车跟了上去。几分钟后，这批保险杠就被陆续送进了车间。据保管员介绍，一汽大众的零部件的送货形式有

3 种：

第一种是电子看板，即公司每月把生产信息用扫描的方式通过电脑网络传递送到各供货厂，对方根据这一信息安排生产，然后公司按照生产情况发出供货信息，对方则马上用自备车辆将零部件送到公司各车间的入口处，再由入口处分配到车间的工位上。上面看到的保险杠就是采取这种物流配送模式。

第二种是准时化（也叫 JIT 模式），即公司按过车顺序把配货单传送到供货厂，对方也按顺序装货直接把零部件送到工位上，从而取消了中间仓储环节。

第三种是批量进货，供货厂每月对于那些不影响大局又没有变化的小零部件分批量地送 1～2 次。

过去一汽大众采取的是整车车间的仓储模式，当时仓库里堆放着大量的零部件，货架之间只有供叉车勉强往来的过道，大货车根本开不进来。不仅每天上架、下架、维护、倒运需要消耗大量的人力、物力和财力，而且储存、运送过程中总要造成一定的货物损害。现在每天平均两个小时要一次货，零部件放在这里的时间一般不超过 1 天。订货、生产零件、运送、组装等全过程都处于小批量、多批次的有序流动过程中。公司原先有一个车队专门在各车间送货，现在车队已经被解散了。

（三）在制品的“零库存”管理

公司很注重在制品的“零库存”管理，公司流行着这样一句话——在制品是万恶之源，这说明了大量库存带来的种种弊端。在生产初期，捷达车的品种比较单一，颜色也只有蓝、白、红 3 种。公司的生产全靠大量的库存来保证。随着市场需求的日益多样化，传统的生产组织方式面临着严峻的挑战。1997 年，“物流”的概念进入了公司决策层。考虑到应用德方的系统不仅要一次性投入 1500 万美元，每年的咨询和维护费用也需要数百万美元，中方决定自己组织技术人员和外国专家进行物流管理系统的研究开发。

1998 年年初，公司开发的物流控制系统获得成功并正式投入使用。如今，这仅用了不到 300 万元人民币开发费用的系统已经成功运转了十几万辆车生产需求的考验。在整车车间，生产线上每辆车的车身上都贴着一张生产指令表，零部件的种类及安装顺序一目了然。计划部门控装车顺序通过电脑网络向各供货厂下计划，供货厂按照顺序生产、装货、生产线上的工人按顺序组装，工人一伸手拿到的零部件就可以装在他正在装配的车上。

物流管理就这样使原本复杂的生产变成了简单而高效的傻瓜式操作工程。令人称奇的是，整车车间的一条生产线过去只生产一种车型，其生产现场尚且拥挤不堪，而如今在一条生产线同时组装 2～3 种车型的混流生产方式下，不仅做到了及时、准确，而且生产现场比原先节约了近 10%的空间。此外，零部件的存储减少了，公司每年因此节约的成本达 7 亿元人民币之多。同时，供货厂也减少了 30%～50%的在制品及成品储备。先进的管理带来了实实在在的效益，也引发了一场深刻的管理革命。

（四）实现“无纸化办公”

随着物流控制系统的逐步完善，电脑网络由控制实物流、信息流延伸到公司的决策、生产、销售、财务核算等各个领域中，使公司的管理步入了科学化、透明化。现在公司主要部门的管理人员人手1台电脑，每个人和供货厂商随时都可以清楚地了解每1辆车的生产和销售情况。公司早已实现了无纸化办公，各部门之间均通过电子邮件联系。德国大众公司每年的改进项目达1000多个，一汽大众依靠电脑网络实现了与德方同步改进，从而彻底改变了过去那种对方图纸没送来就干不了活的被动局面。工作方式的改善，不仅使领导层得以集中精力研究企业发展战略问题，也营造了一个良性竞争的企业内部环境，促使每一个员工不断自主提高自身的业务素质。

（资料来源：http：//www.sdwm.cn/bumen/khshow.php？tid＝20170.）

二、案例解析

透过“零库存”可以看到，对于一个企业来说，进行物流管理，领导者的超前意识、一批兢兢业业的专业技术人员和企业较强的开发能力是必不可少的前提条件。一汽大众应用物流信息管理系统实现“零库存”的特点与启示有：

（1）努力达到“零库存”是一汽大众实施物流信息管理系统的目的。一汽大众在物流运作的各个环节及其流程中，特别注重的一点便是竭力降低其库存，争取达到“零库存”。

（2）一汽大众的物流信息系统提高了一汽大众的物流运作效率。这一点可以在其物流运作效果中得到体现。

（3）一汽大众的物流信息管理系统是根据自身的需要而开发的，因此，能够有效地解决企业的物流管理问题。一汽大众的物流控制系统没有采用德方系统，而是自己组织专家与技术人员根据本企业的自身特点和需要而量身定做的，不仅开发成本可以降至最低，而且更重要的是能够实实在在地满足企业实际需要，带来效益。这一点，值得那些正在徘徊于是引进还是自行开发物流信息管理系统的企业参考和借鉴。

三、案例涉及的主要知识点

（一）零库存

是一种特殊的库存概念，是以仓库储存形式的某种或某些物品的储存数量很低的一个概念，甚至可以为“零”，即不保持库存。

（二）物流信息管理

是指运用计划、组织、指挥、协调、控制等基本职能对物流信息收集、检索、分析、交流和提供服务的过程，并有效地运用人力、物力和财力等基本要素以期达到物流管理的总体目标的活动。

（三）业务流程再造

指通过资源整合、资源优化，最大限度地满足企业和供应链管理体系高速发展需要的一种方法，它更多地体现为一种管理思想，已经远远超出了管理工具的价值，其目的是在成本、质量、服务和速度等方面取得显著的改善，使得企业能最大限度地适应以顾客、竞争、变化为特征的现代经营环境。

学习导航

掌握仓储、仓储管理的定义，理解仓储管理的主要作用；理解并掌握常见的库存物品分类方法，掌握经济订货批量模型并会计算在折扣情况下的最优订货批量，了解零库存的含义及零库存的形式。

第一节　仓储管理

一、仓储的概念

仓储是产品生产、流通过程中因订单前置或市场预测前置而使产品、物品暂时存放。仓储是供应链管理的主要功能之一，其作用在于实现货物在时间和空间上的转移，创造商品的时间效益。简单来讲，仓储就是在指定的场所储存物品的行为。"仓"即仓库，为存放、保管、储存物品的建筑物和场地的总称，可以是房屋建筑、大型容器或特定的场地等，具有存放和保护物品的功能。"储"即储存、储备，表示收存以备使用，具有收存、保管、交付使用的意思。

二、具体的仓储活动

仓储活动包括了物品的进出、在库管理、分拣、包装、配送及其信息处理6个方面，其中，物品的出入库与在库管理可以说是仓储的最基本的活动。

（一）入库

商品入库业务也叫收货业务，它是仓储业务的开始。商品入库管理，是根据商品入库凭证，在接收入库商品时所进行的卸货、查点、验收、办理入库手续等各项业务活动的计划和组织。

1. 商品接运

由于货物到达仓库的形式不同，除了一小部分由供货单位直接运到仓库交货外，大部分要经过铁路、公路、航运、空运和短途运输等运输工具转运。凡经过交通运输部门转运的商品，都必须经过仓库接运后，才能进行入库验收。因此，货物的接运是入库业务流程的第一道作业环节，也是仓库直接与外部发生的经济联系。它的主要任务是及时而准确地向交通运输部门提取入库货物，要求手续清楚，责任分明，为仓库验收工作创造有利条件。接运工作是仓库业务活动的开始，如果接收了损坏的或错误的商品，那将直接导致商品出库装运时出现差错。商品接运是商品入库和保管的前提，接运工作完成的质量直接影响商品的验收和入库后的保管保养。商品接运的主要方式有提货和仓库收货。

2. 商品入库验收

凡商品进入仓库储存，必须经过检查验收，只有验收后的商品，方可入库保管。商品验收包括验收准备、核对凭证、确定验收比例、实物检验、作出验收报告及验收中发现问题的处理。

3. 入库交接

入库物品经过点数、查验之后，可以安排卸货、入库堆码，表示仓库接受物品。在卸货、搬运、堆垛作业完毕后，与送货人办理交接手续，并建立仓库台账。

（二）在库

1. 分区分类作业

由于仓库的类型、规模、经营范围和用途各不相同，各种仓储商品的性质和养护方法也迥然不同，因此，分区分类储存的方法也有多种，需统筹兼顾，科学规划。

2. 货物规划和统一编号作业

首先，要对仓库内储存场所进行编号、对库房进行编号、对货位进行编号。其次，要根据商品的特征及特性，选择适当的分类标志，完成对将要储存物品的类别和组别分类。然后，还要对物品本身进行编码，通过赋予物品以一定规律的代表性符号，如物品货号或物品代码，来完成用字母、数字或特殊标记等来标示物品。

3. 堆码苫垫作业

堆码就是将物品整齐、规则地摆放成货垛的作业。商品堆码的原则主要是：尽量利用库位空间，较多采取立体储存的方式；仓库通道与堆垛之间保持适当的宽度和距离，提高物品装卸的效率；根据物品的不同收发批量、包装外型、性质和盘点方法的要求，利用不同的堆码工具，采取不同的堆码形式，其中，危险品和非危险品的堆码，性质相互抵触的物品应该区分开来，不得混淆；不要轻易地改变物品存储的位置，大多应按照先进先出的原则；在库位不紧张的情况下，尽量避免物品堆码的覆盖和拥挤；商品堆码除了注意做到安全、合理、方便、整齐、节约，还要做到货堆之间，货垛与墙、柱之间保持一定距离，留有适宜的通道，以便商品的搬运、检查和养护。

有些货物在露天货场或在仓库里由于货物属性的要求需要进行苫盖和衬垫作业，以避免物品受损。衬垫就是在商品堆垛前，根据货垛的形状、底面积大小、商品保管养护的需要及负载重量等要求，预先铺好垫垛物的作业。

4. 保管作业流程

保管作业是指从商品入库到商品发送的整个仓储作业全过程。主要包括商品保管作业、商品盘点作业、呆废商品处理、退货处理、账务处理、安全维护、资料保管等。

5. 分拣配货作业

分拣通常分为行走、拣取、搬运和分类 4 个主要环节。分拣作业系统的能力和成本取决于仓库或配送中心的组织管理。分拣作业管理内容包括：储位管理、出货管理、拣选路径管理、补货管理、空箱和无货托盘的管理等。

（三）出库

出库业务是保管工作的结束，既涉及仓库同货主或收货企业以及承运部门的经济联系，也涉及仓库各有关业务部门的作业活动。为了能以合理的物流成本保证出库物品按质、按量、及时、安全地发给用户，满足其生产经营的需要，仓库应主动向货主联系，由货主提供出库计划，这是仓库出库作业的依据，特别是供应异地的和大批量出库的物品更应提前发出通知，以便仓库及时办理流量和流向的运输计划，完成出库任务。

仓库必须建立严格的出库和发运程序，严格遵循“先进先出、推陈储新”的原则，尽量一次完成。物品出库要求做到“三不、三核、五检查”。“三不”，即未接单据不翻账、未经审单不备库、未经复核不出库；“三核”，即在发货时要核实凭证、核对账卡、核对实物；“五检查”，即对单据和实物要进行品名检查、规格检查、包装检查、件数检查、重量检查。商品出库要求严格执行各项规章制度，提高服务质量，使用户满意，包括对品种规格要求、积极与货主联系、为用户提货创造各种方便条件、杜绝差错事故。

出库方式通常有送货、收货人自提、过户、取样、转仓等。选用哪种方式出库要根据具体条件，由供需双方事先商定。

三、仓储管理的定义

仓储管理是利用仓库及相关设施、设备进行货物的入库、保管、保养和出库等一系列活动的全过程。

仓存管理是随着物品储存的产生而产生的，而且会随着生产力的发展而发展。仓储管理是商品流通的重要环节之一，也是供应链物流活动的重要支柱。

从供应链物流管理角度看，仓储管理的定义如下：根据市场和客户的要求，为了确保物品不被损耗、变质和丢失，为了调节生产、销售和消费活动以及确保社会生产和生活的连续性，而对物品进行存取、保管和控制等一系列活动过程的总称。

四、仓储管理的发展历程

仓储管理随着物品储存的出现而出现，到目前为止，仓储管理经历了以下发展阶段。

（一）人工仓储管理阶段

在该阶段，商品的存取、保管和控制主要是依靠人工及辅助机械来实现，具有直观性和实时性的优点。

（二）机械化仓储管理阶段

在该阶段，商品是通过各种传送带、工业输送车、吊车、升降机和堆垛机等来移动和搬运，用托盘货架和可移动货架存储。机械化仓储管理实现了人们对于精度、速度、高度、重量、重复存取和搬运等方面的要求。

（三）自动化仓储管理阶段

该阶段的出现归功于自动化技术对仓储技术及其发展的贡献。自 19 世纪 50 年代末以来，自动导引小车、自动货架、自动存取机器人、自动识别和自动分拣等系统相继被研发出来。至 20 世纪 70 年代，旋转式货架、移动式货架、巷道式堆垛机及其他一些搬运设备相继被研发出来并投入使用。随着计算机技术的发展，工作重点转向对货物的控制和管理上，要求实时、协调和一体化，因此，自动化技术逐渐成为了仓储自动化技术的核心，信息技术的应用和发展已经成为仓储管理技术的重要支柱。

（四）集成化仓储管理阶段

19世纪70年代末至80年代初，自动化技术被越来越多地应用到生产和分配领域，然而，当时的自动化技术呈现分散的、各自为政的局面，不利于仓储管理的系统化，因此，后来集成系统的概念诞生了。在集成系统中，整个系统的有机协作使总体效益远大于各部分独立效益之和。

（五）智能化仓储管理阶段

该阶段的出现是在集成化仓储管理的基础上，随着科研人员的刻苦攻关，最终实现了仓储管理与其他信息管理系统的集成，朝着智能化和模糊控制的方向发展。现在智能化仓储技术还处于初级发展阶段。

五、仓储管理的种类和性质

（一）仓储管理的种类

仓储管理按照经营主体、仓储对象、仓储功能和经营方式等不同可划分为不同的类型。

1. 按照仓储经营主体及运作方式划分

按照仓储经营主体及运作方式可以将仓储管理划分为自有仓库仓储、租赁仓库仓储和第三方仓储。

自有仓库仓储又称自营仓库，是指由企业自己拥有并管理的仓库。自营仓储包括生产企业自营仓储和流通企业自营仓储。生产企业自营仓储是生产企业使用自有的仓库设施对生产使用的原材料、生产的中间产品以及最终产品实施储存保管的管理活动过程。其储存对象单一，仅以满足生产为原则。流通企业自营仓储则是流通企业以其拥有的仓储设施对其经营的商品进行储存保管的行为，其储存对象种类较多，目的是支持销售。企业自营仓储行为不具有独立性，仅仅是为企业的产品生产或商品经营活动服务，一般不开展对外商业性仓储经营，相对而言，规模小，数量多，专业性强，设施简单。

租用仓库仓储是指通过签约占用发租人仓库完成自身物品仓储保管的活动。租赁仓库的租金通常是根据企业在一定时期内租用的仓储空间的大小来收取的。从财务的角度来看，租赁仓库可使企业避免自建仓库的资本投资和财务风险；租赁仓库不要求企业对其设施和设备做任何投资，企业只需支付相对较少的租金即可得到仓储空间。

第三方仓储是指企业将仓储活动转包给外部公司，由外部公司为企业提供综合仓储管理服务。仓储经营人和存货人通过订立仓储合同的方式建立仓储关系，并依据合同约定为服务对象提供仓储服务，同时收取仓储管理费用。这种方式属于商业营业的仓储管理，是面向社会的，与自营仓储相比资源利用效率更高。

3种常见仓储方式各有优缺点（见表7-1）。

表 7-1　　常见仓储方式优缺点比较

<table>
<tr><td rowspan="6">自有仓库仓储</td><td rowspan="4">优点</td><td>可以根据企业特点加强仓储管理</td></tr>
<tr><td>可以依照企业的需要选择地址和修建特需的设施</td></tr>
<tr><td>长期仓储时成本低</td></tr>
<tr><td>可以为企业树立良好形象</td></tr>
<tr><td rowspan="2">缺点</td><td>存在位置和结构的局限性</td></tr>
<tr><td>企业的部分资金被长期占用</td></tr>
<tr><td rowspan="7">租赁仓库仓储</td><td rowspan="5">优点</td><td>需要保管时，保证有场所；不需要保管时，不用承担</td></tr>
<tr><td>库场地空闲的无形损失</td></tr>
<tr><td>减少管理的难度</td></tr>
<tr><td>不需仓库建设资金</td></tr>
<tr><td>可以根据市场需求变化选择仓库的租用面积与地点</td></tr>
<tr><td rowspan="2">缺点</td><td>当货物流通量大时，仓库保管费与自家仓库相比较高</td></tr>
<tr><td>所保管的货物需遵守营业仓库的各种限制规则</td></tr>
<tr><td rowspan="5">第三方仓储</td><td rowspan="4">优点</td><td>有利于企业有效利用资源</td></tr>
<tr><td>有利于企业扩大市场</td></tr>
<tr><td>有利于企业进行新市场的测试</td></tr>
<tr><td>有利于企业降低运输成本</td></tr>
<tr><td>缺点</td><td>对物流活动失去直接控制</td></tr>
</table>

企业在仓储模式选择时通常依据的因素有：成本、周转总量、需求的稳定性及市场密度等。一般情况下，企业在自有仓库仓储、租赁仓库仓储及第三方仓储之间做选择的时候优先考虑的是经济性，也就是会重点考虑成本及利润因素，然后再综合考虑其他因素。通常，存货周转量高，自有仓储更经济，存货周转量低，公共仓储更为明智；稳定的周转量，自有仓储的运作更为经济。市场密度大有利于建自有仓库；市场密度较低，则在不同地方使用几个公共仓库要比一个自有仓库服务一个更大的地区更经济。

2. 按照仓储对象划分

按照仓储对象，可以将仓储管理划分为普通物品仓储管理和特殊物品仓储管理两种。

（1）普通物品仓储管理：不需要特殊保管条件，所需使用的设备和库房建造都很简单，使用范围较广，具有一般性保管场所和设施，常温保管，自然通风，无特殊功能。一般的生产物资、生活用品以及普通工具等杂货类物品则不需要针对货物设置特殊的保管条件，只要采取无特殊装备的通用仓库或货场存放货物即可。

（2）特殊物品仓储管理：在保管过程中有特殊要求和需要满足特殊条件的物品的仓储。如危险物品的仓储管理、冷库仓储管理和粮食仓储管理等。特殊物品仓储管理一般采取专用仓储管理的方式，按照物品的物理、化学和生物特性，以及法规规定进行仓库建设和管理。这类仓储必须配备有防火、防爆和防虫等专门设备，其建筑构造及安全设施等均与一般仓库管理要求不同。

3. 按照仓储物的处理方式划分

按照仓储物的处理方式，可以将仓储管理划分为保管式仓储管理和消费式仓储管理。

(1) 保管式仓储管理：也称为纯仓储管理，是指以保管物保持原样不变为管理目标所进行的仓储管理活动。存货人将特定的物品交给保管人进行保管，到期时由保管人将货物原封不动交还给存货人。保管物除了所发生的自然损耗和自然减量之外，在物品数量、质量和件数方面均不允许发生变化。

(2) 消费式仓储管理：保管人在接受保管物的同时也接受保管物的所有权，因此，保管人在仓储期间有权对仓储物行使所有权，在仓储期满时，保管人将相同种类、品种和数量的替代物交还给委托人所进行的仓储管理方式。

4. 按照仓储功能划分

按照仓储功能，可以将仓储管理划分为储存仓储管理、物流中心仓储管理、加工型仓储管理、配送仓储管理、运输转换仓储管理和保税仓储管理 6 种类型。

(1) 储存仓储管理：分为生产仓储管理和流通仓储管理。生产仓储管理为生产领域服务，主要是用来保管生产企业生产加工的原材料、燃料、在制品和待销售的产成品，包括原材料仓储管理、在制品仓储管理和成品仓储管理等 3 种类型。流通仓储管理为流通领域服务，专门储存和保管流通企业待销售的商品，包括批发仓库管理和零售仓库管理等两种类型。

(2) 物流中心仓储管理：为了实现有效的供应链物流管理，对物流的过程、数量和方向进行控制的仓储管理方式，具有品种少、大批量、一次进库以及整体吞吐能力强的特点。

(3) 加工型仓储管理：商品保管和商品加工相结合的仓储管理活动，主要职能包括根据市场需求，对商品进行选择、分类、整理和更换等流通加工活动。

(4) 配送仓储管理：商品交付消费之前所进行的短期仓储，注重对物品存量的控制，具有物品品种繁多、批量小和分批少量出库的特点。

(5) 运输转换仓储管理：衔接不同运输方式的仓储管理方式，主要设置在生产地和消费地之间的交通枢纽地，如港口和车站等处设置的仓储管理点。运输转换仓储注重货物的周转效率和周转率，具有货物大进大出和储存期限短等特点。

(6) 保税仓储管理：使用海关核准的保税仓库存放保税货物的仓储管理行为。保税仓储所储存的对象是暂时进境并还需要复运出境的货物，或经海关批准暂缓纳税的进口货物。保税仓储受到海关的直接监控，虽然所储存的货物由存货人委托保管，但是，保管人要对海关负责，入库单据和出库单据均需要海关签署。

(二) 仓储管理的性质

仓储管理是供应链物流管理中的重要支柱环节，具有如下性质。

1. 生产性和非生产性相统一

仓储管理活动具有生产属性，主要是因为：

(1) 仓储管理活动是社会再生产过程中不可缺少的一环，产品从生产领域到消费领域，一般情况下都要经过运输和储存环节。

(2) 仓储管理活动具有生产三要素——劳动力（即仓库作业人员）、劳动资料（各种仓库设施）和劳动对象（储存保管的物品）。

(3) 仓储管理活动中的某些环节实际上已经成为了生产过程中的一个组成部分。商品仓储管理活动具有生产性质，但是，它与一般的物质生产管理活动相比时，又在以下几方面有所不同：①具有服务性质。商品仓储管理活动属于劳务服务，并非实物产品形态，只有实际内容，其生产过程和消费过程是同步进行的，既不能储存，也不能积累。②不创造使用价值，只增加价值。商品仓储活动所消耗的物化劳动和活劳动并不改变劳动对象的功能、性质和使用价值，只是保持和延续其使用价值。商品经过储存保管而增加价值，因为商品的仓储管理活动消耗了一般劳动。因此，这部分一般劳动所创造的价值必须加进到商品价值中，价值增值数量则取决于仓储管理劳动所对应的社会必要劳动量。③具有不均衡性和不连续性。商品生产是成批且连续进行的，而仓储管理活动是服务于生产和销售的，这就需要按照用户的需求开展相关的业务活动，故而具有不连续性和不均衡性。

2. 自然属性和社会属性相统一

仓储管理活动作为一种管理活动，既与生产力发展相联系，又与生产关系密切相关。因此，仓储管理活动具有两重性，即自然属性和社会属性。仓储管理活动能够促进生产率的提高，这体现了仓储管理的自然属性。仓储活动作为一种管理活动，在不同的社会环境下与不同的生产关系相适应，这体现出了仓储管理活动的社会属性。

六、仓储管理的功能和作用

（一）仓储管理的功能

1. 仓储管理的基本功能

仓储的基本功能是指仓库所具有的基本操作或者行为，包括储存、保管、拼装和分类等基础作业。储存和保管是仓储管理的最基本功能。

(1) 储存功能。商品从生产进入到消费期间存在着一定的时间间隔，在这段时间间隔内，形成了商品的暂时停滞，而仓储管理则对处于暂时停滞状态中的商品进行储存。

(2) 保管功能。保管是对物品进行储存并对其进行管理的活动过程。产成品在被最终消费者消费之前必须由商品持有者保持其使用价值，否则，将会被废弃，这项任务就需要仓储管理活动来承担。

(3) 整合功能。整合功能是仓储活动的一个经济功能。仓库管理可以将来源于多个制造企业的产品和原材料整合成为一个单元，进行一票装运。这样做的好处在于有可能实现最低的运输成本，也可以减少由多个供应商向同一客户供货所带来的种种拥挤和不便之处。为了能有效地发挥仓储整合功能，每一个制造企业都必须把仓库作为货运储备点或者用作为产品分类和组装的设施。

(4) 分类和转运功能。除了不对产品进行储存之外，分类和交叉站台的仓储作业与整合仓储作业相类似。分类作业是指接收来自制造商的顾客组合订货，分类或者分割成为个别的订货，并将其装运到个别的顾客那里。由于长距离运输转移的是大批量装运，因此，运输成本相对较低，进行跟踪也不太困难。除了涉及多个制造商外，交叉站台设施也具有类似的功能。交叉站台先从多个制造商处运来整车的货物，收到产品后，有标签的就按顾客进行分类，没有标签的则按地点进行分配，然后产品交叉穿过站台，被装上指定的送货拖车上。如果该拖车上已经装满了来自多个制造商的组合产品，就会被转运到指定的顾客处或地点。

2. 仓储管理的增值功能

仓储管理的增值功能是指仓库管理在完成基本功能基础上，根据客户需要提供各种延伸业务活动，包括加工、包装、延期和仓单质押等。这种功能也是现代仓储管理与传统仓库管理的重要区别之一。

3. 仓储管理的社会功能

仓储管理的社会功能体现在以下3个方面。

(1) 时间调整功能：一般情况下，生产和消费之间会存在时间差，通过储存可以周转时间差，在客户需要商品时，能够及时提供商品。

(2) 价格调整功能：生产和消费之间也会产生价格差，供过于求和供不应求都会对价格产生影响。因此，通过仓储可以克服物品在产销量上的不平衡，达到调控价格的效果。

(3) 衔接商品流通的功能：商品仓储管理是商品流通的必要条件，为保证商品流通过程连续进行，就必须有仓储管理活动。通过仓储管理，可以预防突发事件，比如运输被延误时，仓储货物可以应急。

(二) 仓储管理的作用

1. 仓储管理在经济建设中的作用

中国是传统的农业大国，数千年来，历朝历代的统治者都很重视仓储管理。如在唐代，京师有太仓，州县有正仓，还有常平仓以均贵贱，有义仓以备不足，其中，常平仓和义仓就是储备性质的仓库。仓储管理在经济建设中的作用体现在以下方面。

(1) 仓储管理是保证社会再生产顺利进行的必要条件。商品从生产领域转移到消费领域的过程中，一般都要经过商品的仓储阶段，因为商品的生产和消费在时间和空间上不是同步的，因此，仓储管理活动的存在对于整个供应链物流关系系统来说就意义重大了。

(2) 仓储管理是国家满足急需特需的保障。国家对于一些攸关国计民生的重要产品（粮棉、油、药、军用物资及战备物资等）必须进行战略储备，以保证国民经济可持续发展，防止战争、自然灾害等给国民经济带来重大损失。同时，国家进行战略性储备也可以应对国际政治局势突变可能造成的资源危机。

(3) 仓储管理是现代物流的基本功能之一。供应链物流管理活动一般具有输送（运输和配送）、仓储、装卸搬运、包装、流通加工和物流信息等职能。输送和仓储构成了物流管理的最基本的功能。现在，为了满足客户物流服务的要求，仓储增加了与物流活动相关的包装、分拣、配送和流通加工等职能活动。因此，实现高效率、快速反应和低成本，是仓储管理面临的新课题。

2. 仓储管理在流通领域中的作用

（1）仓储管理是平衡市场供求关系和稳定物价的重要条件。仓储管理可以在商品供过于求时吸纳冗余商品作为储备，以备将来供不应求时供给，从而可以有效地调节供求关系以缓解矛盾。这样既可保证生产连续性，也可以预防物价的不稳定，避免生产供需不平衡的恶性循环。

（2）仓储管理是加快商品流通节约流通费用的重要手段。在仓储管理活动中，必须要消耗一定的物化劳动和活劳动，而且这些劳动不能创造使用价值。因此，在保证物品使用价值不会减损的情况下，仓储管理的费用支出越少越好。仓储管理做得好，可以减少物品在仓储过程中的物化损耗和劳动损耗，可以加速物品的流通和资金的周转，从而能够节省费用支出，降低物流管理成本，提高社会效益和经济效益。

（3）仓储管理是保持商品原有使用价值的重要手段。商品储存在仓库中，由于其本身的性质及环境因素的影响，可能会发生数量或者质量的变化，严重的可能丧失使用价值。因此，在仓储管理时，应当采取适当的方法，加强对商品的保护，以预防和减少各种内外因素对商品质量的不利影响，使其在储存期间不会发生或者尽量少发生质量变化，从而实现保护商品使用价值的目标。

3. 仓储管理在企业经营管理中的作用

（1）仓储管理是企业 ISO 9000 国际质量体系认证的主要内容之一。仓储管理是企业现场管理的重要内容，为了确保物料的品质完好和数量准确，必须建立科学合理的仓储业务运作体系，科学地进行仓储管理，力争符合产品品质追溯、产品规范标识和品质防护要求，提高库位利用率和便于商品快速周转。仓储现场管理往往是企业 ISO 9000 国际质量体系认证的薄弱环节，必须加强仓储人员的业务技能培养和确保发挥仓储作为后勤保障的作用。

（2）仓储管理与其他部门的职能工作相协调，是提高企业物流管理水平的重要途径，随着企业竞争的日趋激烈，客户需求表现为多样化和不确定，这会造成企业销售预测不准、计划频繁变动、库存积压或者货源短缺等。这些均会导致有限的仓储条件得不到充分利用、重复劳动、效率低以及物流成本高。因此，转变仓储管理人员的守旧观念，提高仓储管理人员跨部门沟通的主动积极性，把满足客户需要当做仓储管理的出发点和落脚点，提高仓储管理工作的准确性和及时性。

（3）仓储管理能对物品进入下一个环节前的质量起到保证作用。仓储管理环节对物品质量进行检验能够有效防止伪劣商品进入消费市场，可以保护消费者的权益。同时，从某种意义上说，也是保护了生产厂家的信誉和形象。通过仓储管理来保证商品质量主要通过两个环节：在商品入库时进行质量检验，查看商品是否符合仓储要求，严禁不合格的商品进入仓库；在物品的储存期间内，仓储管理会保证商品尽量不发生物理和化学变化以及不产生库存货物的损失。

（4）仓储管理能够为商品进入市场做好准备。仓储管理能够在商品进入市场前完成整理、包装、质检和分拣等程序，从而可以缩短后续各环节的操作时间，加快商品的流通速度。

七、仓储管理的未来发展趋势

我国仓储管理行业正逐渐朝着“四化”方向发展：仓储管理社会化、仓储管理产业化、仓储管理标准化和仓储管理现代化。

（一）仓储管理社会化

首先，根据市场经济的要求和仓储管理企业的特点，打破不同职能部门间各自为政的僵局，广泛开展不同仓储管理企业的横向联合，实行仓储管理全行业的管理。这既可以避免传统行政管理方式下的低效率管理方式，又可以按照专业分工原则，统一规划，合理布局，形成全国统一的储运市场。其次，建立功能综合性仓库，发展物流技术，促使物流和商流协调一致。为了适应市场经济发展的需要，仓库管理应当从单纯储存型向综合型发展，从以物品储存保管为中心转变为以加快物品周转为中心，集储存、加工、配送和信息处理为一体的多功能综合仓储管理。总之，通过社会化实现规模化和高效化。

（二）仓储管理产业化

仓储管理活动要真正同工业和农业作为独立发展的行业存在，就必须发展自己的产业。仓储管理部门储存着大量的物品，又拥有一定的设备和技术人员，只要再增加一些流通加工设备和工具，就可以从事流通加工业务，形成自己的产业。

（三）仓储管理标准化

仓储管理标准化是物流标准化的重要组成部分，为了提高物流效率，保证物流的统一并与国际接轨，必须制定物流标准。仓储标准化是一项基础性工作，由于仓储分散在商业、物资、外贸以及铁路等部门，因此，更有必要从标准入手，推进仓储管理行业的整体发展。简言之，通过标准化实现规范化和高效化。

（四）仓储管理现代化

首先，是仓储管理人员队伍的专业化程度不断提高，按照现代化管理的要求，加强对仓储管理人员的培养、培训和提高，尽快培养出一批专门从事仓储事业、具有现代科学知识和管理技术、责任心强、素质高的仓储管理专业队伍。其次，是仓储技术的现代化。要根据我国的经济和劳动力状况，有重点地建设一批自动化仓库，同时，注重对原有仓库的技术改造，尽快提高原有仓库的技术和管理水平，充分发挥原有仓库的规模效益。最后，是仓储管理方法的科学化和管理手段自动化，即根据现代化大生产的特点，按照仓储客观规律的要求和最新科学技术成就来进行仓储管理，实现仓储管理的科学化。

第二节 库存与库存管理

一、库存的含义

对于生产企业而言，为了保证生产活动的顺利进行，必须在各个生产阶段之间储备一定量的原材料、燃料、备件、工具、在制品和半成品等，即需要有一定的原材料、零部件的库存。对于销售商、物流公司等流通企业，为了能及时满足客户的订货需求，避免发生缺货或延期交货现象，也必须经常保持一定数量的商品成品库存，库存为供需之间的矛盾提供了缓冲。

库存（Inventory）是指企业在生产及销售经营过程中为现在和将来的耗用或者销售而储备的资源，包括原材料、材料、燃料、低值易耗品、在产品、半成品、产成品等。国家标准《物流术语》（GB/T 18354—2006）中对库存的定义是：储存作为今后按预定的目的使用而处于闲置而非生产状态的物品。广义的库存还包括处于制造加工状态和运输状态的物品。

本书认为库存是指企业用于今后生产、销售或使用的任何需要而持有的所有物品和材料。

二、库存的分类

按照不同的分类标准，库存的类型不同。

（一）按库存在企业物流过程中所处的状态

按库存在企业物流过程中所处的状态划分为原材料库存、在制品库存、维护/维修/作业用品库存、包装物和低值易耗品库存及产成品库存。

（二）按库存的目的

按库存的目的划分为正常周转库存、安全库存、投资性库存和呆滞库存。

正常周转库存是指在一定条件下，为保证生产、建设、流通的正常进行储存物资的合理周转量。

安全库存（Safety Stock，SS）也称安全存储量，又称保险库存，是指为了防止不确定性因素（如大量突发性订货、交货期突然延期、临时用量增加、交货误期等特殊原因）而预计的保险储备量（缓冲库存）。

投资性库存是出于其他原因，如由于价格上涨、物料短缺或是为了预防罢工等囤积的库存，不是为了满足目前的需求。通常生产旺季开始之前累积的库存，目的在于保证稳定的劳动力和稳定的生产运转，就属于一种投资库存。

呆滞库存是指那些已经储存了一段时间并且没有需求的商品库存，包括因物品的品质损坏不再有效的库存或者因没有市场销路而卖不出去的商品库存。

三、库存成本的组成

库存成本指在存储在仓库里的货物所需的成本，一般包括 3 部分：订货成本、持有成本和缺货成本。

订货成本是指从发出订单到收到存货整个过程中所付出的成本，如订单处理成本、运输费、保险费及装卸费等。

库存持有成本是指为了保持库存而发生的成本，可以分为固定成本和变动成本。固定成本有仓库折旧、保管员固定工资等，与库存数量的多少无关。变动成本有空间成本、资金成本、库存服务成本和库存风险成本等，与库存数量的多少有直接关系。空间成本是因占用存储建筑内立体空间所支付的费用，如租赁、取暖、照明等。资金成本是指库存占用资金的成本，有时也称为利息成本或机会成本，是库存资本的隐含价值。库存服务成本主要是指保险和税金。库存风险成本是指在保有库存的过程中一部分存货会被污染、损坏、腐烂、被盗或由于其他原因不能使用造成的损失。

缺货成本是指由于库存供应中断而造成的损失，包括原材料供应中断造成的停工损失、产成品库存缺货造成的延迟发货损失和丧失销售机会的损失（还包括商誉损失）；如果企业以紧急采购代用材料来解决库存材料的中断之急，那么，缺货成本表现为紧急额外购入成本（紧急采购成本大于正常采购成本的部分）。当企业的客户得不到全部订货时，叫做外部短缺；当企业内部某个部门得不到全部订货时，叫做内部短缺。外部短缺会发生延期交货、失销、失去客户 3 种情况。

由上面各类成本的界定可以看出，订货成本与库存水平没有直接关联，订货成本只与订货次数有关；库存持有成本与库存水平有着密切关联，随着库存水平的增加，年持有成本将随之增加。也就是说，持有成本是可变动成本，与平均存货数量或存货平均值成正比。

四、库存管理方法

库存管理是对制造业或服务业生产、经营全过程的各种物品、产成品以及其他资源进行管理和控制，使其储备保持在经济合理的水平上。过去认为仓库里的商品多，表明企业发达、兴隆，现在则认为零库存是最好的库存管理。库存多，占用资金多，仓储成本增加，负担加重，风险和浪费加大。

在一个由供应商、制造商和配送中心与仓库组成的供应链中，库存以以下几种形式存在：原材料库存、在制品库存和成品库存。库存物品的存储成本往往会占本身价值的 20%～40%，商品库存需要花费一定的维持费用，一般企业库存资产占到了总资产 15%～40%，在库存管理中既要避免库存过量而导致产生不必要的库存费用，又要保持合理的库存数量，防止缺货。也就是说，企业应当做好库存管理控制，实现以最低的库存成本获得最佳的经济效益。

库存管理控制可以从库存计划策略、库存物品的分类方法、库存管理策略和库存决策模型等方面进行。

（一）库存计划策略

库存计划基本的决策变量是订货点（R），订货批量（Q），检查周期（t）和最大库存（S），可以根据订货频率及订购数量来进行库存决策，有 4 种策略供选择：（R，Q）策略、（R，S）策略、（t，Q）策略、（t，S）策略。（R，Q）策略是指当库存量等于或低于订货点 R 的数量时开始订货，每次订货量相同，都为 Q；（R，S）策略是指当库存量等于或低于订货点 R 的数量时开始订货，每次订货量不一定相同，但订货补充后都达到最大安全库存 S；（t，Q）策略是指每隔一定固定周期 t 时开始订货，每次订货量相同，都为 Q；

(t, S)策略是指每隔一定固定周期 t 时开始订货，每次订货量不一定相同，但订货补充后都达到最大安全库存 S。

(二) 库存物品的分类方法

在物流与供应链管理实践中，常用的物品库存分类方法有 ABC 分类法与 CVA 管理法，两种方法的基本思想都是区别对待不同的货物，在管理中做到突出重点，以有效地节约人力、物力和财力。

1. ABC 分类法

ABC 分类管理法又叫 ABC 分析法、ABC 库存控制技术，它是以某类库存物品品种数占总的物品品种数的百分比和该类物品金额占库存物品总金额的百分比大小为标准，将库存物品分为 A、B、C 共 3 类，进行分级管理。ABC 分类管理法简单易行，效果显著，在现代库存管理中已被广泛应用。

ABC 分类法就是将库存物品按重要性程度分为特别重要的库存（A 类库存），一般重要的库存（B 类库存）和不重要的库存（C 类库存）3 个等级，然后，针对不同的级别分别进行管理和控制。

简单来说，ABC 库存分类法可以按以下步骤进行：首先，将商品按其库存额从大到小进行排序，并算出总库存额；其次，计算累计库存额占总库存额的百分比；最后，按累计库存百分比划分 A、B、C 类。

A 类物品：累计百分数为 5%～15%，平均资金占用额累计百分数为 60%～80%。

B 类物品：累计百分数为 20%～30%，平均资金占用额累计百分数为 20%～30%。

C 类物品：累计百分数为 60%～80%，平均资金占用额累计百分数为 5%～15%。

仓库中保管的货物一般品种繁多，有些货物的价值较高，对于生产经营活动的影响较大，或者对保管的要求较高。而另外一些品种的货物价值较低，保管要求不是很高。如果对每一种货物都采用相同的保管方法，可能投入的人力物力就会很多，而效果却是事倍功半，因此，应根据不同的物品进行分类并采用不同的管理控制策略。见表 7-2。

表 7-2　库存 ABC 分类和管理控制策略

类　型	特　点	管理控制策略
A	品种数约占库存总数的 15%，成本约占 70%～80%	进行重点管理。现场管理要更加严格，应放在更安全的地方，为了保持库存记录的准确，要经常进行检查和盘点；预测时要更加仔细
B	品种数约占库存总数的 30%，成本约占 15%～25%	进行次重点管理。现场管理不必投入比 A 类更多的精力；库存检查和盘点的周期可以比 A 类要长一些
C	成本约占总成本的 5%，但品种数约占库存总数的 55%	只进行一般管理。现场管理可以更粗放一些，但由于品种多，差错出现的可能性也比较大，因此，也必须定期进行库存检查和盘点，周期可以比 B 类长一些

2. CVA 管理法（Critical Value Analysis，关键价值分析法）

有些公司发现 ABC 分类并不令人满意，因为 C 类物资往往得不到应有的重视，如汽车制造厂商会把螺丝列为 C 类物资，但缺少一个螺丝往往会导致整个生产链的停工。CVA 的基本思想是把存货按照其关键性分为最高优先级、较高优先级、中等优先级、较低优先级 4 类，比起 ABC 分类法来有着更强的目的性。针对 4 类优先级的物资可采用不同的库存管理措施。见表 7 - 3。

表 7 - 3　CVA 法库存种类及其管理策略

库存类型	特　点	管理措施
最高优先级	经营管理中的关键物品	不许缺货
较高优先级	生产经营中的基础性物品	允许偶尔缺货
中等优先级	生产经营中比较重要的物品	允许合理范围内缺货
较低优先级	生产经营中需要，但可替代的物品	允许缺货

（三）库存管理策略

1. 定量订货库存管理策略

定量订货库存管理策略适用于品种数目少但占用资金大的 A 类库存。其优点有：每次订货之前都要详细检查和盘点库存，检查是否降低到订货点，能够及时了解和掌握库存动态；每次订货数量固定，且是预先确定好的经济订货批量，方法简便。缺点是：必须对所有存货的实物数量不断地加以核查和盘点，从而增加库存保管的维持成本；对各项存货的管理是分别进行的，该方式要求对每个品种单独进行订货作业，即不考虑产品联合订货，这样会增加订货成本和运输成本。

2. 定期订货库存管理策略

定期订货库存管理策略是以定期订货（Period Order Quantity，POQ）库存管理模式为基础的库存管理策略，采用的库存计划策略为（t，S）策略。其优点有：订货间隔时间确定，多种货物可同时进行采购，可以降低订单处理成本、运输成本和获得供应商的价格折扣；由于不需要经常进行库存盘点，只是到了订货周期开始才检查库存量，大大减少了库存管理人员的工作量，从而降低了库存管理费用。缺点有：由于不经常进行库存检查和盘点，对于企业存货的实际情况无法及时掌握，企业为了应对订货间隔期间内需要的突然变动，往往库存水平较高。

定量订货管理策略与定期订货库存管理策略在订货量、订货时间、库存记录和库存大小方面都有所区别。见表 7 - 4。

表 7-4　定量订货管理策略和定期订货库存管理策略的比较

特　征	定量订货库存管理策略	定期订货库存管理策略
订货量	固定（每次订货量相同）	变化的，每次订货量都不同
何时订购	在库存降到再订货点时	只在盘点期到来时
库存记录	每次出库都做记录	只在盘点期记录
库存大小	较小	较大

3. 双堆库存管理策略

双堆库存管理策略又称为两批库存管理策略，与定量订货库存管理策略原理相同，同属于固定数量订货库存管理策略。其优点是企业库存量形象化，简便易行。缺点是占用较多的仓库面积。双堆订货管理策略最适合于廉价的、用途较为单一的和前置时间短的物品。

4. 最大—最小库存管理策略

最小—最大库存管理策略是利用定量订货库存管理和定期订货库存管理的组合而得到的库存管理策略，采用（R，Q）库存计划策略与（t，S）库存计划策略的结合，又称为非强制性补充供货策略。

该库存管理策略要求企业确定库存量的最高水平、再订货点和固定的盘存周期。企业的库存水平按照固定的时间间隔进行检查，若在检查日库存余额高于预定的再订货点，便不订货；若在检查日库存余额等于或低于再订货点时，便进行订货，订货量等于最高库存水平减去盘存时的库存水平。

（四）库存决策模型

1. 期望值模型

实际库存问题中有些产品，如报纸、水果等，过期就无法销售了，为了满足对此类产品的需求，只能一次一次的做订购决策。销售出去的产品能够获得利润，而销售不出去的产品则会带来损失。因此，需要知道这种一次性订单到底应该有多大。

销售一单位产品所获得的单位收益为：利润＝单位价格－单位成本。

一单位产品销售不出去所产生的单位损失为：损失＝单位成本－单位残值。

在此类问题的库存模型中，订货费用一次投入，为一种沉没成本，与决策无关。库存费用也视为一种沉没成本，因此，只考虑超储成本和机会成本。

订货批量＞实际需求，发生超储成本（陈旧成本），对超出部分要降价处理或报废处理。

订货批量＜实际需求，发生缺货成本（机会成本），由于丧失销售机会，而造成的损失。

（1）期望损失最小法

比较不同订货批量下的期望损失，取期望损失最小的订货量作为最佳订货量。

$$E_L(Q)=\sum_{d>Q}C_u(d-Q)P(d)+\sum_{d<Q}C_0(Q-d)P(d) \tag{7-1}$$

式中：C_0——单位超储损失，$C_0=C-S$，S 为预定时间卖不出去的售价；

C_u——单位缺货损失，$C_u=P-C$；

P——单价；

Q——订货量；

d——需求量；

C——单位成本；

$P(d)$——需求量为 d 时的概率。

【示例】某种产品进价为 $C=50$ 元，售价为 $P=80$ 元。若 1 个月内卖不出，则每月按 $S=30$ 卖出。求该商店该进多少？该产品每个月的需求量的概率如表 7-5 所示。

表 7-5　产品每个月的需求量的概率

需求量	0	10	20	30	40	50
概率	0.05	0.15	0.2	0.25	0.2	0.15

解：当 $d>Q$ 时：机会损失 $C_u=P-C=80-50=30$（元）

当 $d<Q$ 时：超储损失 $C_0=C-S=50-30=20$（元）

当 $Q=0$ 时：$E_L(Q)=[30\times(10-0)\times0.15+30\times(20-0)\times0.2+30\times(30-0)\times0.25+30\times(40-0)\times0.2+30\times(50-0)\times0.15]=855$（元）

当 $Q=10$ 时：$E_L(Q)=[20\times(10-0)\times0.05]+[30\times(20-10)\times0.20+30\times(30-10)\times0.25+30\times(40-10)\times0.20+30\times(50-10)\times0.15]=580$（元）

当 $Q=20$ 时：$E_L(Q)=380$（元）

当 $Q=30$ 时：$E_L(Q)=280$（元）

当 $Q=40$ 时：$E_L(Q)=305$（元）

当 $Q=50$ 时：$E_L(Q)=430$（元）

由各种订货量下的损失值可以判断，在 $Q=30$ 时期望损失最小，因而最佳订货量 Q^* 即为 30。

(2) 期望利润最大法

比较不同订货量下的期望利润，取期望利润最大的订货量作为最佳订货量。

$$E_p(Q)=\sum_{d<Q}[C_u d-C_0(Q-d)]P(d)+\sum_{d>Q}C_u QP(d) \tag{7-2}$$

此时，C_u 代表每件获得的利润，其他同上。

示例中，当 $Q=30$ 时：

$E_p(Q)=[30\times0-20\times(30-0)]\times0.05+[30\times10-20\times(30-10)]\times0.15+[30\times20-20\times(30-20)]\times0.20+[30\times30-20\times(30-30)]\times0.25+[30\times0.20+30\times0.15]\times30=575$（元）

同理，可以计算出其他订货量下的利润值，选取使利润最大的订货量即为最佳订货量。

2. 经济订货批量模型

（1）经济订货批量模型

模型假设：需求速度是恒定的，单位时间内需求 D 件产品；订货批量固定在每次订货 Q 件，也就是说，每次仓库向供应商订购 Q 件产品；仓库每次订货都会发生一个固定的订货成本 C_0；库存产品放在仓库中保管时会发生库存持有成本，h 是每单位产品存放单位时间的库存持有成本；提前期（发出订单到收到货物的时间）为零；初始库存量为零；计划期无限长。库存总成本记为 C，则：

$$C=\frac{C_0 D}{Q}+\frac{hQ}{2} \tag{7-3}$$

应用微积分对上式求导，可以得出使成本最小所对应的订货量：

$$Q^{*}=\sqrt{\frac{2C_0 D}{h}} \tag{7-4}$$

【示例】某企业对某种产品的年度需求量为 60000 单位，每单位的价值为 $p=100$ 元/件，订货费用为每次 120 元，库存持有成本为按所存货物价值的 10%计算，求 EOQ。

解：该企业的经济订货批量为 $Q^{*}=\sqrt{\frac{2C_0 D}{h}}=\sqrt{\frac{2\times120\times60000}{10}}=1200$（件）

（2）EOQ 模型的调整

EOQ 的假设条件使得其适用性大打折扣，在实际应用中还必须考虑其他一些因素，比如在存在运费折扣及批量折扣的情况下，EOQ 可能就不是最优批量了，要根据折扣的情况来综合考虑决定最终要订货的数量。

①大批量时运费存在折扣。一般来说，一次订货的批量越大，单位运输成本就越低。在卡车运输和铁路运输中大批量装运存在运费折扣是很普遍的现象。于是，在其他条件都相同的情况下，企业希望以最经济的运输批量来进行购买，此时，最优的订货数量也许会大于用 EOQ 方法所确定的订货批量。

【示例】某企业对某种产品的年度需求量为 4000 单位；每单位成本为 5 元；存货持有成本百分比为 20%；订货成本为 20 元；小批量装运的费率为 1 元/单位；大批量装运的费率为 0.8 元/单位。

根据上述已知条件可计算出经济订货批量为 400 单位。

此时的总成本＝存货持有成本＋订货成本＋运输成本＝200＋200＋4000＝4400（元）

当 $Q=500$ 单位时，同样计算得：总成本＝250＋160＋3200＝3610（元）

比较上面结果可以看出 500 单位要比 400 单位节约 790 元的成本，因此，在存在运费折扣的情况下，通常最经济的订货批量不是 EOQ 算出的结果。

②大批量时产品本身存在价格折扣。在批量折扣的情况下，企业按照与给定的数量有关的价格计算总成本，以确定相应的订货量。如果按照折扣数量订购所获得的成本降低足以弥补增加的库存成本时，那么，数量折扣就是一个可行方案。

【示例】某公司每年需采购某种产品 1000 件。该产品的订货成本为 20 元，单位储存成本为每年 4 元，已知：当订货范围在 1～49 件的时候，执行单价 24 元/件；当订货范围在 50～79 件的时候，执行单价 22 元/件；当订货范围在 80～99 件的时候，执行单价 20 元/件；当订货范围在 100～119 件的时候，执行单价 18 元/件；当订货范围在 120 件以上的时候，执行单价 16 元/件。

解：根据已知条件，可计算得到 EOQ＝100（件）

此时的总成本 C_{100}＝1000×18＋（1000/100）×20＋（100/2）×4＝18400（元）

当享受比 EOQ 订货量更低的价格优惠时，最低订货量是 120，此时：

C_{120}＝1000×16＋（1000/120）×20＋（120/2）×4＝16407（元）

通过比较总成本发现，订 120 件要比 EOQ 算得的 100 件更经济，因此，最佳订货批量是 120 件。

第三节　供应链环境下库存管理方法

一、供应商管理库存

供应商管理库存（Vendor Managed Inventory，VMI）是一种以用户和供应商双方都获得最低成本为目的，在一个共同的协议下由供应商管理库存，并不断监督协议执行情况和修正协议内容，使库存管理得到持续地改进的合作性策略。这种库存管理策略体现了供应链的集成化管理思想，适应市场变化的要求，是一种新的、有代表性的库存管理思想。

VMI 管理模式是从快速响应（Quick Response，QR）和有效客户反应（Efficient Customer Response，ECR）基础上发展而来，其核心思想是供应商通过共享用户企业的当前库存和实际耗用数据，按照实际的消耗模型、消耗趋势和补货策略进行有实际根据的补货。由此，交易双方都变革了传统的独立预测模式，尽最大可能地减少由于独立预测的不确定性导致的商流、物流和信息流的浪费，降低了供应链的总成本。

特别是在零售行业中，零售商一直都饱受“长鞭效应”的苦恼，长期以来，为了保证产品销售的连续性，零售商一直独自管理产品库存，单独承担库存成本，而产品一直由几家供应商负责供应，为了保证自己在市场营销方面的核心竞争力和加强企业间合作程度，抑制“长鞭效应”，一些零售商决定实施供应商管理库存的供应链战略来进行企业之间的联盟，以降低成本。

二、联合库存管理

联合库存管理（Jointly Managed Inventory，JMI）是一种在 VMI 基础上发展起来的上游企业和下游企业权利责任平衡和风险共担的库存管理模式。联合库存管理强调供应链中各个节点同时参与，共同制订库存计划，使供应链过程中的每个库存管理者都从相互之间的协调性考虑，保持供应链各个节点之间的库存管理者对需求的预期保持一致，从而消除需求变异放大现象。联合库存管理打破了传统的各自为政的库存管理模式，有效地控制了供应链的库存风险，是一种新的有代表性的库存管理思想。

联合库存管理是解决供应链系统中由于各节点企业的相互独立库存运作模式导致的需求放大现象，提高供应链的同步化程度的一种有效方法。联合库存管理和供应商管理用户库存不同，它强调双方同时参与，共同制订库存计划，使供应链过程中的每个库存管理者（供应商、制造商、分销商）都从相互之间的协调性考虑，保持供应链相邻的两个节点之间的库存管理者对需求的预期保持一致，从而消除了需求变异放大现象。

三、联合计划、预测与补货

到货满足率低和库存量高是目前整个供应链体系所面临的一对矛盾，涉及整个供应链的各个环节。为了实现对供应链的有效运作和管理以及对市场变化的科学预测和快速反应，一种面向供应链的策略——CPFR 联合计划、预测与补货应运而生。

1996 年，北美跨产业商务标准自发联合会（Voluntary Inter-industry Commerce Standards Association，VICSA）提出"协作预测和补货"的理念。1997 年，这一理念又被进一步扩展为 CPFR（Collaborative Planning Forecasting and Replenishment，CPFR)。在 VICSA 下形成了 CPFR 工作委员会，1998 年颁布了 CPFR 的指导方针。1999 年，开发了 CPFR 伙伴关系协作模式。同年，支持 CPFR 的应用软件产品也开始问世，试点企业从美国沃尔玛零售商等少数公司扩展到 Safeway、P&G、安永咨询、全美体育监制委员会等大型机构。2000 年后，CPFR 委员会在全球商业规划协会（GCI）的积极赞助下，召开了相关会议，进行了多次交流，吸收了促销计划、例外处理、多层协作和同步化等经营理念，借鉴了 100 多个实施 CPFR 项目的经验，于 2002 年 6 月公布了 2.0 版的 CPFR，该版本是北美 VICSA 与欧洲 ECR 协会及各国 ECR 组织共同协作的结果。

CPFR 提供了一整套工作流程，该流程以提高消费者价值为共同目标，通过供应链上企业的相互协作，共享标准化信息，制订有既定目标的计划，开展精确的市场预测，有效地管理库存，根据需求动态及时补货，以提高整个供应链的业绩和效率。CPFR 既是一种理念，也是一系列活动和过程，它帮助合作伙伴建立准确预测和高效的补货计划，使得在高水平的服务商扩大销售并降低库存。

CPFR 的运作流程可以分为计划、预测和补货 3 个阶段，共包括了 9 个主要流程活动：

第一步：供应链达成前端协议。供应链合作伙伴包括零售商、分销商和制造商等为合作关系建立方针和规则，共同达成一个通用业务协议，包括合作的全面认识、合作目标、机密协议、资源授权、合作伙伴的任务和成绩的检测。

第二步：创建联合业务计划。供应链合作伙伴间相互交换战略和业务计划信息，以在联合业务计划上开展协作。合作伙伴首先创建合作伙伴战略，然后定义分类任务、目标和策略，并建立合作项目的项目管理框架（如订单最小批量、交货期、订单间隔等)。

第三步：创建销售预测。用销售数据来创建和支持联合业务计划的销售预测。消费数据依据产品、行业和贸易伙伴的不同而不同。

第四步：确认销售预测的例外情形。识别分布在销售预测约束之外的项目，每个项目的例外准则需要在第一步中得到认同。

第五步：销售预测例外的解决/协作。通过查询共同数据库、E-mail、电话、交谈和会议等，协商解决销售预测的例外情况，并将产生的变化提交给第三步的销售预测环节。

第六步：创建订单预测。整合 POS 的数据、因果关系信息和库存策略，产生一个支持共享销售预测和共同业务计划的订单预测和联合业务计划的详细订单预测。提出时段性的实际需求数量，并通过产品接收地点反映库存策略。订单预测周期内的短期部分被用于产生订单，在冻结预测周期外的长期部分用于计划。

第七步：确认订单预测例外情形。该步确定什么项目落入买卖双方联合制定的订单预测例外标准的约束之外。

第八步：订单预测例外项目的解决和合作。通过查询共享数据、E-mail、电话、交谈、会议等，调查研究订单预测例外情况，并将产生的变化提交给第六步的订单预测环节。

第九步：订单产生。将订单预测转换为可承诺的订单，订单产生可由制造商或者分销商根据能力、系统和资源来完成。

四、JIT 库存控制技术

JIT 库存控制技术是基于 JIT 准时生产制要求而进行相应库存管理的一种技术方法。日本的制造业已经广泛地采用不同程度的 JIT 管理体系；美国工业企业已有约 40%以上使用该方法控制企业库存；澳大利亚前 450 家最大的制造商中 39%吸取 JIT 的管理方式。

JIT 的基本思想是：只有在需要的时候，按需要的量生产所需的产品。其核心是追求无库存生产，或者使库存达到最小。JIT 实行生产同步化，使工序间在制品库存接近于零，工序间不设置仓库，前一工序加工结束后，即将产品马上转入下一道工序，装配线与机械加工几乎同时进行，产品被一件件连续地生产出来。在制品库存的减少可使设备故障、次品及人员过剩等问题充分暴露，并针对问题提出解决办法，从而带来生产率的提高。

在原材料库存控制方面，若仅考虑价格与成本之间的关系，依照传统的库存控制策略，就可能为赢得一定的价格折扣而大量购入物品。按照 JIT 要求进行采购时不仅考虑价格与费用之间的关系，还考虑了许多非价格的因素，如与供应商建立良好的关系，利润分享且相互信赖，以减少由于价格的波动对企业带来的不利影响，选择能按质按时提供货物的供应商，保证 JIT 生产的有效运行。这样，JIT 就有效地控制了原材料库存，从根本上降低了库存。

（一）JIT 的目标

JIT 的中心思想是消除一切无效劳动和浪费，具体来说，它的目标有：

1. 零废品

传统的生产管理中，一般企业只提出可允许的不合格品的百分数和可接受的质量水平。而 JIT 的目标是消除各种引起产品不合格品质的因素，在加工过程中，每一工序都力求达到最好水平，尽量不生产出废品。

2. 零库存

在传统的生产系统中，在制品库存和产成品库存被视为资产，表明生产系统中已累计的增值。而 JIT 则认为，任何库存都是浪费。库存是生产系统设计不合理、生产过程不协调、生产操作不规范的产物，必须予以清除。

3. 订货时间最少

订货时间长短与批量选择相关。如果订货时间接近于零，就意味着批量生产的优越性不复存在。确定经济批量的目的是使库存总费用最小，而库存总费用是由仓库保管费与订货费所决定的，批量大意味着库存量高，仓库保管费高；而批量小则库存量低，仓库保管费也低。但是，批量小必然增多订货次数，在一般情况下，订货费用也随之增加。如果订货时间趋于零，则订货成本也趋于零，就有可能采用极小批量。

（二）JIT 库存控制技术的关键做法

1. 生产准备耗费与储存成本控制

传统观念以为生产准备耗费或订购成本与储存成本是必然存在的，因此，传统的库存控制方法是找到一个理想的储量，其成本之和为最低。与此相反，JIT 的观念认为这两类成本并不是既定的，可以寻求方法和采取措施使之下降，或者趋于零。它是通过以下 3 种途径实现的：

（1）引进先进的机器设备，计算机辅助控制与操作已使得生产准备阶段所耗时间变得很短，从而使准备耗费大幅度下降。

（2）仅选择几个可靠的供应商，且与其建立起长期的订购关系，采取业务仅由电话或是传真的方式进行，由此采购费用大幅度下降。

（3）选定的供应商可按时、按量、按质将材料运到。因此，企业的库存可以压低到极限，储存成本也可降低到最低水平。

2. 保证交货期

能够按期交货是衡量企业是否有能力满足顾客需求的关键标准之一。传统处理方式是由储存一定量的产成品来满足交货期需求。然而，JIT 采用改善企业内部机制、大幅度缩短“提前期”的方式实现，这里的提前期是指顾客从提出要货到拿到货物所需的时间。提前期缩短，能够提高企业应对市场需求变化的能力。JIT 在这方面的改革包括以下 4 点：

（1）降低生产准备时间以缩短提前期。

（2）提高材料、零部件和产成品的质量。消除生产废品及事后检验的时间耗费。

（3）改革生产过程的布局方式，由部门型或职能型转化为以产品为中心的生产布局方式，由此缩短原材料—零部件—产品转移过程。

（4）库存方式由集中型转化为小而分散式，减少了库存空间和资金占用。

3. 避免事故损失

JIT 的观念认为，正是由于允许存货的存在而掩盖了急需管理的问题，因此，JIT 的库存控制方法有以下 3 种：

（1）追求设备失灵率为零的目标，强调全员参与设备的日常保养与维修。

（2）从采购到内部生产进行全面质量控制。

（3）利用看板管理法保证生产过程的物流畅通。

五、MRP 库存控制技术

物料需求计划（Material Requirement Planning，MRP）是被设计并用于制造业库存管理信息处理的系统，它解决了如何实现制造业库存管理目标——在正确的时间按正确的数量得到所需的物料这一难题。

在 MRP 问世之前，库存计划通常采用订货点法。但是，订货点法只能保证稳定均衡消耗情况下不出现短缺，不能保证消耗多变情况下不出现短缺，也无法起到降低库存的作用。1965 年美国的 J. A. 奥列基博士提出独立需求和从属需求的概念，同时指出订货点法只适用于独立需求物品。传统生产与库存管理的一个严重缺陷是混淆了这两种需求的区别，错误地把只适用于独立需求的库存控制方法应用于从属需求的物品。正是为了解决这个矛盾，美国生产管理和计算机应用专家 Oliver W. Wight 与 George W. Plosh 首先提出了物料需求计划（MRP）。IBM 公司首先在计算机上实现了 MRP 处理。随后，MRP 经历了一个由基本 MRP 到闭环 MRP，再到 MRPⅡ，然后再到 MRPⅢ的发展过程。

MRP 的基本原理是：由主生产进度计划（Master Production Schedule，MPS）和主产品的层次结构逐层逐个地求出产品所有零部件的出产时间、出产数量。如果是自己加工，就形成了加工任务单。如果是向外采购，就形成了采购任务单。因此，MRP 是从最终产品的生产计划导出相关物料的需求量和需求时间；根据物料需求时间和生产（订货）周期确定其开始生产（订货）的时间。

MRP 的基本任务是编制零件的生产计划和采购计划。然而，要正确编制这些计划，首先必须落实产品的生产进度计划，即主生产计划，这是 MRP 展开的依据。MRP 还需要知道产品的零件结构，即物料清单（Bill of Materials，BOM），这样才能把主生产计划展开成零件计划。同时，还必须知道所需物料的库存数量才能准确计算出零件的采购数量。

由此可见，基本 MRP 的依据是：主生产进度计划（MPS）、主产品物料清单(BOM)、库存信息。它们之间的逻辑流程关系如下图所示。

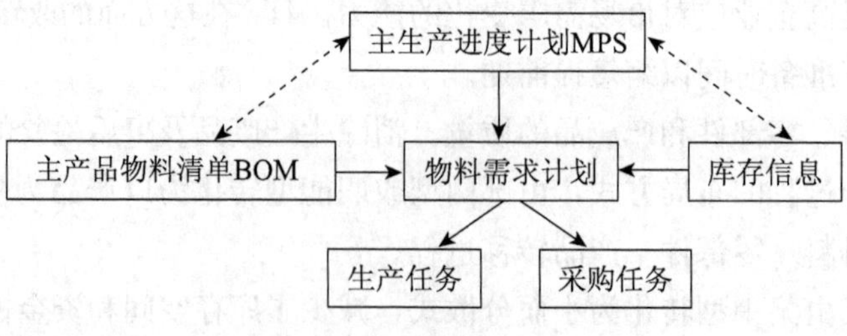

基本 MRP 逻辑

上图中，主生产计划是确定每一具体的最终产品在每一具体时间段内生产数量的计划，其中，最终产品是指对于企业来说最终完成并将出厂的产成品，它要具体到产品的品种型号，具体时间段通常是以周为单位，在有些情况下，也可以是日、旬、月。主生产计划详细规定生产什么，什么时间应该产出，它是独立需求计划。主生产计划根据客户合同和市场预测，把经营计划或者生产大纲中的产品系列具体化，使之成为展开物料需求计划的主要依据，起到了从综合计划向具体计划过渡的作用。MRP 系统要正确计算出物料需求的数量和时间，特别是相关需求物料的数量和时间，首先要让系统能够知道企业所制造产品的结构和所有要使用的物料。当然，这并不是最终的 BOM。为了便于计算机识别，必须把产品结构图转换成规范的数据格式，这种用规范的数据格式来描述产品结构的文件就是物料清单。它必须说明部件中各种物料需求的数量和相互之间的组成结构关系。库存信息是保存企业所有产品、零部件、在制品和原材料等库存状态的数据，在 MRP 系统中，将产品、零部件、在制品和原材料等统称为物料或者项目。库存信息包括现有库存量和计划收到量（进货在途量）。

第四节　零库存管理

一、零库存的概念

零库存是一种特殊的库存概念，是库存管理的理想状态，它并不要求企业的某些物品的储存量真正为零，而是通过实施特定的库存控制策略，使得物品（包括原材料、半成品和产成品）在采购、生产、销售、配送等一个或几个经营环节中，不以仓库存储的形式存在，而均处于周转的状态，实现供应链节点企业库存量的最优化。

二、零库存管理的主要形式

零库存管理不仅应用在生产环节，而且延伸到原材料采购、物流配送以及产成品销售环节。目前主要运作形式有委托保管、协作式分包、同步方式、准时制方式、无库存储备。

（一）委托保管

委托保管方式是接受用户的委托，由受托方代存代管所有权属于用户的物资，从而使用户不再保有库存，甚至可不再保有保险储备库存，从而实现零库存。受托方收取一定数量的代管费用。这种零库存形式优势在于：受委托方利用其专业的优势，可以实现较高水平和较低费用的库存管理，用户不再设库，同时，减少了仓库及库存管理的大量事务，集中力量于生产经营。但是，这种零库存方式主要是靠库存转移实现的，并不能使库存总量降低。

（二）协作式分包

协作分包方式主要是制造企业的一种产业结构形式，这种结构形式可以为若干企业的柔性生产准时供应，使主企业的供应库存为零；同时，主企业的集中销售库存使若干分包劳务及销售的企业销售库存为零。

在许多发达国家，制造企业都是以一家规模很大的主企业和数以千百计的小型分包企业组成一个金字塔形结构。主企业主要负责装配和产品开拓市场的指导，分包企业各自分包劳务、分包零部件制造、分包供应和分包销售。例如，分包零部件制造的企业，可采取各种生产形式和库存调节形式，以保证按主企业的生产速率，按指定时间送货到主企业，从而使主企业不再设一级库存，达到推销人或商店销售可通过配额、随供等形式，以主企业集中的产品库存满足各分包者的销售，使分包者实现零库存。

（三）同步方式

同步方式也称轮动方式，是在对系统进行周密设计前提下，使各环节速率完全协调，从而根本取消甚至是工位之间暂时停滞的一种零库存、零储备形式。这种方式是在传送带式生产基础上进行更大规模延伸形成的一种使生产与材料供应同步进行，通过传送系统供应从而实现零库存的形式。

（四）准时制方式

准时制方式是依靠有效的衔接和计划达到工位之间、供应与生产之间的协调，从而实现零库存。看板方式是准时制方式中一种简单有效的方式。它是日本丰田公司首先采用的。在企业的各工序之间，或在企业之间，或在生产企业与供应者之间，采用固定格式的卡片为凭证，由下一环节根据自己的节奏，逆生产流程方向，向上一环节指定供应，从而协调关系，做到准时同步。

（五）无库存储备

国家战略储备的物资往往是重要物资，一般这种储备都保存在条件良好的仓库中，以防止其损失，延长其保存年限，因此，实现零库存几乎是不可想象的事。无库存的储备，是仍然保持储备但不采取库存形式，以此达到零库存。有些国家将不易损失的铝这种战备物资做成隔音墙、路障等储备起来，以备万一，实现在仓库中不再保有库存。

企业自诞生之日起，就难以摆脱库存的困扰，如何降低库存成本、提高库存周转效率，一直是企业格外关心却不容易实现的难题。也正因为如此，零库存的诱惑才非常大。由于产品是依托于整条供应链的运转才得以生产、加工和销售的，产品的价值或价格是由整条供应链的成本决定的，而不仅是某个环节。所谓的零库存应该以整条供应链为考虑基础，而不要仅仅是简单的将库存压力转嫁给供应商或者其他公司。因此，要真正实现零库存，需要以下几个必要条件：

（1）整条供应链的上下游企业协同配合，仅靠某个企业是绝对不可能的。

（2）供应链上下游企业的信息化水平相当，并且足够高，因为零库存是与 JIT 精益生产相伴而生的。这样才能顺其自然地实现供应链伙伴间的零库存。

（3）要有强大的物流系统作支撑。

零库存不是某个企业一相情愿的事情，它不仅依托于整个供应链上下游企业的信息化程度，还需要有合适的产业环境、社会环境，乃至国情。盲目追求形式上的零库存，只会使强势环节欺压弱势环节，最终破坏整个供应链的平衡。从现实需求和长远发展看，实现整条供应链的信息化联动，才是通向零库存的必由之路。

练习思考题

一、简答题

1. 如何认识仓储在企业物流系统中的作用?
2. 简述企业仓储的类型。
3. 简述自有仓库仓储和租赁公共仓库仓储的优缺点。
4. 请阐述库存持有成本和订货成本的关系。
5. ABC 分类库存管理策略包括了哪些内容?
6. CAV 的基本思想是什么?
7. 零库存的主要形式有哪些?

二、论述题

1. 为什么企业要保有库存? 请结合企业库存管理的特点进一步分析。
2. 如何认识缺货成本? 请分析缺货成本造成的损失。

三、计算题

某公司某材料年用量为 4000 吨，该商品单位购买成本为 50 元，每次订货成本为 20 元，每吨储存费用为 1 元。求:

1. 计算该商品的最佳经济批量。
2. 若一次购入商品超过 500 件，价格优惠 2%，则经济批量又为多少?

实训项目

对某一具体企业的库存物品展开实际的统计调查，试用 ABC 分类法对其库存物品进行分类，并针对每类库存物品提出实际可行的管理措施。

第八章　物流辅助作业

引导案例

云南双鹤医药的装卸搬运

一、案例简介

云南双鹤医药有限公司是北京双鹤这艘医药航母部署在西南战区的一艘战舰，是一个以市场为核心、现代医药科技为先导、金融支持为框架的新型公司，是西南地区经营药品品种较多、较全的医药专业公司。

虽然云南双鹤已形成规模化的产品生产和网络化的市场销售，但其流通过程中物流管理严重滞后，造成物流成本居高不下，不能形成价格优势。这严重阻碍了物流服务的开拓与发展，成为公司业务发展的“瓶颈”。

装卸搬运活动是衔接物流各环节活动正常进行的关键，而云南双鹤恰好忽视了这一点，由于搬运设备的现代化程度低，只有几个小型货架和手推车，大多数作业仍处于人工作业为主的原始状态，工作效率低且易损坏物品。另外，仓库设计的不合理，造成长距离的搬运，加之库内作业流程混乱，形成重复搬运，大约有70%的无效搬运，这种过多的搬运次数，损坏了商品，也浪费了时间。

二、案例解析

如果说物流硬件设备像人的身体，那么，物流软件解决方案则构成了人的智慧与灵魂，灵与肉的结合才是完整的人。同理，要想构筑先进的物流系统，提高物流管理水平，单靠物流设备是不够的，还需要减少装卸搬运环节，改善装卸作业，即要设法提高装卸作业的机械化程度，还必须尽可能地实现作业的连续化，从而提高装卸效率，缩短装卸时间，降低物流成本，其合理化措施有以下几方面。

(一) 防止和消除无效作业

尽量减少装卸次数，努力提高被装卸物品的纯度，选择最短的作业路线等，都可以防止和消除无效作业。

(二) 提高物品的装卸搬运活性指数

企业在堆码物品时事先应考虑装卸搬运作业的方便性，把分好类的物品集中放在托盘上，以托盘为单元进行存放，既方便装卸搬运，又能妥善保管好物品。

（三）积极而慎重地利用重力原则，实现装卸作业的省力化

装卸搬运使物品发生垂直和水平位移，必须通过做功才能完成。由于我国目前装卸机械化水平还不高，许多尚需人工作业，劳动强度大，因此，必须在有条件的情况下利用重力进行装卸，将设有动力的小型运输带（板）斜放在货车、卡车上进行装卸，使物品在倾斜的输送带（板）上移动，这样就能减轻劳动强度和能量的消耗。

（四）进行正确的设施布置

采用“L”形和“U”形布局，以保证物品单一的流向，既可避免物品的迂回和倒流，又可减少搬运环节。

云南双鹤医药的装卸搬运案例表明，装卸搬运活动是衔接物流各环节活动正常进行的关键，从云南双鹤医药的装卸搬运案例不难看出，装卸搬运应减少操作次数，提高装卸搬运活性指数，实现装卸作业的省力化等。

三、案例涉及的主要知识点

装卸搬运：在同一地域范围内（如车站范围、工厂范围、仓库内部等）以改变“物”的存放、支承状态的活动称为装卸搬运装卸，以改变“物”的空间位置的活动称为搬运，二者全称装卸搬运。

搬运活性指数：指搬运某种状态下的物品所需要进行的 4 项作业（集中、搬起、升起、运走）中已经不需要进行的作业数目。

装卸搬运合理化是：指以尽可能少的人力和物力消耗，高质量、高效率地完成仓库的装卸搬运任务，保证供应任务的完成。

学习导航

要了解并掌握包装、装卸搬运及流通加工的含义，认识包装、装卸搬运的设备，理解并清楚流通加工与一般生产加工的区别。

第一节　包　　装

一、包装的定义及作用

国家标准《物流术语》（GB/T 18354—2006）中，对包装的定义是：“为在流通过程中保护产品、方便储运、促进销售，按一定技术方法而采用的容器、材料及辅助物等的总体名称。也指为了达到上述目的而采用容器、材料和辅助物的过程中施加一定技术方法等的操作活动。”由此可见，包装是指在物流过程中为保护产品，方便储运，促进销售而按一定技术方法采用容器、材料及辅助物等将物品包封并标注适当标志的工作总称。简言之，包装是包装物及包装操作的总称。

包装既是生产过程的终点，也是物流过程的起点。包装是物流操作过程中的一个职能活动，它发挥着重要的作用。包装的作用具体体现在：

(1) 包装能够使得商品的流通变得便利。

(2) 包装能够保护商品，使得商品可以抵御装卸搬运、流通加工、配送、运输、储存过程中的各种损害。

(3) 包装可以增加商品的美观度和附加值，促进商品的销售。

(4) 包装上可以印刷商品的使用说明和注意事项等，能够指导消费者正确使用商品。

包装不仅从运输角度满足保护物品、单元化商品和彼此区别等功能要求，而且可以反映物流过程中必须通过包装来反映的物流信息。因此，包装的设计十分重要，必须根据物流方式的不同要求来进行具体的包装设计。

二、常用包装技术

包装过程中经常用到的技术有以下方面。

(一) 通用包装技术

通用包装技术是指充填技术、装箱技术、裹包技术、封口技术和捆扎技术等，包括所用的容器、材料和辅助物以及所使用的操作技术方法。

(二) 防震包装技术

防震包装技术是指为了缓冲内装物品在搬运过程中所受到的振动和冲击，保护内状物免受损坏而采取的保护措施。该种技术的重点是包装材料的选取和包装结构的科学设计。

(三) 集装单元化技术

使用不同的方法和器具把有包装或者无包装的物品整齐地汇集成为一个扩大的、便于装卸搬运、能够在整个物流过程中保持一定形状的作业单元的技术，称为集装单元化技术，简称集装技术。

集装单元化的概念源于装卸搬运方式的演进，杂散货物的组合方式是随着科学技术进步而发展的。在起重机、装卸机等机械没有普遍采用时，装卸作业全是依靠人力进行的，杂散货物的组合包装程度主要受到两个因素的制约：一是包装材料的限制，包装材料强度和材料自重约束了包装体的大型化；二是人力装卸能力的限制。包装必须限制在人的最大体能范围之下。随着运输业的迅速发展，运输工具的大型化、高速化，使高效运输与一件一件的低效率装卸成为物流过程中的主要矛盾。集装是材料科学和装卸技术两个方面有了突破进展之后才出现的，用大单元实现组合，是整个包装技术的一大进展。集装化是解决这一矛盾的最有效的途径，因此得到稳定、快速的发展。集装单元化既是一种包装方式，也是一种新的运输方式，目前世界各国大都采用了集装单元化进行物流活动。

1. 集装单元化的条件

标准化和批量化是现代化生产的两项基本原则。前者是生产社会化、机械化、自动化的前提，后者是降低生产成本的主要途径。集装单元化是这两项基本原则在物流过程中的运用。在现代生产中，同一产品在本企业甚至全国范围内实现了标准化和批量化，但成千上万种产品同时进入物流系统，对物流系统来说，它们是非标准化、零星的。采用集装单元化技术，使物流实现标准化和批量化，物流也就可以像生产一样实现社会化、机械化和自动化，并降低成本。因此，现代集装单元化应具备以下 3 个条件。①通用化。即集装单元化要与物流全过程的设备与工艺相适应，不同形式的集装单元化方法之间、同一集装单元化方法的不同规格的集装工具之间相协调，以便在物流全过程中畅通无阻。②标准化。即从集装单元化术语的使用、集装工具的外形和重量、集装工具材质、性能、试验方法、装卸搬运加固规则一直到编号和标志，都必须标准化，以便进行全社会和国际间的流通和交换。③系统化。集装的概念不单纯是指集装工具，而是包括集装工具在内的成套物流设施、设备、工艺和管理的总和，是一个联系生产与生产、生产与消费的动态系统。

2. 集装单元化的意义

集装单元化技术是指物流管理硬技术（设备、器具）与软技术（为完成装卸搬运、储存、运输等作业的一系列方法、程序和制度等）的有机结合。它是采用先进的科学技术与科学的管理方法相结合的复合技术，既有设备、器具的机械化、自动化技术，又有合理组织这些设备、器具充分发挥作用的管理技术。它是物流技术进步和结构创新的一个重大举措，具有重要的意义。

(1) 为装卸机械化、自动化创造了条件，加速了运输工具的周转，缩短了货物送达时间，从总体上提高了运输工具载重量和容积的利用率，促进装卸合理化。

(2) 节约包装材料，减少包装费用，同时减少物流过程的货损、货差，保证货物安全。

(3) 便于堆码，提高了仓库、货场单位面积的储存能力。

(4) 便于清点货物，简化物流过程的各个环节间、不同运输方式之间的联合运输，实现“门到门”的一条龙服务。

(5) 减轻或完全避免污秽货物对运输工具和作业场所的污染，改善了环境状态。

总之，通过集装单元化技术的推广使用，可使物流费用大幅度降低，同时使传统的包装方法和装卸搬运工具发生根本变革。集装单元本身就成为包装物和运输工具，能够对包装、装卸、储存、运输等活动进行综合规划和有效整合，是物流过程中一种非常有效、便利的技术。

3. 集装单元化器具

(1) 托盘：一种载货台，其主要特点是堆码包装装卸搬运，方便灵活，而且效率高。

(2) 集装箱：一种大型包装箱，其主要特点是容量大、坚固，便于长途拖运，保护箱内货物免遭损坏，安全可靠，以箱代储。

三、包装合理化

所谓包装合理化，是指在包装过程中使用适当的材料和适当的技术，制成与物品相适应的容器，节约包装费用，降低包装成本，既满足包装保护商品、方便储运、有利销售的要求，又要提高包装的经济效益的包装综合管理活动。

要保证包装合理化既要防止包装不足也要防止包装过剩。一方面，由于包装强度不足，包装材料不足等因素所造成商品在流通过程中发生的损耗不可低估。另一方面，可能由于包装物强度设计过高，包装材料选择不当而造成包装过剩。

包装合理化的主要表现为以下方面。

(1) 包装的轻薄化。由于包装只是起保护作用，对产品使用价值没有任何意义，因此，在强度、寿命、成本相同的条件下，更轻、更薄、更短、更小的包装，可以提高装卸搬运的效率。

(2) 包装的单纯化。为了提高包装作业的效率，包装材料及规格应力求单纯化，包装规格还应标准化，包装形状和种类也应单纯化。

(3) 符合集装单元化和标准化的要求。包装的规格与托盘、集装箱关系密切，也是应考虑到与运输车辆，搬运机械的匹配，从系统的观点制定包装的尺寸标准。

(4) 包装的机械化与自动化。为了提高作业效率和包装现代化水平，各种包装机械的开发和应用时很重要的。

(5) 注意与其他环节的配合。包装是物流系统组成的一部分，需要和装卸搬运、运输、仓储等环节一起综合考虑、全面协调。

(6) 有利于环保。包装是产生大量废弃物的环节，处理不好可能造成环境污染。包装材料最好可反复多次使用并能回收再生利用；在包装材料的选择上，还要考虑不对人体健康产生影响，对环境不造成污染，即所谓的“绿色包装”。

绿色包装（Green Package）又可以称为无公害包装和环境之友包装（Environmental Friendly Package），指对生态环境和人类健康无害，能重复使用和再生，符合可持续发展的包装。它的理念有两个方面的含义：一个是保护环境，另一个是节约资源。

第二节　装卸搬运

一、装卸搬运的定义

装卸搬运是由装卸和搬运两个活动构成的。装卸是指在车站范围、工厂范围和仓库内部范围等地域以人力、机械等装入或卸下物品的物流活动，其结果是物品的垂直位移。搬运则是指在同一地域范围内对物品进行水平移动的物流活动，其结果是物品的水平位移。这两部分在实际物流作业中是密不可分、相依相伴发生的，通常合称为装卸搬运，而习惯上又常常以“装卸”或者“搬运”来代替“装卸搬运”的完整含义。

装卸搬运在供应链物流活动中虽然只是附属性和保障性的功能活动，但是其地位仍然是很重要的。物流活动过程中离不开装卸搬运，它出现在运输的起始地、目的地和仓储业务的各个环节中的频率很高。装卸搬运活动需要花费大量的人力、物力和时间等，是影响物流效率和成本的重要环节，在物流成本中占有较高的比例。以我国为例，铁路运输的装卸搬运作业费用约占总物流装卸搬运费用的 20%，船舶运输则约占到 40%。另外，装卸过程也是最容易造成货物破损、遗失、损耗、混淆等问题的环节。因此，提高效率、保证质量、降低装卸搬运成本，是一项不可忽视的重要问题。

装卸搬运环节的技术包括装卸，搬运设备及其操作、维修技能，以及装卸作业科学管理，合理调度方法等。

二、装卸搬运作业的分类

装卸搬运作业可以依据作业场所、操作特点等而进行分类。

(一) 按照作业场所分类

根据装卸搬运作业场所的不同，流通领域的装卸搬运作业基本分为铁路装卸、港口装卸和场库装卸 3 类。

铁路装卸是指在铁路车站进行的装卸作业。除了装卸火车车厢的货物以外，还包括汽车在铁路货场和站台旁的装卸作业，铁路仓库和堆场的堆码、拆取、分拣、配货、中装等作业。

港口装卸是指在港口进行的各种装卸作业，包括在码头前沿的装卸船作业、前沿与后方间的搬运作业、港口仓库的堆码、拆取、分拣、理货等作业。

场库装卸是指在货主处进行的装卸作业，即铁路列车和汽车在厂矿或者储运业的仓库、堆场、物流中心等处进行的装卸作业。

(二) 按照操作特点分类

根据装卸搬运作业操作特点的不同，流通领域的装卸搬运作业可以分为堆码拆取作业、分拣配货作业和挪动移位作业 3 类。

堆码拆取作业包括车厢、船舱、仓库内的码垛和拆垛作业。

分拣配货作业包括将货物按品类、到站顺序、货主等不同特征进行分类的作业；按去向、品类构成等一定原则要求，将已分类的货物集合为车辆、集装箱、托盘等装货单元的作业。

挪动移位作业，即单纯地改变货物的支承状态的作业（如从汽车上将货物卸到站台上等）和显著（距离较远）改变空间位置的作业。

(三) 按照作业方式分类

根据装卸搬运作业方式的不同，流通领域的装卸搬运作业分为吊装吊卸法和滚装滚卸法两类。

吊装吊卸法（垂直装卸法），主要是使用各种起重机械从货物上部起吊，依靠起吊装置的垂直移动实现装卸，并在吊车运行的范围内或回转的范围内实现搬运或依靠搬运车实现小搬运。

滚装滚卸法（水平装卸法），是以改变货物水平方向的位置为主要特征的方法。如各种轮式或履带式车辆通过站台等。

(四) 按照作业对象分类

根据装卸搬运作业对象的不同，流通领域的装卸搬运作业分为单件装卸、集装作业和散装作业3类。

单件装卸是非集装按件计的货物逐个进行装卸操作的作业方法。单件作业对机械、装备、装卸条件要求不高，因此，机动性较强，可在很广泛的地域内进行而不受固定设施、设备的地域局限。单件作业可采取人力装卸、半机械化装卸及机械装卸。由于逐件处理，反复作业次数较多，装卸速度慢，容易出现货损、货差。单件作业的装卸对象主要是包装杂货，多种类、少批量货物及单件大型、笨重货物。

集装作业是对集装货载进行装卸搬运的作业方法。集装作业一次作业装卸量大，装卸速度快，且在装卸时并不逐个接触货体，而仅对集装体进行作业，因此，货损小，货差也较小。由于集装单元较大，集装作业只能采用机械进行装卸，同时，必须在有条件的场所进行作业，不但受装卸机具的限制，而且受集装货载存放条件的限制，因此，机动性较差。集装作业的对象范围较广，一般除特大、重、长的货物和粉、粒、液、气状货物外，都可以进行集装。集装作业的常见方法包括集装箱作业法、托盘作业法、货捆作业法、滑板作业法、网袋作业法以及挂车作业法等。

散装作业法。对煤炭、矿石、粮食、化肥等块、粒、粉状物采用重力法（即通过筒仓、溜槽、隧洞等方法）、倾翻法（即铁路的翻车机）、机械法（抓、舀等）、气力输送（用风机在管道内形成气流，应用动能、压差来输送）等方法进行装卸。装卸可连续进行，也可采取间断的装卸方式，但都需要采用机械化设施、设备。

（五）按照装卸设备作业原理分类

根据装卸作业原理不同，流通领域的装卸作业可以分为间歇作业法和连续作业法两类。

间歇作业法。货物支承状态和空间位置的改变是以间歇、循环方式进行的，主要使用起重机械、工业车辆、专用机械进行作业，具有较强的机动性，装卸地点可在较大范围内变动，主要适用于货流不固定的各种货物，尤其适于包装物、大件货物。

连续作业法。货物支承状态和空间位置的改变是连续进行的，主要使用连续输送机械组合而成的专用机械进行作业，作业过程中不停顿，货间无间隔。一般散堆货物和重量轻、体积小的包件货物适合采取连续作业法进行装卸搬运。

（六）按照作业手段和组织水平分类

按作业手段和组织水平，可以分为人工作业法、机械化作业法和综合机械化作业法3类。

人工作业法就是人力使用无动力器械作业，它是一种古老的作业方法。这种作业方法的劳动强度大、作业效率低、安全程度差、作业能力不能适应现代化生产和流通的需要，一般适用于作业量小、临时性以及难以集装化的货物。

机械化作业法使用各种装卸搬运机械代替人的各种操作来完成装卸搬运作业。这种作业方法也是装卸搬运作业史上的重大技术改进。从理论上来说，人力的操作都可以使用相应的机械代替，然而，机械作业法的技术发展到一定程度之后，其效率和效益就难以继续提高了。

综合机械化作业法。协调物流过程中的组织、运营、管理和工艺等，使得物流设备和设施能够配套应用，用计算机作为信息传递和运营管理的载体，实现自动化控制整个装卸搬运过程的方法。

三、装卸搬运设备

按照主要用途和结构特征分类，装卸搬运设备可以分为起重设备、连续输送设备、装卸搬运车辆、专用装卸搬运设备等。其中，专用装卸搬运设备包括托盘装卸搬运设备、集装箱装卸搬运设备、船舶装卸搬运设备和分拣设备等。

按照货物种类分类，装卸搬运设备分为长大笨重货物的装卸搬运设备、散装物料的装卸搬运设备、成件物品装卸搬运设备和集装箱装卸搬运设备等。

下面将分别介绍各种常见的装卸搬运设备。

（一）起重设备

起重机是一种能把货物垂直吊起，并在有限的距离内水平搬运货物的机械设备。按其结构特点，可以分为电动葫芦、单梁起重机、桥式起重机、龙门起重机、岸壁起重机、门式起重机、轮胎起重机等。图 8－1 和图 8－2 所示为门式起重机和岸壁起重机的实物图。

图 8－1　门式起重机

图 8－2　岸壁起重机

（二）连续输送设备

连续输送设备是以连续的方式沿着一定的路线从装货点到卸货点均匀输送货物和成件包装货物的机械设备。常见的输送机有带式输送机、斗式提升机、链式输送机、悬挂输送机、辊子输送机、气力输送机、振动输送机等。按不同的安装方式分，输送机有固定式和移动式两大类。固定输送机是指整个设备固定安装在一个地方，不能再移动，主要用于固定输送的场合，如专用码头、仓库中货物的移动，以及工厂工序之间的原材料、半成品和成品的输送。它具有输送量大、能耗低、效率高等特点。移动式输送机是指整个设备安装在车轮上，可以移动，具有机动性强、利用率高等特点，适用于中小仓库。图 8-3 为带式输送机的实物图。

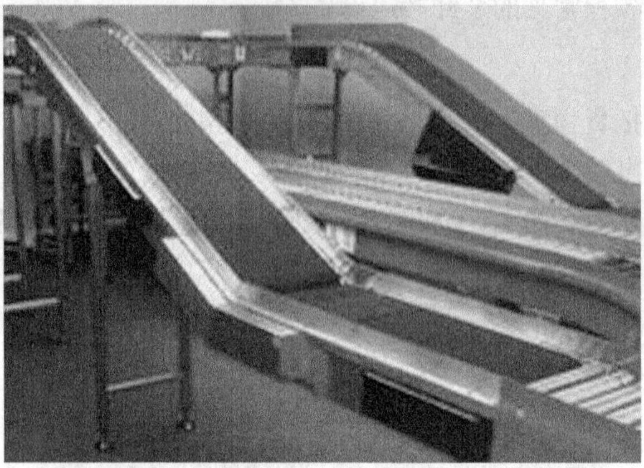

图 8-3　带式输送机

带式输送机由金属结构机架、装在头部的驱动滚筒和装在尾部的张紧滚筒、绕过头尾滚筒和沿输送机全长上安装的上支承托辊、下支承托辊的无端输送带，以及包括电动机、减速器等在内的驱动装置、装载装置、卸载装置和清扫装置等组成。

（三）装卸搬运车辆

1. 托盘搬运车

托盘搬运车又称托盘式叉车，它是以搬运托盘为主的搬运车辆。托盘搬运车包括手动托盘搬运车和电动托盘搬运车。托盘搬运车体形小，重量轻，主要用于区域内装卸作业。托盘搬运车有两个货叉似的插腿，可插入托盘底部。插腿的前端有两个小直径的行走轮，用来支撑托盘货物的重量。货叉可以通过手泵油缸抬起，使托盘或货箱离开地面，然后行走。如图 8-4 所示。

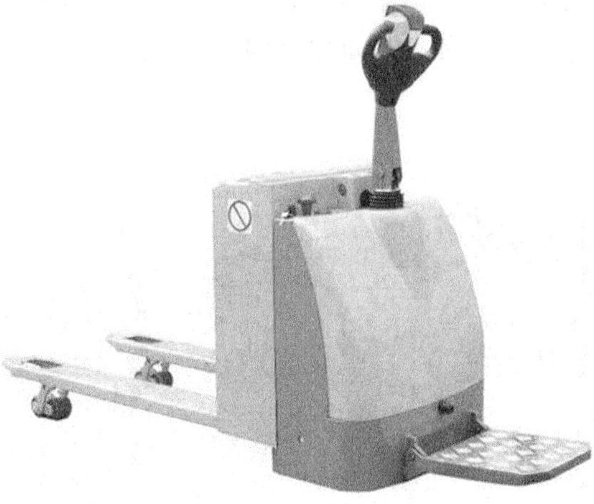

图 8－4　托盘搬运车

2. 手推车

手推车属于人力作业车辆，分为两轮车和四轮车两种。

手推两轮车的前部带有叉撬装置，在搬运货物时，必须将货物举起装卸，手推车将装卸搬运活动连在一起进行，在仓库、车站和物流中心的装车、倒垛和配送作业中常用到这种工具。

手推四轮车装有手推扶手，供人力推扶。这种车可以是单层的，也可以是多层的。如图 8－5 所示。

图 8－5　手推车

3. 平台搬运车

平台搬运车是室内经常使用的短距离的搬运车辆，一般情况下，采用蓄电池或者电动机作为驱动力。

4. 牵引车

牵引车是指具有牵引装置，专门用于牵引载货挂车进行水平搬运的车辆。牵引车按动力不同，可以分为内燃牵引车和电动牵引车两种。如果按照动力大小则可以划分为普通牵引车和集装箱牵引车两种。牵引车实物可以如图 8-6 所示。

图 8-6　牵引车（全挂式牵引车）

5. 自动导引搬运车

自动导引搬运车，简称 AGV（Automated Guided Vehicle），是指具有电磁或者光学导引装置，能够按照预定的导引路线行走，具有小车的运行和停车装置、安全保护装置以及具有各种移载功能的运输小车。

四、装卸搬运合理化

装卸搬运合理化是指以尽可能少的人力和物力消耗，高质量、高效率地完成仓库的装卸搬运任务，保证供应任务的完成。装卸搬运合理化，是针对装卸不合理而言。合理与不合理是相对的，由于各方面客观条件的限制，不可能达到绝对合理。通常装卸搬运合理化的标志有：装卸搬运次数最少；装卸搬运距离最短；各作业环节衔接要好；库存物品的装卸搬运活性指数较高、可移动性强。

搬运活性是指物品按照装卸与搬运次数进行分类，通常用活性指数 0、1、2、3、4 来表示。指数越高表明搬运的方便程度越高，搬运起来越容易。例如，无包装在地面散放的货物很不方便移动，其活性指数为 0；有包装或放置在一般容器内的物品，其活性指数为 1；装载在托盘上或者入集装箱的物品，其活性指数为 2；在无棚货车与可移动设备及工具上装载的货品，其活性指数为 3；放置在输送线上，其活性指数为 4。

第三节　流通加工

一、流通加工的定义

国家标准《物流术语》（GB/T 18354—2006）对流通加工的定义是："根据顾客的需要，在流通过程中对产品实施的简单加工作业活动（如包装、分割、计量、分拣、刷标志、拴标签、组装等）的总称。"流通加工通过改变或完善流通对象的形态来实现桥梁和纽带的作用，因此，流通加工是流通中的一种特殊形式。随着经济的发展和国民收入的增多，消费者的需求逐渐多样化，促使在流通领域开展流通加工。目前，在世界许多国家和地区的物流中心或仓库经营中都大量存在流通加工业务，在日本、美国等物流发达国家则更为普遍。

二、流通加工与一般生产的区别

流通加工与一般的生产加工相比较，在加工方法、加工组织、生产管理等方面无明显区别，但是，在加工对象、加工程度等方面的差别就较大，主要表现在：

（1）加工对象不同：流通加工的对象是进入流通过程中的商品，具有商品的属性；而生产加工对象不是最终产品，而是原材料、零配件和半成品。

（2）加工内容不同：流通加工大多是简单加工，主要是解包分包、裁剪分割、组配集合、废物再生利用等；而生产加工一般是复杂加工。

（3）加工目的不同：流通加工的目的主要是为了方便流通、方便运输、方便储存、方便销售、方便用户和物资被充分利用；而生产加工的目的在于创造物资的使用价值，使它们能成为人们所需要的商品。

（4）所处领域不同：流通加工处在流通领域，由流通企业完成；而生产加工处在生产领域，由生产企业完成。

流通加工是物流的一种辅助和延伸功能，其技术内涵与生产技术、包装技术基本类同。根据我国的情况，流通加工主要在两个方面开展较多。

（1）对生产领域的产品进行深加工。例如，把水泥加工成商品混凝土，向施工工地配送；把金属板材、本材和平板玻璃按用户要求进行剪裁、下料，供应给用户；工业用煤进行加料配置，供应给工厂。

（2）为方便储运、验货而进行的加工。如机电产品的分割和组装加工、货物的捆扎包装、粘贴货物标签等。

三、流通加工的作用

（一）方便流通

方便流通包括方便运输、方便储存、方便销售、方便用户。

（二）提高生产和流通效益

由于采用流通加工，生产企业可以进行标准化、整包装生产，这样做适应了大生产的特点，可提高生产效率，节省包装费用和运输费用，降低成本。流通企业因此可以促进销售，增加销售收入，提高流通效益。

（三）方便用户购买和使用，降低用户成本

用量小或者临时需要的用户，缺乏进行高效率初级加工的能力，依靠流通加工可使用户省去进行初级加工的机器设备的投资和人力，降低成本。目前发展较快的初级加工有：净菜加工、将水泥加工成生混凝土、将原木或板方材加工成门窗、冷拉钢筋及冲制异形零件、钢板预处理、整形、打孔等加工。

（四）提高加工效率及设备利用率

由于建立集中加工点，可以采用效率高、技术先进、加工量大的专用机具和设备。这样做的好处在于：提高了加工质量；提高了设备利用率；提高了加工效率。

（五）充分发挥各种输送手段的最高效率

流通加工环节将食物的流通分成两个阶段。一般来说由于流通加工环节设置在消费地，从生产企业到流通加工这一阶段输送距离长，可以采用船舶、火车等大运量输送工具。而从流通加工到消费环节这一阶段距离短，主要是利用汽车和其他小型车辆来配送经过流通加工后的多规格、小批量、多用户的产品。这样，可以充分发挥各种输送手段的最高效率，加快输送速度，节省运力运费。

（六）可实现废物再生、物资被高效率利用

集中使用材料可以实现优材优用、小材大用、合理使用，能够明显地提高原材料利用率。

（七）改变功能，增加商品价值，提高收益

在流通过程中进行一些改变产品某些功能的简单加工，其作用除上述几点外还可提高产品销售的经济效益。

四、流通加工的类型

按照目的和作用的不同，流通加工可以被分为以下几种类型。

（一）以保存产品为目的的流通加工

如水产品、蛋产品、肉产品的保鲜、保质的冷冻加工、防腐加工等。

（二）为适应多样化需要的流通加工

为了满足客户对产品多样化的需要，同时，保证高效率的社会化大生产，可将生产出来的标准产品进行多样化的改制加工。例如，对钢材卷板的舒展、剪切加工等。

（三）为了方便消费、省力的流通加工

如根据需要将钢材定尺、定型，按照要求下料；将水泥制成混凝土拌合料，使用时只需稍加搅拌即可使用等。

（四）为提高产品利用率的流通加工

例如，钢材的集中下料可充分进行合理下料、搭配套裁、减少边角余料，从而达到加工效率高、加工费用低的目的。

（五）为提高物流效率、降低物流损失的流通加工

例如，石油气的液化加工，使很难输送的气态物转变为容易输送的液态物，因此，提高了物流效率。

（六）为衔接不同输送方式、使物流更加合理的流通加工

例如，大规模散装水泥转化为小规模散装水泥的流通加工，就衔接了水泥厂大批量运输和工地小批量装运的需要。

（七）为实现配送而进行的流通加工

例如，混凝土搅拌车可以根据客户的要求，把沙子、水泥、石子、水等各种不同材料按比例要求装入可旋转的罐中，在配送路途中，可以实现一边随着汽车行驶，一边自身搅拌，当到达施工现场时，混凝土也已经均匀搅拌好了，可以直接投入使用。

练习思考题

简答题

1. 请简述包装的作用。
2. 请解释下集装单元化设计的含义。
3. 请简述集装作业的具体内容。
4. 请简述流通加工的作用。

实训项目

请在任课老师带领下参观企业物流包装、装卸搬运操作的现场及设备。

第四部分

基础技术篇

第九章　物流网络布局设计

引导案例

中国移动的物流网络优化

一、案例简介

与其他行业相比，在电信行业，工程物流算不上企业的核心竞争力，各大电信运营商在早期的管理和运营方面并不太重视物流，而且多存在各省间各自为政，同厂家单一联系的弊端。同时，国内移动通信行业也经过了几次大的分离和整合，从最初的中国邮电拆分成电信、邮政；后来，电信又拆分为电信和网通。在国家颁发 3G 牌照后，国内电信市场有 3 大运营商，即中国移动、中国电信和中国联通。

另外，前两年移动通信用户出现了爆发式增长。截至目前，国内移动通信有近 7 亿用户，其中中国移动的用户就达 4 亿～5 亿。这对基站站点的需求不断增加，通信基础设施建设的任务变得非常紧张。虽然近两年用户增加相对平缓，但由于 3G 的快速发展，新的通信基础设施建设的高潮又开始了。

为了更好地开展工作，及时响应公司基础设施建设对物资的需求，降低整体物流成本，中国移动在 2008 年成立了专门的物流工作组，负责工程物资物流规划和建设，并开始实施物流改造工程，进行物流优化。

据了解，在保留过去较好的物流系统基础上，中国移动将工程（物资）物流分为两级进行优化管理，构建二级物流体系。该二级物流体系是指，公司在全国构建大区和省区。大区是第一级，省区是二级，省区与大区的物流可以进行对接。供应商的设备首先送到大区，然后再分拨到各省区。目前，中国移动在国内共有 5 个大区，包括华北大区、西北大区、西南大区、广东大区和华东大区。

具体来看，就是在全国建立大区和省两级集中仓储中心，推进干线运输的集中运营和区域配送的集成一体化运作。一期工程在全国选择 5 个省市——天津、陕西、重庆、广东、江苏建立大区物流基地，分别覆盖华北大区、西北大区、西南大区、广东大区和华东大区的物资仓储与配送。

以西南大区物流基地为例，该区是公司两级物流体制的重要组成部分，一旦建成之后，该物流基地将辐射重庆、四川、贵州、云南 4 省市，形成快速的物流通道。该物流基地可以大幅度增强集团公司集中采购的效率，实现“物资集中化”管理，更好地保证各省公司的物资供应，提升中国移动的市场竞争能力。

中国移动实行自建各大区和省物流中心，仓储和配送全部外包给第三方物流公司的模式。这样可以更好地整合社会物流资源，一方面，可降低公司的总体运营成本；另一方面，可以更好地发展自己的主业。中国移动在首先满足公司内部物流配送的前提下，将来还可以满足社会需求。

另外，省区内部仓库也会随着企业发展建设的需要进行裁撤、增减。为此，目前，省区内的物流中心建设规范已经下发到全国。其中包括：第一，集中化。各省的物资由省区统一管理，实行一体化配送。根据各地的不同情况，有的地市会建设仓库。第二，实施信息化。第三，严格推进标准化。

据悉，为了更好地沟通供应链上下游的关系，中国移动还在考虑使用 VMI 或 VOI 模式管理库存。

一些国际知名的咨询公司和大学为中国移动的物流网络优化提供了多方面的服务。通过采用统筹学知识、物流网络建设和优化工具、布点方面的数学模型，构建了中国移动新型的二级物流体系。行业专家认为，物流网络建设和优化工具只是一个辅助性参考，还要跟实际情况结合，包括当地政府的支持力度等，否则，这些工具就成了空中楼阁。

在大区物流网点建设中，中国移动选择了自建仓库而不是租赁仓库的模式。原因有二：一是中国移动的仓库需要长期使用，而租赁仓库可能会牵涉到租赁时间问题，这样每次签租赁合同时会在价格上丧失主动权。二是中国移动的工程物资产品尺寸不一，形状各异，与标准化的产品仓储有很大不同，而社会上的仓库很难满足这样的需求。

另外，中国移动在网点布局中，有些地区不会自建仓库。在当今，社会化物流已经比较发达，即使在野外山区，从省区的配送 8 小时也能到达，这些地区没有建设仓库的必要。

（资料来源：中国大物流网/www. ALL56. com.）

二、案例解析

目前，中国移动西南大区、华东大区物流中心的规划建设及 5 大区的物流中心建设工作已经基本完工，各大区之间的信息系统也已经形成网络。

通过规划实施这样的“物流改造”工程，大区物流中心的物资设备库存起到了“蓄水池”作用，理顺和平衡了公司上下游的供给和需求，对整个产业链起到了调整作用，为移动通信行业的供应链建设作出了贡献。过去，公司通信基站建设的高峰期，设备需求高涨，供应商加班加点生产，仍难以满足需求；在基站建设平淡期，供应商设备和产品闲置，造成大量浪费。二级物流体制建设完成后，这种问题将会得到有效解决。通过公司先进适用的信息系统，中国移动能够查看跟踪各地区的物资物流状况，大区之间可以对物资库存的多缺状况进行方便地调配，公司的管理体系变得更加顺畅。

总体上看，通过实施物流网络的规划和优化，中国移动公司不仅降低了物流成本，而且可以做到及时响应。

三、案例涉及的主要知识点

物流网络：是由许多由执行物流运动使命的线路和执行物流停顿使命的节点构成的网络。

学习导航

掌握供应链网络的概念，了解供应链物流网络设计的程序、物流网络设施选址的影响因素，理解物流网络中设施选址的方法，学会分析设计供应链物流网络。

第一节 物流网络概述

一、物流网络的含义

随着经济和贸易的全球化发展，物流网络化已经成为现代物流的发展趋势，物流网络规划也成为一项重要的研究课题。

物流网络是指物流过程中相互联系的组织与设施的集合。物流网络规划的主要任务是确定产品从原材料起点到市场需求终点的整个流通渠道的结构，包括物流设施的类型、数量与位置，物流设施所服务的顾客群体与产品类别，以及产品在设施之间的运输方式等。网络设计必须充分考虑空间和时间两方面的因素。空间方面是指工厂、仓库、零售点等设施的选址，时间问题是指商品的可获得性要迎合顾客的服务目标。物流网络中的设施是指物流网络系统中的一些关键节点，如工厂、仓库、分拨中心、配送中心等。设施的数量、设施的选址及物资流通的方式将直接关系到物流的运行成本，而且以上问题还将直接影响运输成本。

二、网络设施设计与规划的重要性

由于各个经济领域的企业性质、产品或服务等不同，物流设施的功能均不一样，但是，任何一个企业只要从事商品和服务的生产或流通，物流设施就与物流活动有很大的关联，物流设施的网络规划就会对物流活动、企业的发展和运作起着举足轻重的作用。物流网络设施设计和规划与各个经济领域的相关性如图 9-1 所示。

完善的物流网络是现代高效物流系统的基础条件，地区性物流网络、全国性物流网络、全球性物流网络是现代物流系统中不可缺少的资源。物流网络系统包括通路、节点以及有关的信息系统等，它可以是由政府投资的公用物流网络系统，也可以是由企业投资建设的自用物流系统。

物流网络规划是企业战略决策的一个重要方面，不管是在一个零售链中设立新的零售店，还是一个制造企业选择新的工厂、仓库位置，管理者都需要作出正确的物流设施网络规划决策。随着目标市场的人口变化、目标市场发展趋势的变化和其他环境因素的变化，物流网络还可能需要不断进行调整，以保证能够及时适应环境的变化。

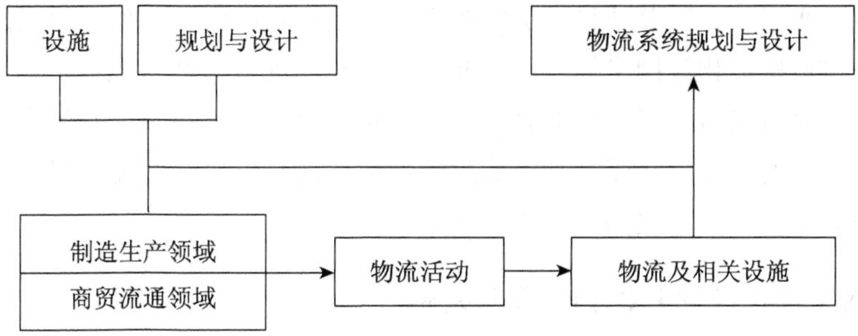

图 9-1　物流网络设施设计与规划与各个经济领域的相关性

物流网络规划的一个核心问题就是网络设施的选址问题。物流设施选址问题需要作出两方面决策：决定设施的位置、数量、容量；确定产品和客户在各个设施之间的分派。设施选址是一个长期的责任，一旦设施位置确定，就会对物流系统的运作产生较长时间的影响。比如，将会影响到企业的投资需要、运作成本、系统效率等。

第二节　物流网络设计的程序

物流网络作为物流活动主要的开展形式，受到了越来越多企业组织的关注。网络设计是物流系统设计中的关键问题之一。为了能够设计出一个运行流畅有效的物流网络，往往要作出一些相关决策，比如集中程度、系统层次、设施之间的连接等。

虽然网络设计中不可避免地会遇到网点布局等问题，但首先要强调供应链的整体概念以及企业之间的协作关系，在此基础上才能够达成共识，为物流网络设计工作铺平道路，进而可以获得更好的效果。基于供应链的物流网络设计，其主体往往由一家企业或几家企业共同承担，参与者基本上涵盖供应链的所有成员，其目标是多重的：改善物流链的整体服务水平、降低物流成本以及其他特殊目标。

一、供应链物流网络设计的特点

供应链物流网络设计相比以前的物流网络设计，更加注重上下游参与成员的全体参与性、网络整体性、成员之间的协作性。

(1) 进行供应链物流网络设计的主要承担者或发起者可能由一家企业担任也可能由几家企业共同担任，参与者基本上包含了整条供应链上的所有成员，各参与者可以通过派驻代表等方式参与到设计过程及决策制定中来，从而保证网络设计的结果能够包含供应链的整体利益，也有利于从一开始就有效解决可能发生的冲突与矛盾。

(2) 从供应链物流网络设计的目标来讲，尽管成本与服务仍然是考虑的重要因素，在网点布局的模型设计中还需要以成本为目标函数进行求解，但是，成本和服务这两个方面与以往的物流网络设计还是有很大的区别。一是原来的成本与服务的目标都是单个参与企业自己的目标，而这里要从整个供应链系统的整体角度出发，来考虑所有相关的成本及对最终顾客的服务水平。二是其他目标也同等重要，如加强协作、减少不确定性等。

(3) 基于供应链的物流网络设计不仅要对网点布局进行选址与优化，还需要通过别的措施来保证整个物流网络系统运作的有效性，通常采取软硬件设施配套的方法来提高效率与一体化程度。因此，辅助物流活动的信息流如何传递是供应链物流网络设计中的又一重点，这又涉及各个参与企业之间的协作问题。

二、供应链物流网络设计的基本原则

为了更好地进行物流网络设计，使得设计出来的网络更好地服务供应链各个参与企业，在进行网络设计时需要遵循以下基本原则：整体性原则、协作性原则、创新性原则、成本—服务原则。

(一) 整体性原则

整体性原则要求网络设计过程中要保持从整个物流网络系统的角度出发考虑各种相关问题。由于在供应链的网络环境中包含了各种成员企业，而各企业的情况又不尽相同，在确定网络目标时从全局利益出发，更容易达成广泛的一致性。

(二) 协作性原则

在进行网络设计时，要注重企业之间的相互合作。设计者可以通过成立专门的业务小组来负责设计工作，而小组成员由各个企业的代表组成，这样从设计开始就可以协调企业的相互关系，以及了解其他企业对自身和网络的期望。同时，可以制定一些利于协作的合约与运作流程，如信息传递方式与渠道、信息共享范围等。

(三) 创新性原则

供应链物流网络涉及的范围更广、遇到的问题也更加复杂，因此，在进行物流网络设计时，必须充分发挥创新精神，突破原来的物流网络设计思路与方法，大胆引进新的思想，才能产生更好的效果。比如，以前的物流网络设计只在单个企业内进行，现在的网络扩展到整个供应链的范围内，那么，可以利用更多的资源、采取更多的资产处理方式来优化整个网络；原来只需要周转自己的商品，现在结合返货、退货更好组织物流活动等。

(四) 成本—服务原则

成本—服务原则是物流网络设计中永恒不变的原则。这条原则可以分解成为两个方面：在成本一定的情况下服务水平最高；或者在服务水平一定的情况下成本最低。忽略其中任何一个因素都是不合理的。正确的做法应该在网络设计的分析过程中注意由某项成本增加是否能带来相对的收益弥补，如果不能做到就不应采取该方案。此外，还要注意整体性原则。如果局部成本的增加小于其带来的整体利益的增加，那么，该方案还是可行的。

三、供应链物流网络的设计程序和步骤

可以通过 6 个具体步骤来构建供应链物流网络，分别是：明确网络设计程序；评估现有网络的业绩水平；加入网络设计的创新选择；提出网点布局方案；作出网络设计决策；

制订实施计划（步骤如图 9－2 所示）。

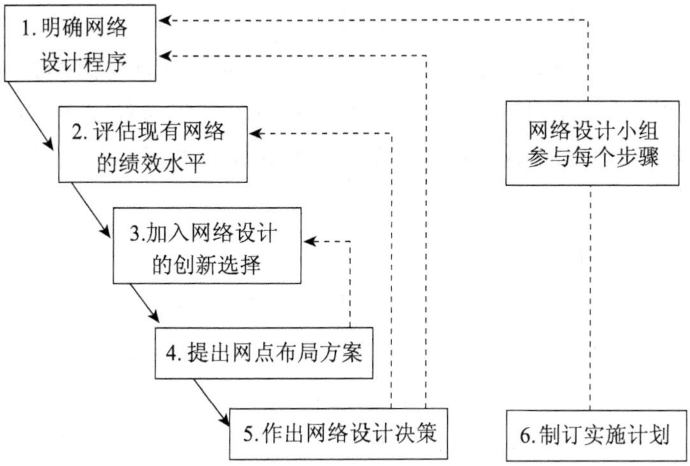

图 9－2　基于供应链的物流网络设计步骤

（一）明确网络设计程序

在这个步骤中要进行的工作主要有 3 个：成立网络设计小组；确定网络设计目标；决定是否使用第三方物流。网络设计小组是专门为完成与实施网络设计工作而成立的组织。在成立设计小组时要争取让各个企业代表参与进来，或者跟其他企业协商好，通过一定的途径在网络设计过程中及时反映各方的期望与意见，以确保设计结果能够在成员企业之中达成一致。在目标设定时要注意物流网络的整体性与协作性的要求，要在企业个体的战略目标和网络的整体目标之间进行权衡，使网络成员们能够接受并理解制定的设计目标。假如使用第三方物流，那么，在设计小组的成员中也应增加第三方物流企业的人员，他们可以为设计提出专业性的建议，设计的结果也会因为使用第三方物流资源而大不同。

（二）评估现有网络的业绩水平

在进行新的供应链物流网络设计时，需要对现有的物流网络进行基本的评估。因此，必须测量并记录现有物流网络中每个网点的位置、运输、存货及仓储成本、设施成本，以及每个活动的反应时间等。Coyle 提出了对现有网络进行评估的 6 个关键步骤及需要收集的主要信息。如图 9－3 所示。

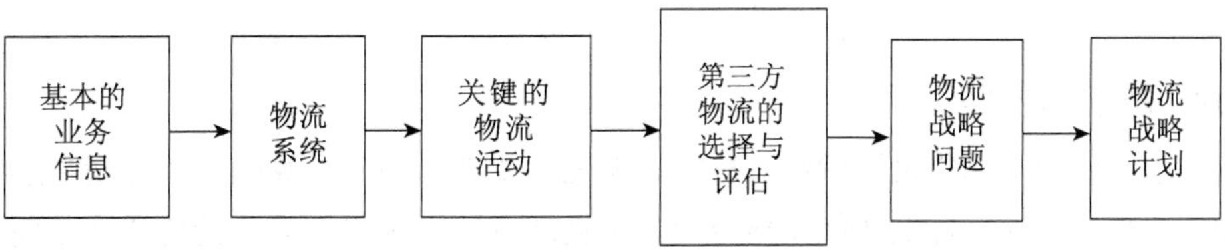

图 9－3　现有物流的评估步骤

基本业务信息中主要涵盖客户的需求和主要的外部因素指标。物流系统的评估要明确关键的物流目标。在对关键的物流活动进行考察时，要了解现有网络的基本情况以及企业在供应链中所处的地位与位置。如果企业网络中使用第三方物流，应该对现有的第三方服务商进行成本和业绩水平方面的业内比较评估，从而为第三方物流的去留决策做好准备。关于物流战略的问题，要在数量和质量两方面弄清物流现状与预期之间存在哪些差距。最后，在物流战略规划中要对物流网络设计的主要目标用具体指标加以说明，如设施数目与成本、库存水平等。

（三）加入网络设计的创新选择

在进行供应链物流网络设计时，因其整体的物流网络比以往的物流网络设计面临更多的不确定性和更加复杂的环境，因此，必须结合具体的情况，大胆采用一些新方法来解决现有的问题，或者独辟蹊径，这样会收到意想不到的效果。比如，设计中要为每类货物考虑新的物流模式，包括直接送货、越库操作、寄销货品、合并进出货物及合并中转程序等。

（四）提出网点布局方案

首先，要设计和建立网络数据库。在网络设计过程中最基础的工作就是收集、分析和合理化由参数、成本计算和约束条件组成的数据库。其次，要设计网络优化模型。由于每个网络设计的目标都不会相同，约束条件也有很大的差别，因此，要根据具体情况设计网络模型，可以用数学表达方法反映客观条件及期望的结果，其中应该包括目标模块和一系列约束条件。接下来是选择网络设计工具。由于有很多备选方案和假定方案要考虑，并且网络优化的约束条件和目标之间互相关联，因此，大多数规模较大的网络设计需要使用网络优化工具。在以上工作的基础上，就可以用已选工具建立网络模型，计算得到各种设计方案。

（五）作出网络设计决策

从成本、服务和资产使用率等多方面对这些网络布局备选方案进行比较分析，以最佳方式让管理层看到网络设计决策中物流成本和服务的权衡。同时，还要综合各个方面的影响因素，进而作出最终决定。硬件设施要求包括供应商、运输服务、通信、仓储设施等；软件设施要求包括可供雇用的熟练劳动力、劳动力流动性以及市场的接受程度等。虽然基于供应链的物流网络设计是为了实现网络总体利益最大化，仍然有必要对每个市场的预期边际收益和需求以及各个网点的设施成本与收益进行衡量，然后逐步筛选从而得到最优设计方案。

（六）制订实施计划

尽管已经作出了网络设计的相关决策，但还需要制订一个有效的实施计划将这些纸上的蓝图变成现实，这个计划要能指导企业如何把现有的物流网络成功转变成为预期的物流网络。基于供应链的物流网络设计和实施都离不开全体网络成员的合作与努力，对网络整体性和协作性的要求更高。而设计的实施会给企业的物流现状带来较大的冲击，需要的投入也会很大，因此，从一开始就必须做好各个方面的准备工作，从而保证顺利、按时地完成实施工作。

第三节 物流网络设施选址的影响因素

设施选址对企业的成功起着至关重要的作用，它需要考虑众多复杂的因素，涉及多个方面，对于影响设施选址的因素，可根据其与成本的关系进行分类。与成本有直接关系的因素，称为成本因素，可以用货币单位表示各个可行位置的实际成本值。与成本无直接关系，但能间接影响产品成本和企业未来发展的因素称为非成本因素。如表 9－1 所示。

表 9－1 影响设施选址的成本因素和非成本因素

成本因素	非成本因素
1. 运输成本	1. 社区情况
2. 原材料供应成本	2. 气候和地理因素
3. 动力和能源的供应量和成本	3. 环境保护
4. 水供应成本	4. 政治稳定性
5. 劳动力成本	5. 文化习俗
6. 建筑和土地成本	6. 当地政府政策
7. 税利、保险和利率	7. 扩展机会
8. 财务供应，资本以及贷款的机会	8. 当地竞争者
9. 各类服务和保养费用	9. 公众对工商业的态度
10. 其他成本因素	10. 其他非成本因素

一、成本因素

（一）运输成本

运输成本占企业总成本较大的比重，因此，选址时应注意缩短运输距离、减少运输环节中的装卸次数，尽量靠近码头、公路、铁路等交通设施，并考虑铁路、公路、水路三者的均衡问题。我国东西部差距如此之大，与运输条件也有很大的关系。

（二）原材料供应成本

设施选址距离原材料产地远或近的考虑主要出于 3 个原因：必要性、易损性及运输成本。某些行业，如采矿业、林业、渔业等必须选择在原材料供应地附近。对于从事易腐物品加工，如奶产品加工、罐头生产等行业的公司在选址时必须考虑原材料的易损性，尽量选择在供应地附近。对于那些原材料在加工过程中会缩减体积或重量，从而加工后的产品运输成本减少的行业而言，运输成本非常重要，适于选择在离原材料供应地较近的位置，如钢铁行业。

目前，工业对原料供应地的依赖性呈缩小趋势，主要原因包括技术进步使得单位原料消耗的下降，原料精选使得单位原料用量、运费的减少，工业专业化的发展使加工工业向成品消费地转移，运输条件的改善降低了单位产品运费等。尽管如此，采掘业、原料用量大或原料可运性小的加工工业仍以接近原料供应地为佳。

（三）动力、能源的供应量和成本

对于火力发电厂，有色金属冶炼、石油化工等行业，动力能源的消耗在生产成本中的比重达到35％～60％。对于重型机械制造、水泥、玻璃、造纸等行业，动力、能源的供应量和成本对企业总体成本的影响也起着举足轻重的影响。对于这一类企业来说，动力、能源的供应成本因素在选址时将占据重要地位。

（四）水供应成本

酿酒工业、矿泉水、钢铁行业、水力发电厂等企业因生产需要必须靠近江河水库。

（五）劳动力成本

劳动力素质对技术密集型和劳动力密集型企业会产生不同的影响，构成不同的劳动力成本。例如，芯片行业就是技术密集型行业对劳动力的素质要求比较高，成本相对较高，而纺织业就是劳动密集型产业，需要大量的劳动力，对劳动力的素质要求不是太高，成本相对较低。因此，设施选址时劳动力的供应状况是一个重要的条件。另外，不同地区的薪酬水平不同，相应的劳动力成本也就不同，劳动力的成本最终也会对选址产生影响。

（六）建筑成本

建筑成本指土地征用、赔偿、平整的费用。不同的设施选址方案，在土地的征用、赔偿、拆迁、平整上所花费的费用是不同的。一般来说，应尽可能避免占用农业用地，尽量选取不适于耕作的土地作为设施的地址。同样，不同方案的建筑成本往往也不相同。建筑成本过高会增加产品成本中固定成本部分，不利于竞争。

二、非成本因素

（一）社区情况

对于服务性行业来说，周围环境的客流量、购买力水平、人口密度，将直接影响到设施选址问题。就制造行业而言，周围的文化娱乐设施、公用设施条件以及服务网点状况、住房及教育情况，将直接影响到职工的生活条件，偏僻的山郊荒野难以吸引人员前来工作。

（二）气候和地理因素

一般制造厂要求土地表面平坦，易于平整施工，如选择稍有坡度的地方，则可以利用斜面，便于搬运和建造排水系统；在地震断裂层地带、下沉性地带、地下有稀泥或流沙以及已开采过的矿坑上和有地下工程的区域，应慎重选址。土壤结构应能承担设施的全部载重。气候对于产品和作业人员均会产生影响，气候过冷或过热都将增加气温调节的费用，潮湿多雨的地区则不适合棉纺、木器、纸张等的加工。

（三）环境保护

生产系统的产出包括产品也包括废弃物。环境保护问题日益受到重视，各国政府纷纷将环保问题纳入发展战略，相继制定出了各种各样的保护生态环境的政策法规。同时，受污染危害的工人也对企业构成极大的成本压力。生产系统直接形成的污染包括空气污染、水污染、噪声污染、放射污染以及固体废弃物污染等。在设施选址过程中应充分考虑到环境保护的因素，以便于进行污染处理。

（四）当地政府的政策

有些地区鼓励在当地投资建厂，在当地划出工业区及各种经济开发区，低价出租或出售土地、厂房、仓库，并在税收、资本等方面提供优惠政策，这些地区的基础设施情况往往很好，交通、通信、能源、用水均很便利。专门的工业区如高新技术开发区、服装纺织工业区，还有利于行业信息的迅速传播，相互刺激发展。

第四节　物流网络中设施选址的方法

总体来说选址情况主要两种：单设施选址和多设施选址。近些年来，选址理论迅速发展，常见的选址方法有重心法、线性规划法、模拟法、启发式方法等。下面针对不同的设施选址分别介绍一些常用的方法。

一、单设施选址重心法

由 S. Eilon，C. D. T. Watson—Gandy 和 Nicons Christofides 研究的重心法（Centroid Method）是解决单设施选址的一个常用方法。所谓重心法是将物流系统中的需求点看成是分布在某一平面范围内的物体系统，各点的需求量和资源分别看成是物体的重量，物体系统的重心将作为物流设施的最佳设置点，利用确定物体重心的方法来确定物流设施的位置。

重心法是一种确定单个设施的方法，这种方法要考虑现有设施之间的距离和要运输的货物量。它可用于工厂、车站、仓库或零售/服务设施选址，属于静态连续选址方法。

重心法用于一个已定地区内设置一个服务中心的定位问题，目标是服务中心到各客户之间的运输费用为最小。设有几个客户，各客户的坐标为（x_j，y_j）（$j=1$，2，…，n），服务中心的坐标为（x_0，y_0）。服务中心到客户 j 的运输费用为 C_j，总运输费用为 TC，则有：

$$TC = \sum_{j=1}^{n} C_j \tag{9-1}$$

$$C_j = h_j W_j d_j \tag{9-2}$$

式中：h_j——从服务中心到用户的运输费率；

W_j——向用户 j 的货物运输量；

d_j——从服务中心到用户 j 的直线距离。

$$TC=\sum_{j=1}^{n}h_jW_j\left[(x_0-x_j)^2+(y_0-y_j)^2\right]^{1/2} \tag{9-3}$$

为了求出使总运输费用最小的服务中心位置，将上式分别对 x_0，y_0 求偏导数，并令其等于零。

$$\frac{\partial TC}{\partial x_0}=\sum_{j=1}^{n}h_jW_j(x_0-x_j)/d_j=0$$
$$\frac{\partial TC}{\partial y_0}=\sum_{j=1}^{n}h_jW_j(y_0-y_j)/d_j=0 \tag{9-4}$$

$$x_0^*=\frac{\sum_{j=1}^{n}h_jW_jx_j/d_j}{\sum_{j=1}^{n}h_jW_j/d_j},y_0^*=\frac{\sum_{j=1}^{n}h_jW_jy_j/d_j}{\sum_{j=1}^{n}h_jW_j/d_j} \tag{9-5}$$

因式（9－5）中还有 d_j，即还含有未知数 x_0，y_0，要从两式的右边完全消去 x_0，y_0 计算相当复杂。因此，可以采用迭代法来求解，包含以下 3 个步骤。

（1）根据重心坐标给出服务中心的初始地点（x_0^0，y_0^0）。

（2）计算出服务中心到每一用户 j 的距离 d_j。

（3）使用式（9－5），为服务中心求得一个新的位置（x_0^1，y_0^1）。

分别计算（x_0^0，y_0^0）与（x_0^1，y_0^1）相应的总费用，如果 $TC_0<TC_1$，则设$(x_0^0$，$y_0^0)=(x_0^1$，$y_0^1)$，并返回（2）重新计算。如果该迭代过程具有收敛性，那么，经过无限次迭代后，可以得到一个最优解（x_0^*，y_0^*），使得 $TC^*\geqslant TC_0$，说明（x_0^0，y_0^0）是最优解。但在实际中，可以迭代的次数是有限的，因此，在迭代过程中需要确定一个中止准则。设置中止准则有两个方法，一是根据经验和以前的试验结果，直接设置一个确定的迭代次数 N；二是用每一次得到的迭代结果计算出总费用，跟前面一次的迭代结果计算得出的总费用比较，如果两个费用值的变化小于某一值，则迭代过程结束。

下面举例说明重心法的应用。

【示例】 如表 9－2 所示，有 4 个用户和 1 个物流中心配送货物，4 个用户的物资需求量和坐标均是已知的，用重心法求解物流中心的最佳位置。

表 9－2　　4 个用户数据

用户	需求量	运输费率	坐标	
			x_j	y_j
1	2	5	2	2
2	3	5	11	3
3	2.5	5	10	8
4	1	5	4	9

解：

（1）首先确定物流中心的初始位置，可以任意假定位置，或使用4个用户的重心作为初始位置。

$$x_0^0=\frac{2\times2+3\times11+2.5\times10+1\times4}{2+3+2.5+1}=7.8$$

$$y_0^0=\frac{2\times2+3\times3+2.5\times8+1\times9}{2+3+2.5+1}=4.9$$

（2）计算出到每一用户 j 的距离 d_j。

$d_1=6.5$，$d_2=3.7$，$d_3=3.8$，$d_4=5.6$

（3）使用式9-5计算出服务中心的新位置，可得：

$$x_0^1=\frac{2\times2/6.5+3\times11/3.7+2.5\times10/3.8+1\times4/5.6}{2/6.5+3/3.7+2.5/3.8+1/5.6}=8.6$$

$$y_0^1=\frac{2\times2/6.5+3\times3/3.7+2.5\times8/3.8+1\times9/5.6}{2/6.5+3/3.7+2.5/3.8+1/5.6}=5.1$$

（4）计算两次迭代结果相应的成本

$TC_0=196$；$TC_1=191$

因为 $TC_1<TC_0$，因此，还要继续迭代过程。再经过一轮迭代后，得到新的物流中心位置为（9.0，5.2），再计算费用值，可得 $TC_2=TC_1=191$，因此，求得满足4个用户需求的物流中心的最佳地点为（8.6，5.1）。

上述例子经过两轮迭代就结束了，得出了最优解。在许多实际应用中，该方法可以计算出一个合理接近最优解的选址。该方法的优点在于对设施位置的选择不加特定限制，有自由选择的长处，计算简便，速度快。但从另一方面看，重心法模型的自由度多也是一个缺点，只考虑了运输成本，没有考虑固定投资和运营费用，模型假设运输成本与运距呈线性关系，而实际上的运输费用与运距不是呈线性关系，而是复杂的非线性关系，待设施选址与各仓库之间的路线不一定都是直线距离。因为迭代计算求得的最佳地点实际上很难找到，有的地点可能在自然条件不容许选用的地方。

二、多设施选址规划方法

对于大多数企业而言，往往需要同时决定两个或多个设施的位置。在物流网络规划中，多设施选址要复杂得多，最常见的多设施选址问题就是仓库的选址问题，包括：物流网络中应该有多少个仓库？这些仓库应该有多大规模，应位于什么地点？指定哪些客户由哪些仓库负责供应？各个工厂、供应商应指定由哪些仓库负责？各个仓库中应该存放哪些产品？哪些产品应从工厂、供应商直接运送到客户手中？

（一）精确法

精确法的优点在于能够保证得到选址问题的数学最优解，或者是精确度已知条件下的解。但计算机运行时间很长，要求内存空间巨大，微积分和数学规划模型属于该类方法。精确法包括多重心法和混合—整数线性规划法。

1. 多重心法

(1) 以微积分为基础的模型。

(2) 找出起讫点之间使运输成本最小的中介设施的位置。

(3) 待选点不止一个就形成了许多起讫点群落，找出每个起讫点群落的精确重心点。

(4) 起讫点分配的方法：将相互间距离最近的点组合起来形成群落，找出各群落的重心位置再进行修正。

2. 混合—整数线性规划

混合—整数线性规划法能把固定成本以最优的方式考虑进去，找出物流网络中仓库的数量、规模和位置，使得通过该网络运送所有产品的固定成本和线性可变成本在下列条件约束下降至最低。

(1) 不能超过每个工厂的供货能力。

(2) 所有产品的需求必须得到满足。

(3) 各仓库的吞吐量不能超过其吞吐能力。

(4) 必须达到最低吞吐量仓库才可以开始运营。

(5) 同一消费者需要的所有产品必须由同一仓库供给。

(6) 可以用一般整数线性规划的计算机软件包来求解。

【示例】某城市计划筹建包括生产基地在内的绿色食品专卖连锁超市网络，计划如下：

(1) 受现有条件的限制，生产基地的数量限制在1～2个。

(2) 出于人口分布的考虑，计划建立3个大型专卖超市，专卖超市的地址选择受种种条件的约束基本选定，没有再选择的余地。

(3) 受专卖超市数量和位置的约束及可供选址的土地因素约束，考虑在市内建设1～2个大型中转仓库。

(4) 产品分为A、B两大类。

现在，需要对以下几个问题进行决策：

(1) 建设几个中转仓库?

(2) 如果建立一个中转仓库，应建哪一个?

(3) 如果建立两个中转仓库，如何分配超市卖场?

(4) 建立几个生产基地?

(5) 如果建立两个生产基地，在建立两个中转仓库的情况下，怎样分配生产数量? 怎样为中转仓库供货?

通过对问题的分析，根据已知数据建立物流网络模型如图9-4所示：

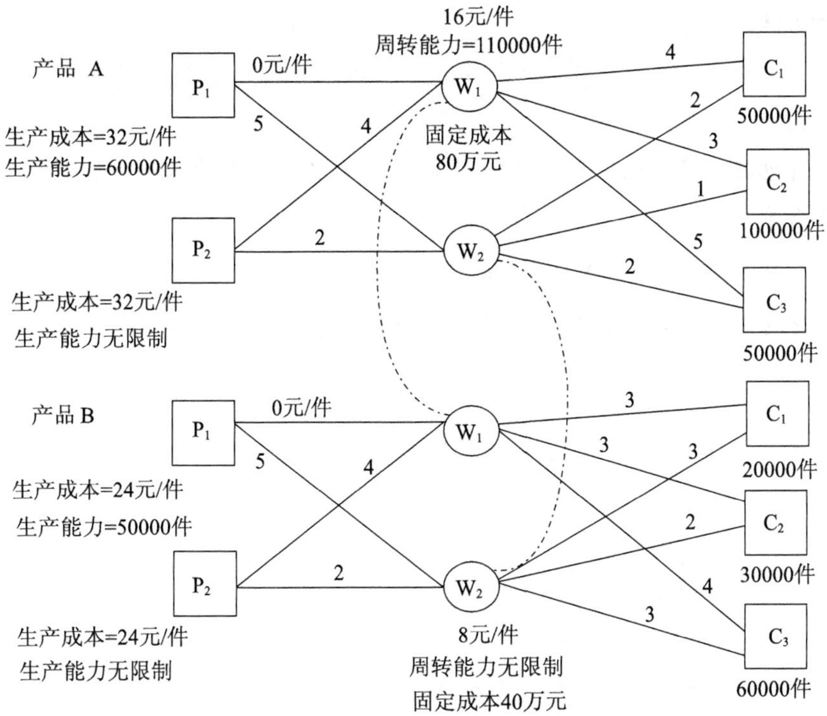

图 9－4　多设施选址问题的混合—整数规划模型

1. 变量说明

(1) 下标索引

i——产品类别，i=1，2。

j——生产基地编号，j=1，2。

k——中转仓库编号，k=1，2。

l——超市卖场编号，l=1，2，3。

(2) 决策变量

S_{ij}——产品 i 在生产基地 j 的生产量。

D_{il}——超市卖场 l 对产品 i 的需求量。

X_{ijkl}——由生产基地 j 生产，经中转仓库 k 中转，提供给超市 l 的产品 i 的数量。

Y_{kl}——0—1 变量，当中转仓库 k 向超市卖场 l 供货时取值 1，否则取值 0。

Z_k——0—1 变量，当确定使用中转仓库 k 时取值 1，否则取值 0。

(3) 参数

$\underline{V}_k$，$\overline{V}_k$，——中转仓库的中转总量上下限。

f_k——中转仓库 k 年固定成本。

u_k——产品经中转仓库 k 中转的平均操作费（元/件）。

C_{ijkl}——产品的平均生产与运输费用（元/件）。

2. 目标函数

$$\min TC=\sum_{ijkl}C_{ijkl}X_{ijkl}+\sum_{k}\left[f_{k}z_{k}+u_{k}\sum_{l}\left(\sum_{i}D_{il}\right)\right]y_{kl} \tag{9-6}$$

3. 约束条件

约束条件包括生产基地生产能力的限制、仓库中转能力的限制、客户供货要求的约束。具体的约束如下：

(1) 生产能力限制：$\sum_{kl}X_{ijkl}\leqslant S_{ij}$ (9-7)

(2) 满足卖场对产品的需求量：$\sum_{j}X_{ijkl}=D_{il}y_{kl}$ (9-8)

(3) 一个客户只能由一家仓库供货：$\sum_{k}y_{kl}=1$ (9-9)

(4) 仓库中转总量限制：$\underline{V}_{k}z_{k}\leqslant\sum_{l}\left(\sum_{i}D_{il}\right)y_{il}\leqslant\overline{V}_{k}z_{k}$ (9-10)

$$X_{ijkl}\geqslant 0,S_{ij}\geqslant 0,D_{il}\geqslant 0,y_{kl}=0\text{ 或 }1,z_{k}=0\text{ 或 }1 \tag{9-11}$$

代入数据，计算得到结果：

(1) 建设一个生产基地 P_2。

(2) 由 P_2 生产所需的全部产品。

(3) 建设一个周转仓库 W_2 向 3 个超市卖场供货。

(4) 运输总成本=122 万元/年。

(5) 周转仓库维持成本=248 万元/年。

(6) 周转仓库固定成本=200 万元/年。

(7) 生产成本=816 万元/年。

(8) 周转及运输总成本=570 万元/年。

(9) 总成本=1386 万元/年。

(二) 模拟法

模拟法要求首先对问题进行准确描述。

(1) 以代数和逻辑语言对物流系统进行数学表述，利用计算机对模型进行处理，使用模拟模型来评估不同布局方法的效果。

(2) 要求分析人员或管理人员明确网络中需要的特定设施，根据被挑选出来等待评估的个别仓库及其分配方案判断是最优的还是接近最优的选址方式。

(3) 在给定的多个仓库、多个分配方案的条件下反复使用模型找出最优的网络设计方法，分析结果的质量和效率往往取决于使用者选择分析地点的技巧和洞察力。

(三) 启发法

启发法指有助于减少求解平均时间的任何原理或概念，也表示指导问题解决的经验原则。虽然不能保证一定找到最优解，但可以减少运算时间，能很好地表现实际情况并得到质量满意的解。选址问题实际就是对与选址相关的成本进行一种权衡，在设施选址过程中，存在一定的成本悖反现象，选址模型的任务就是在给定客户服务水平和其他实际条件的限制下，找出使总的相关成本最低的仓库或工厂布局。

物流设施选址是一个相当复杂的问题，上述几种方法都有其侧重性，由于影响物流设施选址的因素有很多的不确定性，这就造成了常规选址方法往往存在一定的片面性，具体选址分析时除了借助这些方法，还应综合考虑实际需要。

练习思考题

简答题

1. 物流选址决策的过程应遵循哪些原则?
2. 物流选址应考虑哪些因素?

实训项目

针对周边某公司连锁超市的现状展开调研分析，假设该公司要在近期选定某一位置建设配送中心给各大店面供应物品，请运用单设施选址方法来帮其作出决策，形成一份完整的网络规划报告（在分析过程中为了保证研究的完整性，允许一些合理的假设）。

第十章　物流信息技术

引导案例

远成集团物流信息化

一、案例简介

我国的物流相对于发达国家物流起步比较晚。当前，中国大多数物流企业都是由传统的仓储企业、运输企业转变而来，物流信息化程度低，竞争力弱，出现运输成本过高，空载率高、货损高等问题。

近年来，我国经济每年的GDP以8%以上的速度增长，进出口贸易的业务量也在逐年上升，物流业务在市场上非常活跃，这为物流企业提供了良好的前景，为物流的发展提供了广阔的空间。

远成集团有限公司是一个有着22年拼搏历史的物流企业，经历了从崛起到发展再到的转型3个阶段。远成集团为向客户提供高水平的物流服务，积极引进现代物流信息技术，形成“以铁路干线运输为基础，公路快运为延伸，区域配送为深度渗透”的多层次、覆盖范围广的运输服务网络体系，实现企业的物流信息化，并以其“以心传递、畅达天下”的服务宗旨，有效地为客户提供查询、监控、跟踪、结算、配送等功能。

随着我国经济的飞速发展，远成集团凭借自己的资金优势、丰富的物流经验以及良好的口碑，以其星级物流的服务宗旨，使其物流业务不断扩大。伴随着企业的高速发展，远成集团不断暴露出其短板：在资产管理方面，由于企业的快速发展，建设网点的速度快，资产不便于统计和跟踪，同时，货物难以得到有效的监管，有时发生货物丢失等；在运作管理方面，未能全面自动化处理和追踪订单，不能有效管理车队，货损货差严重，运输、仓储和配送等环节不顺畅；在客户和伙伴管理方面，不能及时响应和执行客户的订单，对于合作伙伴的管理比较分散，未开发出信息系统接口，无法实现对接等；在决策管理方面，分公司不能及时汇总财务信息，决策缺乏科学依据，多凭经验执行；在信息化方面，企业现行的信息系统已无法充分满足大量数据处理以及快速地和合作伙伴及客户的系统集成等，信息系统远远落后于业务的发展。

二、案例解析

远成集团在意识到自己的问题后，选择了勇敢地面对，积极采取措施，制定出信息化总体策略，引进先进的现代物流信息技术来改造企业，使企业实现物流信息化，有效满足客户的各种需求，走在时代的前沿。

远成集团为实现其物流信息化，制定出了“四个一”战略：“天上一颗星”——通过GPS/GIS系统统一对物流运输系统进行管理，实现对车队和货物的准确定位和实时监控，减少货损货差等；“地上一张网”——在各地快速地铺设密集化网点，形成广覆盖的物流运输网络，有效满足客户的需求；“送货一条龙”——通过与各子公司及供应商等合作伙伴建立的计算机信息化联网，实现信息系统的对接，来实现降低物流成本，及时响应市场，形成最佳物流解决方案；“管理一棵树”——利用计算机网络把总部、各子公司、各网点和客户像一棵大树有机地结合联系在一起。远成集团创造“以点带面”的辐射效应，由大中城市单一的同心圆式的布局网络向与“卫星”城市交叠的立体式布局网络转变；由原先只注重“大客户”开发的商业模式向全面注重高附加值的“消费者体验”模式转变，实现其转型，达到高度的物流信息化。

通过对物流信息化的建设，远成集团跨进了现代一流物流企业的行列，从中获得竞争优势：首先，信息运作更加透明化，在人力、管理和运作成本上实现降低，能快速地响应客户的需求，有效地配置企业的各种资源，使企业赢得更多的客户；其次，加强了集团对人、财、物进行有效地控管，全面有效地管理和整合市场、销售和客户服务，提升了竞争力。

三、案例涉及的主要知识点

物流信息化是指物流企业借助计算机等智能化工具，运用现代前沿的信息技术对物流活动过程中产生的信息及时进行收集、传递、筛选、加工、汇总、识别、跟踪、查询等一系列处理活动，以实现对货物在运输和储存过程中的控制，从而提高物流管理效率，有效降低物流成本。

学习导航

了解和认识常见的物流信息技术，认识和理解物流信息管理的对象和手段、认识几种常见的物流信息管理系统，并掌握WMS系统运行逻辑。

第一节 物流信息技术

物流信息技术是现代信息技术在物流各个作业环节中的综合应用，是现代物流区别传统物流的根本标志，也是物流技术中发展最快的领域。常见的物流信息技术有条码技术、射频识别技术、GPS、GIS等。

一、条码技术

条码技术（Bar Code）最早出现于20世纪40年代，它是在计算机技术和信息技术基础上发展起来的一种集编码、印刷、识别、数据采集和处理为一体的自动识别技术。其主要内容是如何将需要向计算机输入的信息用条码这种特殊的符号加以表示，包括条码的编码技术、符号表示技术和印刷技术，以及如何将条码所表示的信息转变为计算机可识别的数据，即条码识读技术。

条码为条码技术的核心，是由一组按特定规则排列的条和空，以及对应的字符组成的图形符号，可表示一定的信息。通常，条码用于对物品进行标识，这个物品可以是用来进行交易的一个贸易项目，如一瓶可乐或者一箱纯净水，也可以是一个物流单元，如一个托盘。图 10－1 所示为某一个具体商品的条码。

SHFU 05-9-1-3-32-075633-1

9 30-2-402C 6802-1752 >

图 10－1　商品条码

条码中的条、空和其对应的字符表示相同的信息。“条”指对光线反射率较低的部分，通常为黑色；“空”指对光线反射率较高的部分，通常为白色。这些条和空可以有各种不同的组合方法，构成不同的图形符号，即各种符号体系，也称码制，适用于不同的应用场合。

通常根据条码维数的不同通常分为一维条码技术和二维条码技术。一维条码只是在一个方向（一般是水平方向）表达信息。通常，一维条码可用于商品条码，以解决信息录入速度问题，并提高录入准确率，也便于实现数据录入的自动化。但由于受信息容量的限制，一维条码仅仅是对“物品”进行标识，而无法对“物品”进行描述，且必须依赖于数据库的存在，这使其应用受到了限制。常用的一维码的码制包括 EAN 码、39 码、交叉 25 码、UPC 码、128 码、93 码以及 Codabar（库德巴）码等。

与一维码不同，二维条码在水平和垂直两个方向标识，以“面”来储存信息。它不仅可作为“物品”的标识，而且还能对“物品”进行描述。二维条码除信息容量大之外，还具有可靠性高、保密防伪性强、易于制作和成本低等优点，因此，其应用越来越广泛。常用的二维码的码制有 PDF417 码、DataMatrix 码、MaxiCode 码、QR 码、Code49 码等。

二、无线射频识别技术

无线射频识别（Radio Frequency Identification，RFID）技术是20世纪90年代兴起的一种非接触式自动识别技术，它以无线通信技术和存储技术为核心，伴随着半导体、大规模集成电路技术的发展而逐步形成。

与其他识别技术一样，无线射频系统也是由信息载体和信息获取装置组成的。其中装载识别信息的载体是标签（在部分识别系统中也称为应答器、射频卡等）；获取信息的装置称为读写器（在部分系统中也称为问询器、收发器等）。标签与读写器之间利用无线电波或微波能量进行非接触双向通信，实现数据交换，从而达到识别的目的。如图10－2所示。

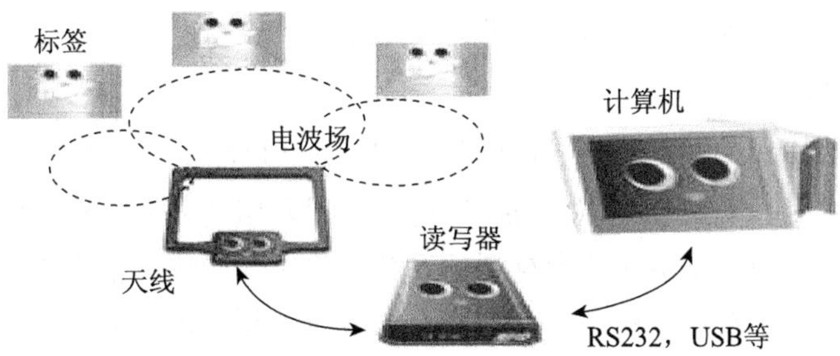

图10－2 无线射频系统的构成

与其他自动识别技术如条码、磁卡、IC卡等识别技术相比，RFID技术有着其独特的优点：

（1）读取方便快捷。数据读取无须光源，甚至可以透过外包装进行，有效识别距离更大。

（2）识别速度快。标签一进入磁场，解读器即时读取其中信息，且能同时处理多个标签，实现批量识别。

（3）数据容量大。数据容量最大的二维条码（PDF417）最多可存储2725个数字，若包含字母，存储量更少，而RFID标签可根据用户需要扩充到10K。

（4）使用寿命长，应用范围广。其无线电通信方式，可应用于粉尘、油污等高污染环境和放射性环境，且其封闭式包装使寿命大大超过印刷条码，可反复使用，数据存储可保存10年，重复读写大于10万次。

（5）标签数据可动态更改。利用编程器可写入数据，从而赋予RFID标签交互式便携数据文件的功能，且写入时间相比打印条码更短。

（6）更好的安全性。RFID标签不仅可嵌入或附着在不同形状、类型的产品上，且可以为标签数据读写设置密码保护，具有更高的安全性。

（7）动态实时通信。标签可以每秒50～100次的频率与读写器进行通信，因此，只要RFID标签附着的物体出现在读写器的有效识别范围内，就可以对其位置进行动态的追踪和监控。

三、全球定位系统

全球定位系统（Global Positioning System，GPS）是利用分布在约 2 万千米高空的多颗卫星对地面目标的状况进行精确测定以进行定位、导航的系统，主要用于车辆、船舶和飞机的导航、对地面目标的精确定时和精密定位、地面及空中交通管制、空间与地面灾害监测等。

GPS 是美国第二代卫星导航系统，从 20 世纪 70 年代开始研制，历时 20 年，耗资 200 亿美元，于 1994 年全面建成，是具有在海、陆、空进行三维导航与定位能力的新一代卫星导航与定位系统。

GPS 以其全球性、实时性、全天候、连续、快速和高精度的特点，在物流领域得到日益广泛的应用，具体表现在以下几个方面。

（一）汽车定位

无线数据通信技术配合 GPS 定位技术，可以用于智能交通管理，对移动中的车辆进行实时的监控和调度。安装在车辆上的定位仪器可以实时获取车辆的位置信息，包括纬度、速度和方向等。通过车辆无线数据通信系统，将车辆的位置信息以短消息方式传送到指挥监控中心，并显示在电子地图上。同样，无线车辆终端也可以将指挥中心的命令传送到移动的车辆上，实现汽车的定位。

（二）跟踪调度

在运输过程中，利用移动计算机与 GPS—GIS 车辆信息系统互联，可使得整个运输车队在运行中都受到中央调度系统的控制。中央调度系统可以对车辆的位置、状况等进行实时的监控，利用这些信息对车辆进行优化配置和调遣，可极大地提高运输工作效率，同时能够加强成本控制。另外，通过将车辆载货情况以及到达目的地的时间预先通知下游单位配送中心或仓库等，有利于下游单位合理地配置资源、安排作业，从而提高运营效率，节约物流成本。

（三）航运管理

在我国，GPS 最先应用于海洋运输的船舶导航。我国跨世纪的三峡工程就采用了 GPS 来改善航运条件，提高航运能力。GPS 技术的应用能有效地改善航运行政管理，提升航运生产管理的科技含量，对加强水上安全管理、提升船舶安全意识，提高航运企业效益起到了积极的推动作用，从而促进航运行业生产力的发展。

（四）航空管理

GPS 在航空管理中的应用主要体现在航路导航、进场着陆及空中交通管制 3 大方面，包括洋区空域航路、内陆空域航路、终端区导引、进场/着陆、机场场面监视和管理、特殊区域导航等具体内容。

（五）铁路运输管理

我国铁路开发是基于 GPS 的计算机管理信息系统，可以通过 GPS 和计算机网络实时收集全路列车、机车、车辆、集装箱及所运货物的动态信息，可实现列车、货物追踪管理。只要知道货车的车种、车型、车号，就可以立即从近 10 万千米的铁路网上流动着的几十万辆货车中找到该货车，还能得知这辆货车现在何处运行或停在何处，以及所有的车载货物发货信息。铁路部门运用这项技术可大大提高其路网经营的透明度，为货主提供更高质量的服务。

（六）军事物流

GPS 首先是因军事目的而建立的。在军事物流中，如后勤装备的保障等方面，GPS 的应用相当普遍，尤其是在美国，其在世界各地驻扎的大量军队无论是在战时还是在平时都对后勤补给提出很高的要求。在战争中，如果不依赖 GPS，美军的后勤补给就会变得一团糟。美军在 20 世纪末的地区冲突中就是依靠 GPS 和其他顶尖技术，来实现强有力的后勤保障。

四、地理信息系统

地理信息系统（Geographical Information System，GIS）是 20 世纪 60 年代发展起来的集计算机科学、地理学、测量学、地图学等多门学科于一体的新兴边缘学科。它以地理空间数据为基础，采用地理模拟分析方法，适时地提供多种空间和动态的地理信息，可作为应用于各领域的基础平台。

地理信息系统的主要作用是将表格型数据（无论它来自数据库、电子表格文件，或直接在程序中输入）转化为地理图形显示，然后对显示结果进行浏览、操作和分析。其显示范围可以从洲际地图到非常详细的街区地图，显示对象包括人口、销售情况、运输路线及其他内容。

随着电子商务、物流技术和 GIS 技术本身的发展，GIS 技术将越来越多地应用于物流管理，并将成为全程物流管理中不可或缺的组成部分。将 GIS 技术融入物流管理，可以更容易地处理货物的运输、仓储、装卸、送递等各个环节，并对其中涉及的如运输路线的选择、仓库位置的选择、仓库容量的设置、装卸策略的合理选择、运输工具的调度和投递路线的选择等问题进行有效管理和决策分析，有助于物流企业有效地利用现有资源、降低消耗、提高效率。

从供应链物流管理的角度看，GIS 技术可以有效解决以下几个问题：

(1) 位置。在某个特定的位置有什么或目标在什么位置，如运输工具和其他物流设备所在的位置等。

(2) 条件。什么地方有满足条件的东西，如约束条件下运输路线和仓库位置的选择等。

(3) 变化趋势。通过综合现有数据来识别已经发生或正在变化的地理现象，如运输工具速度和数量等变化情况。

(4) 模式。分析与已经发生或正在发生事件有关的因素，如哪些因素将影响到运输工具速度和数量等变化情况。

（5）模型。建立新的数据关系以产生解决方案，如最终运输路线的确定。

通常，GIS 的核心任务需要通过一些软件功能模块来实现。目前，大多数软件商提供的 GIS 软件包都有如下功能：数据获取、数据预处理、数据存储与组织、数据查询与分析、图形展示与交互。

第二节　物流信息管理

一、物流信息管理的定义及内涵

物流信息管理就是对物流全过程的相关信息进行收集、整理、传输、存储和利用的活动过程，也就是物流信息从分散到集中，从无序到有序，从产生、传播到利用的过程。同时，对涉及物流信息活动的各种要素，包括人员、技术、工具等进行管理，实现资源的合理配置。

物流信息管理不仅包括采购、销售、存储、运输等物流活动的信息管理和信息传送，而且包括了对物流过程中的各种决策活动如采购计划、销售计划、供应商选择、顾客分析等提供决策支持，并充分利用计算机的强大功能，汇总和分析物流数据，进而作出更好的进货、销货和存货的决策。物流信息管理也会充分利用企业资源，加强对企业的内部挖掘和外部利用，大大降低生产成本，提高生产效率，增强企业竞争优势。

总之，物流信息管理就是为了有效地开发和利用物流信息资源，以现代信息技术为手段，对物流信息资源进行计划、组织、领导和控制的社会活动。该定义的内涵包括 4 个方面：

（一）物流信息管理的主体

主体一般是与物流信息管理系统相关的管理人员，也可能是一般的物流信息操作控制人员。这些人员要从事物流业务操作和管理，承担物流信息技术应用和物流信息管理系统开发、建设、维护、管理和物流信息资源开发利用等工作。

（二）物流信息管理的对象

与信息管理的对象相似，物流信息管理的对象包括物流信息资源和物流信息活动。物流信息资源主要指直接产生于物流活动（包括运输、仓储、包装、装卸、流通和加工等）的信息和与其他流通活动有关的信息（如商品交易信息、市场信息等）。而物流信息活动是指物流信息管理主体进行物流信息收集、传递、储存、加工、维护和使用的过程。

（三）物流信息管理的手段

物流信息管理不仅需要现代信息技术，同时需要利用管理科学、运筹学、统计学、模型论和各种最优化技术来实现对信息的管理以辅助决策。物流信息管理除具有一般信息管理的要求之外，还要通过物流信息管理系统的查询、统计、数据的实时跟踪和控制来管理、协调物流活动，利用物流信息管理系统是进行物流信息管理的主要手段。

（四）物流信息管理的目的

物流信息管理的目的是开发和利用物流信息资源，以现代信息技术为手段，对物流信息资源进行计划、组织、领导和控制，最终为物流相关管理提供计划、控制、评估等辅助决策服务。

二、物流信息管理的特点

（一）强调信息管理的系统化

物流是一个大范围内的活动，物流信息源点多、分布广、信息量大、动态性强、信息价值衰减速度快，因此，物流信息管理要求能够迅速进行物流信息的收集、加工和处理。物流信息管理系统可以利用计算机的强大功能汇总和分析物流数据，并对各种信息进行加工和处理，从而提高物流活动的效率和质量。而网络化的物流信息管理系统可以实现企业各部门、各企业间的数据共享，从而提高物流活动的整体效率。因此，物流信息管理强调建立以数据获取、分析为中心的物流信息管理系统，从庞大的物流数据中挖掘潜在的信息价值，以提高企业的物流运作效率。

（二）强调信息管理各基本环节的整合和协调

物流信息管理的基本环节包括物流信息的获取、传输、储存、处理和分析，在管理过程中强调物流信息管理各基本环节的整合和协调。对于仓储、运输、配送、货代、通关、包装等物流活动中的信息进行整合和协调，可以提高物流信息传递的及时性和顺畅程度，提高物流活动的效率。物流信息管理各基本环节的信息处理一旦间断，则会影响物流活动的整体连贯性和高效性。

（三）强调信息管理过程的专业性和灵活性

物流信息管理是专门收集、处理、储存和利用物流全过程的相关信息，为物流管理和物流业务活动提供信息服务的专业管理活动，物流信息管理过程涉及仓储、运输、配送、货代等物流环节。物流信息管理系统的信息对象包括货物信息、作业人员信息、所使用的设施设备信息、操作技术和方法信息、物流的时间和空间信息等。物流信息管理的规模、内容、模式和范围，则应根据供应链管理的需要，可以有不同的侧重面和活动内容，以提高物流信息管理的针对性和灵活性。

（四）强调建立有效的信息管理机制

物流信息管理强调信息的有效管理，即强调信息的准确性、有效性、及时性、集成性、共享性等。在物流信息的收集和整理中，要避免信息的缺失、失真和失效，强化物流信息活动过程的组织和控制，建立有效的管理机制。同时，通过制定企业内部、企业之间的物流信息交流和共享机制来加强物流信息的传递和交流，以便提高企业自身的信息积累，并进行相应的优势转化。

三、物流信息管理的作用

物流信息管理的主要目标是减少物流活动的不确定性，因此，存货的可得性（即物流企业库存能力保证满足顾客的需要）、递送及时性（即物流过程中物品流动的实际时间与要求时间之间的符合程度）和交付一致性（即质量一致性和服务一致性）是外部环境对物流企业的要求。从企业的物流管理要求和发展来看，物流信息管理的作用主要体现在以下3个方面。

（一）改善企业内部物流业务流程和物流信息的交流方式

使用物流信息管理系统是物流信息管理的主要手段，通过物流信息管理系统可以为客户提供实时的货物跟踪服务，这种个性化的服务方式可以有效提高服务水平，同时可以提高企业的办公自动化水平，提高管理效率，降低管理成本，提高企业在市场上的竞争能力。因此，通过物流信息管理可以改善企业内部物流业务流程和物流信息交流方式，满足业务部门对物流信息处理和信息共享的需求，使企业物流信息能够发挥更大的效益。

（二）提高物流服务的质量，提升企业的整体效益

在物流信息管理的过程中，通过对货物的跟踪和监控，企业的各级管理层可以及时掌握业务进展情况及经营业务数据，增强对业务的控制，为决策提供数据支持。通过物流信息管理，可以有效地把各种零散数据变为商业智慧，大大提高企业的业务预测和管理能力，从而可以帮助企业提高物流服务的质量，提升企业的整体效益。

（三）保证企业物流信息处理的规范化

物流信息管理依据的是现代化的管理思想和理念，要求具备一套完善的管理制度和流程。因此，通过物流信息管理可以保证企业物流信息处理的规范化，也可以为企业提供可靠的信息处理支持环境。

四、物流信息管理的模式

根据管理体制、管理技术、管理方法和管理手段的不同，可以将物流信息管理划分为不同的模式，总的来说，基本可以归纳为以下4种模式。

（一）手工管理模式

利用纸介质，通过人工记录、计算、整理等进行管理，这是早期的传统物流信息管理模式。此时，计算机技术还不太成熟，在物流领域还未得到广泛应用，各项物流活动主要依赖手工操作来完成。

（二）计算机辅助管理

计算机辅助管理模式是指物流企业使用计算机来辅助管理企业的各项物流活动。同手工管理模式相比，在此种管理模式下，计算机参与了业务的处理。计算机辅助管理模式的特点是物流企业开始利用计算机处理部分物流业务，进行相应的物流信息管理，但基本上属于单机系统管理模式，还没有引入网络化处理，也没有实现集成化的信息管理。计算机系统承担的辅助管理功能包括订单信息处理、出入库处理、库存管理、采购管理、会计总账管理、人事考核和薪资管理、应收款和应付款管理、票据管理等。

（三）物流信息系统管理

随着现代信息技术的发展和计算机应用的普及，许多企业开始发展自己的专用物流信

息管理系统，如大中型商业企业的进销存管理信息系统、铁路运营控制和调度管理信息系统等。此时，物流信息系统的特点是计算机软硬件集成化、建立了数据库管理系统、进行统计分析以及辅助决策、基于 Internet 系统对外联网。该种管理模式充分利用计算机网络技术、通信技术等，将多种物流信息管理子系统进行集成，达到物流信息共享、减少冗余和不一致，以利于提高物流信息管理的效率和效果。物流信息管理系统承担的主要功能包括网络化的订单信息处理、销售预测、物资管理、车辆调派、运输线路选择和规划、供应商管理、财务成本核算、银行转账和结算、与客户信息系统的集成等。

(四) 智能化和社会化的物流信息系统管理

智能化是物流信息管理系统的发展趋势，也是未来物流信息管理的主要特点。智能化的物流信息系统管理模式是在物流信息管理系统中引入了人工智能、专家系统、计算机辅助经营决策系统，并在管理系统中大量采用智能化、自动化、网络化的物流工具，具有后勤支持、物流动态分析、安全库存自动控制、仓库规划布局、车辆运输自动调度、仓库软硬件设备控制、人力使用分析控制等功能。此外，今后的物流信息管理系统还将向社会化方向发展，企业的物流信息管理系统与供应商、批发商、零售商以及顾客紧密相连，并在计算机网络中进行实时的信息传递和共享，企业物流建立在社会整体物流的基础上，逐步形成社会化的物流信息系统管理模式。

第三节　物流信息管理系统

一、物流信息管理系统的定义

物流信息管理系统是通过对物流相关信息的加工处理来达到对物流、资金流的有效控制和管理，并为企业提供信息分析和决策支持的人机系统。物流信息管理系统内部的相互衔接是通过信息进行沟通的，资源的调度也是通过信息共享来实现的，组织物流活动必须以信息为基础。

物流信息管理系统是企业信息管理系统中的一类，是企业按照现代管理的思想和理念，以信息技术为支撑所开发的信息系统。物流信息系统充分利用数据、信息和知识等资源，实施、控制并支持物流业务，实现物流信息共享，以提高物流业务的效率，提高决策的科学性，其最终目的是提高企业的核心竞争力。

随着社会经济的发展、科技的进步，物流信息管理系统正在向业务活动的集成化、系统功能的模块化、信息采集的实时化、信息存储的大型化、信息传输的网络化、信息处理的智能化以及信息处理界面的图形化方向发展。

二、物流信息管理系统的特点

(一) 集成化

集成化是指物流信息管理系统将业务逻辑上相互关联的物流职能活动整合在一起，为企业物流活动中的集成化信息处理工作提供基础。在系统开发过程中，数据库的设计、系统结构以及功能的设计等都应该遵循统一的标准、规范和规程（即集成化），以避免出现信息孤立现象。

（二）模块化

模块化是指物流信息管理系统由各个子系统构成，各个子系统又通过统一的标准来进行功能模块的开发，然后实现集成并组合起来使用，这样既能满足企业不同管理部门的需要，也可以保证各个子系统的合理使用以及设置相关的访问权限。

（三）实时化

实时化是指借助于编码技术、自动识别技术、GPS 技术、GIS 技术等现代物流技术，对物流活动进行准确实时的信息采集，并采用先进的计算机与通信技术，实时进行数据处理和传送物流信息，通过网络的应用将供应商、分销商和客户按业务关系连接起来，使整个物流信息管理系统能及时地掌握和分享属于供应商、分销商和客户的信息。

（四）网络化

网络化是指通过 Internet 等技术将分布在不同地理位置上的物流分支机构、供应商、客户等连接起来，形成一个复杂但有密切联系的信息网络，从而通过物流信息管理系统实时地了解各地业务的运行状况。物流信息中心将各节点传来的物流信息进行汇总、分类、综合分析，然后，通过网络把结果反馈传达下去，从而起到指导、协调、控制物流业务的作用。

（五）智能化

物流信息管理系统正在朝着智能化方向发展，例如，企业物流信息管理系统中的决策支持分系统就负责对决策过程中所需的物流领域知识、专家的决策知识和经验知识等进行收集、存储和智能化处理。

三、物流信息管理系统的分类

物流信息管理系统根据分类方法的不同，可以划分为不同的类型。

（一）按照系统的结构分类

可以分为单功能系统和多功能系统。

1. 单功能系统

单功能系统是一种只能完成一项职能的系统，比如，物流财务系统、合同管理系统、物资分配系统等。

2. 多功能系统

多功能系统能够完成一个部门或者一个企业所包括的物流管理的职能，如仓库管理系统、某公司的经营管理决策系统等。

（二）按照系统功能的性质分类

可以划分为操作型系统和决策型系统。

1. 操作型系统

操作型系统是为管理者处理日常业务的系统，它的功能主要是进行数据处理，如记账、汇总、统计和打印报表等。

2. 决策型系统

决策型系统是在处理日常业务的基础上，运用现代化管理方法，进一步加工计算，为管理人员或者领导者提供决策方案或定量的依据。

（三）按照系统作用的对象

可以分为面向制造企业的物流信息管理系统、面向商业企业的物流信息管理系统和面向第三方物流企业的物流信息管理系统。

1. 面向制造企业的物流信息管理系统

制造企业的物流信息管理系统主要对企业内外部的物流活动进行管理。一方面，为保证制造企业顺利进行生产，对原材料、物料、日常耗用品等的采购时间、路线、存储和对产成品的销售时间、存储以及送至用户的路线等进行计划、管理、控制的外部物流活动；另一方面，为对制造企业采购来的物资在生产过程中的存储、搬运、包装等进行设计、计划和管理。

2. 面向商业企业的物流信息管理系统

商业企业本身不生产商品，但为用户提供商品，为制造商提供销售渠道，是用户和制造商的中介。专业零售商为客户提供统一类型的商品，综合性的零售商（如超市、百货商店）为客户提供不同种类的商品，这类商业企业的经营特点是商品种类多、生产地点分散、消费群体分散等。面向商业企业的物流信息管理系统主要是对不同的商品的进、销、存等进行管理的系统。

3. 面向第三方物流企业的物流信息管理系统

第三方物流服务企业本身并不拥有商品的所有权，而是为其外部客户的物流作业提供外包服务。面向第三方物流企业的物流信息管理系统是一个综合的系统，对第三方物流企业的仓储、运输、配送等所有物流活动进行管理。利用物流信息管理系统，第三方物流企业可以准确、及时、高效地捕捉各种信息，并进行处理，从而科学地指导物流活动的高效运转。

四、常见的物流信息管理系统

（一）仓储管理系统

仓储管理系统（WMS）是一个实时的计算机软件系统，它能够按照运作的业务规则和运算法则，对信息、资源、行为、存货和分销运作进行更完美地管理，使其最大化满足有效产出和精确性的要求。图 10 - 3 所示为仓储管理系统运行逻辑。

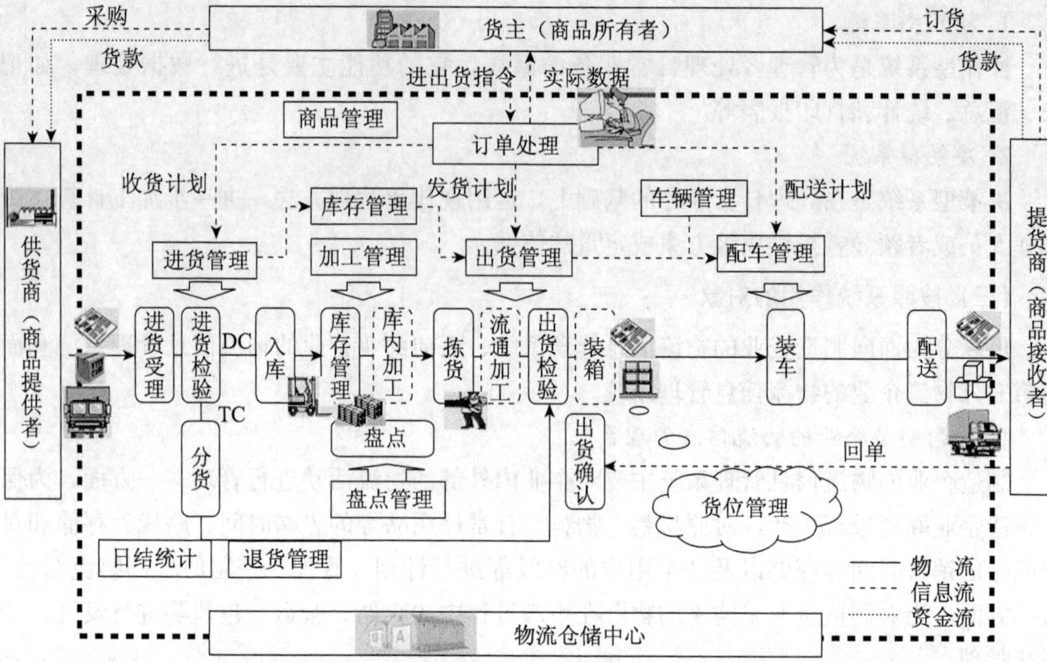

图 10-3 仓储管理系统

仓储管理系统（WMS）的优点有：基础资料管理更加完善，文档利用率高，库存准确；操作效率高；库存低，物料资产使用率高；现有的操作规程执行难度小；易于制订合理的维护计划；数据获取及时，成本降低；提供历史的记录分析；规程文件变更后的及时传递和正确使用；仓库与财务的对账工作效率提高；预算控制严格、退库业务减少。

仓储管理系统（WMS）是仓储管理信息化的具体形式，它在我国的应用还处于起步阶段。目前在我国市场上呈现出二元结构：以跨国公司或国内少数先进企业为代表的高端市场，其应用 WMS 的比例较高，系统也比较集中在国外基本成熟的主流品牌；以国内企业为代表的中低端市场，主要应用国内开发的 WMS 产品。总的来说，WMS 在我国物流与供应链管理实践中的应用主要表现在以下 3 个方面。

1. 基于典型的配送中心业务的应用系统

在销售物流中如连锁超市的配送中心，在供应物流中如生产企业的零配件配送中心，都能见到这样的案例。北京医药股份有限公司的现代物流中心就是这样的一个典型。该系统的目标，一是落实国家有关医药物流的管理和控制标准 GSP 等；二是优化流程，提高效率。系统功能包括进货管理、库存管理、订单管理、拣选、复核、配送、RF 终端管理、商品与货位基本信息管理等功能模块；通过网络化和数字化方式，提高库内作业控制水平和任务编排。该系统把配送时间缩短了 50%，订单处理能力提高了一倍以上，还取得了显著的社会效益，成为医药物流的一个样板。此类系统多用于制造业或分销业的供应链管理中，也是 WMS 中最常见的一类。

2. 以仓储作业技术的整合为主要目标的系统

以仓储作业技术的整合为主要目标的系统可解决各种自动化设备的信息系统之间整合

与优化的问题。武钢第二热轧厂的生产物流信息系统即属于此类，该系统主要解决原材料库（钢坯）、半成品库（粗轧中厚板）与成品库（精轧薄板）之间的协调运行问题，否则，将不能保持连续作业，不仅放空生产力，还会浪费能源。该系统的难点在于物流系统与轧钢流水线的各自动化设备系统要无缝连接，使库存成为流水线的一个流动环节，也使流水线成为库存操作的一个组成部分。各种专用设备均有自己的信息系统，WMS不仅要整合设备系统，要整合工艺流程系统，而且要融入更大范围的企业整体信息化系统中去。此类系统涉及的流程相对规范、专业化，多出现在大型ERP系统之中，成为一个重要组成部分。

3. 以仓储业的经营决策为重点的应用系统

以仓储业的经营决策为重点的应用系统鲜明的特点是具有非常灵活的计费系统、准确及时的核算系统和功能完善的客户管理系统，为仓储业经营提供决策支持信息。华润物流有限公司的润发仓库管理系统就是这样的一个案例。此类系统多用于一些提供公仓仓储服务的企业中，其流程管理、仓储作业的技术共性多、特性少，因此，要求不高，适合对多数客户提供通用的服务。该公司采用了一套适合自身特点的WMS以后，减少了人工成本，提高了仓库利用率，明显增加了经济效益。

（二）企业资源计划（ERP）管理系统

ERP是Enterprise Resource Planning（企业资源计划）的简称，是20世纪90年代美国一家IT公司根据当时计算机信息、IT技术发展及企业对供应链管理的需求，预测到信息时代企业管理信息系统的发展趋势而提出了这个概念。ERP是针对物资资源管理（物流）、人力资源管理（人流）、财务资源管理（财流）、信息资源管理（信息流）集成一体化的企业管理软件。它将包含客户/服务架构，使用图形用户接口，应用开放系统制作。除了已有的标准功能，它还包括其他特性，如品质、过程运作管理以及调整报告等。

企业ERP信息管理系统的发展经历了以下几个阶段。

1. MIS阶段（Management Information System）

企业的信息管理系统主要用于记录大量原始数据、支持查询、汇总等。

2. MRP阶段（Material Requirement Planning）

企业的信息管理系统对产品构成进行管理，借助计算机的运算能力及系统对客户订单、在库物料、产品构成的管理能力，实现依据客户订单，按照产品结构清单展开并计算物料需求计划。实现减少库存，优化库存的管理目标。

3. MRPⅡ阶段（Manufacture Resource Planning）

在MRP管理系统的基础上，系统增加了对企业生产中心、加工工时、生产能力等方面的管理，以实现计算机进行生产排程的功能，同时，将财务的功能囊括进来，在企业中形成以计算机为核心的闭环管理系统，这种管理系统已能动态监察到产、供、销的全部生产过程。

4. ERP阶段（Enterprise Resource Planning）

进入ERP阶段后，以计算机为核心的企业级的管理系统更为成熟，系统增加了包括财务预测、生产能力、调整资源调度等方面的功能。配合企业实现 JIT 管理、全面质量管理和生产资源调度管理及辅助决策的功能。成为企业进行生产管理及决策的平台工具。

5. 电子商务时代的 ERP

Internet 技术的成熟增强了企业与客户或供应商实现信息共享和数据交换的能力，从而强化了企业间的联系，形成共同发展的生存链，体现企业为达到生存竞争的供应链管理思想。ERP 系统相应实现这方面的功能，使决策者及业务部门实现跨企业的联合作战。

6. 现时代的 ERP

现时代的 ERP，紧紧抓住企业信息流程这条主线，以生产经营为目的，提供专业性非常强的针对行业的 ERP。

（三）企业分销资源计划管理系统

分销资源计划 DRP 是 Distribution Resource Planning 的简称，是管理企业分销网络的系统，目的是使企业对订单和供货快速反应的能力。

通过互联网将供应商与经销商有机地联系在一起，DRP 为企业的业务经营及与贸易伙伴的合作提供了一种全新的模式。供应商和经销商之间可以实时地提交订单、查询产品供应和库存状况，并获得市场、销售信息及客户支持，实现了供应商与经销商之间端到端的供应链管理，有效地缩短了供销链。

新的模式借助互联网的延伸性及便利性，使商务过程不再受时间、地点和人员的限制，企业的工作效率和业务范围都得到了有效的提高。企业可以在互联网时代现有业务模式和基础设施情况下，迅速构建 B2B 电子商务的平台，扩展业务范围和销售能力，实现零风险库存，大大降低分销成本，提高周转效率，确保获得领先一步的竞争优势。

为了更好地适应企业个性化的分销体系结构和业务流程需要，DRP 分销管理系统采用 B/S 技术体系，能够满足各种级别企业用户大容量数据处理的需要，基于 Internet，实现了远程数据的实时传输，从而保证为企业提供可定制、非常便利的分销系统服务。同时，可以与企业现有的各种管理信息系统实现信息交换，从而能够在更大程度上适应和保护企业信息化过程中已有的软硬件资源投入和工作流程。

DRP 分销管理系统普遍适用于利用分支机构或者渠道伙伴实现产成品销售的产销一体化企业或者商贸类企业，包括那些没有分支销售机构或渠道伙伴，主要进行直营销售的企业或公司，涉及的行业包括化工、服装、食品、医药、食品、皮革、车辆、建筑材料、礼品饰品、办公用品、机械设备、家用电器、化妆品等各个行业。

（四）物流资源计划管理系统

物流资源计划 LRP 是 Logistics Resource Planning 的简称，是指以物流为基本手段，打破生产与流通界限，集成制造资源计划、能力资源计划、分销需求计划以及功能计划而形成的物资资源优化配置方法。

物流资源计划是在 MRP 和 DRP 的基础上形成和发展起来的，其实质是把物料需求计划 MRP 和配送需求计划 DRP 集成应用，在生产企业系统内部实行 MRP，在生产企业外部实行 DRP，它最显著的特点是在计划时考虑了物流因素，把物流作为联系二者的纽带。

因此，它是一种联系产、供、销，既适时适量保障相互之间物资供应又使总费用最省的物流资源计划方法。

物流之所以能成为联系纽带，是因为二者虽然在原理上有许多不同之处，但在物流上有共同之处，即它们都包含物资时间、空间位置的转移。它输入社会需求主文件、产品结构文件、生产能力文件、物流能力文件、生产成本文件和供应商货源文件等，形成产品投产计划、生产能力需求计划、送货计划和订货进货计划、运输计划、物流能力需求计划等，并进行成本核算。而社会需求主文件（即社会订货）总是先由 DRP 从库存中予以供应，仓库中不够的再向 MRP 订货进货。与一般 MRP 不同之处在于，这里的 MRP 的输入是 DRP 生成的订货进货计划的一部分，即向生产部门的订货，其输出除了一般 MRP 生成的产品投产计划之外，还加上了向 DRP 输入的外购计划。MRP 根据 DRP 的生产订货进货计划进行 MRP 处理，制定生产任务单、产生加工任务单交生产部门加工，外购件又加入 DRP 系统的需求文件，进入 DRP 处理。DRP 仍然先从仓库供应，仓库不够的由订货进货计划到资源市场去采购进货。

五、物流信息管理系统的设计

物流信息管理系统的设计一般包括以下几个步骤。

（一）系统总体设计

系统总体设计是要根据系统分析的要求和组织的实际情况对新系统的总体结构形式和可利用的资源进行大致设计，它是一种总体上的设计和规划。总体设计的核心任务是完成系统模块结构设计，即在目标系统逻辑模型的基础上，把系统分解为若干功能单一、彼此相对独立的模块，形成系统的模块结构，包括系统模块的组成、模块的功能和模块间的相互关系。

系统总体设计的具体任务有：

1. 模块结构设计

将系统划分成模块；决定每个模块的功能；决定模块间的调用关系；决定模块间的接口，即模块间数据的传递。

2. 系统物理配置方案设计

设备配置、通信网络的选择和设计等。

3. 总体数据库设计

总体设计是系统开发过程中很关键的一步。系统质量及一些整体特性基本上是由这一步决定的。系统越大，总体设计的影响越大。

（二）系统详细设计

系统详细设计的主要任务是在系统初步设计的基础上，将设计方案进一步具体化、条理化和规范化。具体来说，系统详细设计阶段的主要任务有：

1. 代码设计

确定代码编写规则、编码设计和代码维护设计。

2. 数据库设计

根据数据字典和数据存储要求确定数据库的结构。

3. 输出设计

根据用户的要求确定输出信息的格式。

4. 输入设计

设计原始单据的输入格式，使其操作简单。

5. 人机界面设计

从系统角度出发，按照统一、友好、漂亮、简洁、清晰的原则设计人机界面。

6. 处理过程设计

对结构图中的每一个处理模块进行处理流程设计。

7. 安全保密设计

为确保管理信息系统的运行安全和数据保密，提出安全保密设计方案。

8. 编写系统设计说明书

按照规定的格式汇总系统设计的成果，完成系统设计说明书的编写，为系统实施提供依据。

（三）系统结构设计

系统结构设计的主要任务是在系统分析的基础上进行功能模块划分。具体来说，就是根据数据流程图和数据字典，以系统的逻辑功能和数据流关系为基础，借助于一套标准的设计准则和图表工具，通过“自上而下”和“自下而上”的多次反复，把系统分解为若干个大小适当、功能明确、具有一定的独立性且容易实现的模块，从而把复杂系统的设计转变为多个简单模块的设计。由于组成系统的模块基本独立，功能明确，因此，使系统模块可进行单独维护和修改，而不会影响系统中的其他模块。由此可见，合理地进行模块的分解和定义，是系统结构设计的主要内容。

（四）数据结构与数据库设计

信息系统的主要任务是通过大量的数据获得管理所需的信息，因此，需要存储和管理大量的数据。从使用者角度看，信息系统是提供信息，辅助人们对环境进行控制和进行决策的系统。数据库是信息系统的核心和功能，它把信息系统中大量的数据按照一定的模型组织起来，提供存储、维护、检索数据的功能，使信息系统可以方便、及时、准确地从数据库中获得所需的信息。一个信息系统的各个部分能否紧密地结合在一起，以及如何结合，关键在于数据库。因此，只有对数据库进行合理地设计，才能开发出完善而高效的信息系统。

练习思考题

简答题

1. 请简述物流信息管理的定义。

2. 请简述物流信息管理的作用。

3. 请说明物流信息管理系统的特点。

实训项目

安排机房实际操作仓库管理系统，在指导老师的帮助引导下，通过学生自己的摸索、尝试和操作，逐渐完成了商品入库、在库及出库管理等实训任务。

第五部分

理论发展篇

第十一章　供应链合作伙伴关系

引导案例

福特和戴姆勒克莱斯勒的供应链伙伴关系

一、案例简介

福特和戴姆勒克莱斯勒是两个互为竞争对手的汽车企业，然而，它们却携手与 Exel 物流公司成功建立了供应链合作伙伴关系，从而提高了企业的客户服务水平，同时，大大降低了企业零部件的分销成本。这是怎么回事呢?

首先，这个合作计划是从密歇根州北部的 11 个经销商开始，由于这 11 个经销商遍布于整个广阔的密北地区，因此，需要大量的运输工具进行送货，然而，当地制造企业本身的实际送货能力比预期的要小很多。通过协议，福特付钱给由 Exel 物流公司经营的为戴姆勒克莱斯勒送货的专用车队，由它来代理福特公司的零部件的运输服务。事实证明，这个计划非常成功。福特和戴姆勒克莱斯勒都希望在未来可以与其他的汽车公司签订服务共享协议。目前，它们正在进一步考虑在第二阶段对 50～100 个经销商进行试点。

该供应链合作伙伴计划开创了建立服务共享协议的模式。福特公司和戴姆勒克莱斯勒公司都发现第三方服务提供商是实施这一服务共享协议的关键。Exel 物流公司拥有汽车制造商所没有的时间、人员和技术资源等方面的优势。同时，制定详细的条约文件对于保证服务共享的有效运作也是非常重要的。

在密歇根州试点以后，福特公司和戴姆勒克莱斯勒公司又在墨西哥进行了一次类似的试点。墨西哥辽阔的地域以及经销商遍布的特点有利于服务共享概念的实施。路线相对较长而货物运输密度相对较低，形成了可以利用的运输空间。墨西哥城外的汽车分销商们所购买的零部件只占全国销售量的 50%，但送货里程却占了总销售里程的 90%。另外，该供应链合作伙伴关系中的每一个成员都可以因此而获得收益。戴姆勒克莱斯勒公司实现了汇率节约，福特公司提高了其对经销商的服务水平，而 Exel 公司则从送货线路中增加了收入。

福特汽车公司客户服务部北美物流和关税经理杰里·坎贝尔表示，服务共享这一措施是为了应付不断攀升的成本压力而采取的。他说："最理想的状况是，我们现在自己的公司进行服务共享，然后再延伸到客户和服务提供商。"事实上，福特的客户服务部已经与福特汽车公司拥有的沃尔沃汽车公司和福特公司占大部分股份的马自达汽车公司建立了服务共享。

究竟是什么使得服务共享这一理念得以成功呢?

Exel 物流公司负责福特和戴姆勒克莱斯勒项目的客户经理蒂姆·福鲁特说:“过去我们实现效益就是通过竞争。人们认为供应链中运行的某些部件具有竞争优势,这有可能是真的,也有可能不是。如果这是真的,你必须仔细地去考虑。如果它仅仅只是一个我们能看得到的优势所在,但却不能发挥作用,那它就没有什么价值可言了。”福特公司和戴姆勒克莱斯勒公司的经理们也知道消费者已经作出了采购的抉择。福鲁特说:“现在要么实现成本共享,要么继续全额支付现金。”

二、案例解析

本案例中福特公司和戴姆勒克莱斯勒公司成功地通过 Exel 物流公司结成了供应链合作伙伴关系,这种战略合作关系可以使得合作的各方均获利,物流服务的需求方可以有效节约物流成本,物流服务的提供方则可以增加赢利的能力。正是因为供应链合作伙伴关系的双赢效果,使得福特公司、戴姆勒克莱斯勒公司和 Exel 物流公司建立的合作关系实现多赢的结果。

当然,成功地建立服务共享伙伴关系的其他重要因素还包括:在实施项目过程中参与成员之间的相互信任和开诚布公。

三、案例涉及的主要知识点

供应链合作伙伴关系:在供应链内部两个或两个以上独立的成员之间形成的一种协调关系,以保证实现某个特定的目标或效益。

学习导航

了解供应链合作伙伴关系的含义;理解建立合作伙伴关系对于企业运作的具体意义和作用;了解如何选择供应链合作伙伴;了解如何建立供应链合作伙伴关系。

第一节　供应链合作伙伴关系的类型

在供应链管理环境下,市场竞争已经由企业间的竞争转化为了供应链间的竞争,制造商、供应商和分销商之间的关系也由单体之间的竞争关系演变为了供应链上的竞争合作关系。整个供应链上的上下游企业间的战略合作伙伴关系已成为决定供应链效率以及供应链运营成功与否的关键因素。

一、供应链合作伙伴关系

供应链合作伙伴关系就是在供应链中的企业及其供应商在一定时期内共享信息、共担风险、共同获利的合同关系。该种合作关系是在供应链管理思想指导下,企业与其供应商之间建立并维持长期的亲密合作关系，以团队合作胜于竞争为原则，保证最可能的商业利益，使合作各方都能在合作关系中获取利益。

供应链合作伙伴关系是一种战略合作伙伴关系，它形成于集成化供应链管理环境下，一般常见于供应链中为了特定目标和利益而合作的企业之间。这种合作关系形成的原因通常是为了降低供应链总成本，降低库存量，增强信息共享，改善相互间的沟通，保持战略伙伴相互之间操作的一致性，产生更大的竞争优势，以实现供应链节点企业的财务状况、质量、产量、交货期、用户满意度和工作绩效的改善与提高。显而易见，供应链合作伙伴关系必须要求合作各方相互信任。

二、供应链合作伙伴关系的特点

供应链合作伙伴关系具有以下几个特点。

(1) 合作各方间具有高度的信任感。

(2) 供应链合作伙伴关系是基于合同而形成的合作关系。

(3) 供应链合作伙伴关系是一种竞争性的合作关系。

(4) 供应链合作伙伴关系具有相对稳定性。

(5) 供应链合作伙伴关系最本质的特征是具有良好的协调运作机制。

三、供应链合作伙伴关系的形成和发展

供应链合作伙伴关系是随着市场对企业要求的不断变化而发展起来的，其形成过程受到市场条件和技术水平的限制，从传统的企业关系发展到供应链合作伙伴关系，不仅给企业带来了巨大的收益，而且对企业的经营目标提出了更高的挑战。从历史来看，供应链合作伙伴关系的形成大致经历了 3 个阶段。

(一) 传统的企业关系阶段

在一般的买卖关系中，买方的首要目标是要使购买的产品或者服务的价格最低，因此，必然在供应商之间引起价格的竞争并通过在供应商之间分配采购数量来对供应商加以控制，同时，与供应商的关系也只能是短期合同关系，传统的企业间关系主要是基于此种买卖关系。这时，企业是以生产为中心的，供销是处于次要、附属的地位，企业间很少沟通与合作。

(二) 物流关系阶段

为了达到生产的均衡化和物流的同步化，基于 JIT、TQM 的物流合作关系便应运而生。这种合作关系是一种基于作业层和技术层的合作，强调的是物流的顺畅和生产的协调，但在信息共享、服务支持、群体决策、柔性等方面都不能很好地适应市场竞争的要求。

(三) 供应链合作伙伴关系阶段

越来越激烈的市场竞争，对企业的柔性和敏捷性提出了更高的要求，因此，企业与其合作伙伴在信息共享、服务支持、并行工程、群体决策等方面的合作提升到了一个战略高

度，供应链企业的战略合作伙伴关系应运而生。和传统的企业关系相比，供应链合作关系更加强调基于时间和价值的管理方式，更加强调合作和信任，强调新产品或者新技术的共同开发、数据和信息的交换以及市场机会的共享和风险共担。

四、供应链合作伙伴关系的类型

许多企业乐于采用分散化管理、缩减规模和建立海外联盟等手段，开发和生产其产品和服务。但是，在采用外包方式或者建立供应商间的虚拟整合时，应该考虑创新需求和产品特性。当一种产品可以不依赖其他的创新和辅助产品而进行开发时，可以选择垂直一体化和分企业自治模式。如果一种产品必须依靠与之相关联并起补充作用的创新以及零部件才能得以生产时，那么，战略联盟或者虚拟整合方式将是不错的选择。一家趋向集中化管理的企业，在增加协调能力和解决冲突的能力时，对冒风险的激励却减少了。

在集成化供应链管理环境下，由于短期成本最低化的需要，供应链合作伙伴的运作需要减少供应源的数量，但是，供应链合作关系并不意味着单一的供应源，而紧密合作的需要使相互的连接变得更专有，制造商会在全球市场范围内寻找最杰出的合作伙伴。重要合作伙伴是少而精的、与制造商关系密切的合作伙伴。次要合作伙伴是相对多的、与制造商关系不很密切的合作伙伴。供应链合作关系的变化主要影响重要合作伙伴，而对次要合作伙伴的影响较少。

根据合作伙伴在供应链中的增值作用及其竞争实力，可以将合作伙伴分为不同的类别。如图 11－1 所示。

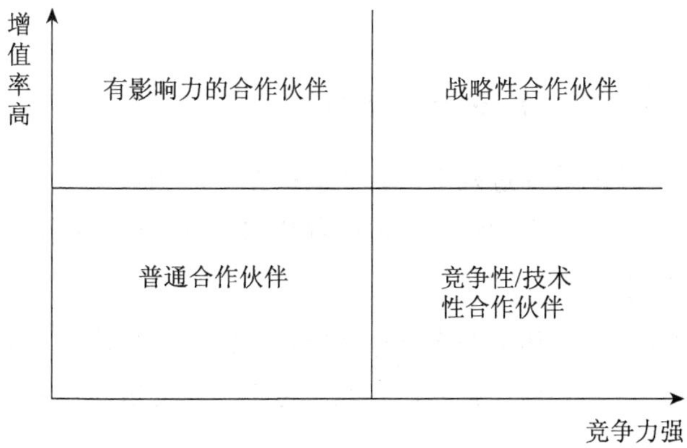

图 11－1　供应链合作伙伴分类矩阵

图 11－1 中的纵轴代表的是合作伙伴在供应链中的增值作用，对于一个合作伙伴来说，如果不能对增值作出贡献，它对供应链的其他企业就没有吸引力。图中的横轴代表某个合作伙伴与其他合作伙伴之间的区别，主要是设计能力、特殊工艺能力、柔性、项目管理能力等方面的竞争力上的区别。

(一) 战略性合作伙伴

这类合作伙伴具有增值率高且竞争力强的特点，能够在供应链合作中获得较大的价值增值，但是，值得注意的是，这类伙伴对企业的竞争威胁也很大。

(二) 竞争性/技术性合作伙伴

这类合作伙伴与企业的竞争实力相当，而其在供应链合作中价值增值力较低。企业与这类合作伙伴可以在技术等方面开展合作。

(三) 有影响力的合作伙伴

这类合作伙伴具有增值率高而竞争力弱的特点，即其在供应链合作中能获得较大的价值增值，然而，与竞争对手相比，竞争力较弱。

(四) 普通合作伙伴

这类合作伙伴具有增值率和竞争力均较弱的特性，即在供应链合作中既不能获得较高的价值增值，也不能具有较强的竞争力。

在实际供应链管理运作中，企业应当根据不同的目标选择不同类型的合作伙伴。对于长期需求而言，要求合作伙伴能够保持较高的竞争力和增值率，因此，最好选择战略性合作伙伴；对于短期或者某一短暂市场需求而言，只需要选择普通合作伙伴满足需求即可，目的是保证供应链运作成本最小化；对于中期需求而言，可以根据竞争力和增值率对供应链的重要程度的不同，选择不同类型的合作伙伴。

第二节 供应链合作伙伴的选择

一、选择供应链合作伙伴的一般原则

在对供应链合作伙伴的选择过程中，企业应根据不同的供应链组织形式和具体任务制定不同的选择原则和标准。常见的选择供应链合作伙伴的一般原则有以下内容。

(一) 核心能力原则

该原则要求参加供应链的相关合作伙伴必须具备能够为供应链管理作出贡献的资源优势与核心能力，而合作伙伴必须具备的核心能力也正是供应链所需要的。

(二) 总成本核算原则

该原则要求实现供应链管理的总成本最小化，实现多赢的战略目标，这要求供应链合作伙伴之间具有良好的相互信任关系和最低的合作成本。

(三) 敏捷性原则

供应链管理的一个主要目标就是把握快速变化的市场机会，因此，要求各伙伴企业具有较高的敏捷性，要求对来自供应链核心企业或者其他合作伙伴的服务请求具有一定的快速响应能力。

（四）信用原则

该原则要求供应链合作伙伴具有良好的信用和信誉，因为如果合作伙伴没有良好的信用和信誉，那么，整个供应链的管理将会难以协调，合作伙伴关系也将很难保持稳定，所有供应链成员将因此而承受相当大的风险。

由于供应链核心企业的具体目标以及具体问题的不同，在选择合作伙伴时，可能并不只限于以上 4 条一般原则，还有很多其他方面的因素需要考虑。

二、选择合作伙伴的一般步骤

供应链合作伙伴的选择对于每一个企业来说都是动态的，其中的每一个步骤对于企业来说都是一次改善企业业务流程的措施。具体来说，选择供应链合作伙伴时需要遵循以下步骤。

（一）分析市场竞争环境

市场需求是企业一切经济活动的动力源泉，企业要想建立基于信任、合作和开放性交流的供应链长期合作关系，必须首先分析其所处的市场竞争环境，这么做的目的在于找到真正符合市场需求的产品开发联动供应链合作伙伴关系，这样建立的供应链合作伙伴关系才是有效率的。该步骤要求，必须知道现在的产品需求是怎样的、产品类型和特征是什么，弄清楚这些问题之后，才能确认用户的需求，以确定是否有建立供应链合作伙伴关系的必要。如果已经建立供应链合作伙伴关系，那么，企业可以根据需求的变化确认供应链合作关系是否有必要作出适当的变化或调整，从而确认合作伙伴评价选择的必要性，同时，分析现在合作伙伴的现状，总结分析企业目前所存在的问题。

（二）确立合作伙伴选择目标

企业必须确定合作伙伴评价程序，建立实质性、实际的目标。其中，降低成本是主要目标之一，合作伙伴的评价、选择不仅仅是一个简单的评价、选择过程，也是企业自身和企业与企业之间的一次业务流程重构的过程，如果该步骤实施得当，则可以为企业带来一系列的相关利益。

（三）制定合作伙伴评价标准

合作伙伴综合评价的指标体系，是企业对合作伙伴进行综合评价的依据和标准，是反映企业本身和环境所构成的复杂系统不同属性的指标，是按隶属关系、层次结构有序组成的集合。根据系统全面性、简明科学性、稳定可比性、灵活可操作性等原则，建立集成化供应链管理环境下合作伙伴的综合评价指标体系，设计合作伙伴的业绩、设备管理、人力资源开发、质量控制、成本控制、技术开发、用户满意度、交货协议等影响供应链合作关系的方面。不同行业、企业、产品需求以及环境下的合作伙伴评价是不一样的。

（四）成立评价小组

企业必须建立一个小组以控制和实施合作伙伴评价，评价小组组员的人选主要从采购、质检、生产工程等与供应链合作关系密切的部门中挑选，组员必须具有高度的团队合作精神，并且具有一定的专业技能。评价小组必须同时得到核心企业和合作伙伴企业的最高领导层的支持。

（五）合作伙伴参与

一旦企业决定进行合作伙伴评价，评价小组就必须与初步选定的合作伙伴取得联系，尽快确认它们是否愿意与企业建立供应链合作关系，是否有获得更高业绩水平的愿望。企业应尽可能早地让合作伙伴参与到评价的设计过程中来。需要注意的是，由于一个企业的资源和能力是有限的，企业只能与少数的、关键的合作伙伴保持密切合作，因此，参与的合作伙伴不能太多。否则，企业最终会因为应接不暇而导致不能找到真正合适的合作伙伴。

（六）评价合作伙伴

评价合作伙伴的一个主要工作是调查、收集有关合作伙伴的生产、经营、管理等全方面的信息。在收集合作伙伴信息的基础上，可以利用一定的工具和技术方法进行合作伙伴的评价。

（七）实施供应链合作

在实施供应链合作的过程中，市场需求是不断变化的，因此，可以根据实际需要修改合作伙伴评价标准，或者重新开始合作伙伴评价选择。在重新选择合作伙伴时，应当给予原来的合作伙伴足够的时间以适应新的变化。

三、评价合作伙伴时指标体系的建立

（一）综合评价指标体系的设置原则

1. 系统全面性

评价指标体系必须全面反映供应商企业目前的综合水平，并能够包括企业发展前景的各个方面的内容。

2. 简明科学性

评价机制的某些指标的大小必须适宜。如果指标体系过大、层次过多、过细，势必会将评价者的注意力吸引到细小的问题上。如果指标体系过小、层次过少、过粗，则不能充分反映合作伙伴的实际水平。

3. 稳定可比性

评价机制的设置还应易于和国内其他指标体系相比较。

4. 灵活可操作性

评价机制应该具有足够的灵活性，以使得企业能根据自身特点及实际情况对指标灵活应用。

（二）构建完善的评价指标体系

根据企业调查研究，影响合作伙伴选择的主要因素有 4 类：企业业绩、业务构成与生产能力、质量系统和企业环境。为了有效地评价、选择合作伙伴，可以构建出合作伙伴两级综合评价指标体系。如图 11－2 所示。

<table>
<tr><td rowspan="20">合作伙伴综合评价指标体系</td><td rowspan="5">企业业绩</td><td>成本分析</td></tr>
<tr><td>交货质量</td></tr>
<tr><td>运输质量</td></tr>
<tr><td>企业信誉</td></tr>
<tr><td>企业发展前景</td></tr>
<tr><td rowspan="5">业务构成与生产能力</td><td>技术合作</td></tr>
<tr><td>人力资源合作</td></tr>
<tr><td>财务状况</td></tr>
<tr><td>设备状况</td></tr>
<tr><td>生产状况</td></tr>
<tr><td rowspan="6">质量系统</td><td>质量体系</td></tr>
<tr><td>产品开发质量</td></tr>
<tr><td>供应质量</td></tr>
<tr><td>制造质量</td></tr>
<tr><td>质量检验</td></tr>
<tr><td>质量资源与员工</td></tr>
<tr><td rowspan="4">企业环境</td><td>政治与法律环境</td></tr>
<tr><td>经济与技术环境</td></tr>
<tr><td>自然地理环境</td></tr>
<tr><td>社会文化环境</td></tr>
</table>

图 11－2　合作伙伴二级综合评价指标体系

四、供应链合作伙伴选择方法

选择供应链合作伙伴就是对企业产品的品质、交货期、价格等从总体上进行评价和选择。选择了错误的供应商，会造成采购企业在经营和财务上的麻烦。选择合作伙伴的方法较多，一般要根据供应单位的多少、对供应单位的交接程序以及对物资需要的时间是否紧迫等要求来确定。目前国内外常用的方法有如下几种。

（一）线性权重法

这是目前合作伙伴定量选择中最常使用的方法。其基本原理是给每个准则设定一个权重，每个合作伙伴的定量结果为该合作伙伴各项准则的得分与相应准则权重的乘积的和。通过对各合作伙伴定量结果的排序比较，最终作出选择决定。

（二）招标法

当订购数量大、合作伙伴竞争激烈时，可以采用招标法来选择适当的合作伙伴。它是由企业提出招标条件，各个招标合作伙伴进行竞标，然后由企业决标，与提出最有利条件的合作伙伴签订合同或者协议。招标法可以是公开招标，也可以是指定邀请招标。公开招标对投标者的资格不予限制，邀请招标则是有企业预先选择若干个可能的合作伙伴，再进行竞标和决标。招标法竞争性强，企业能够在更广泛的范围内选择适当的合作伙伴，以获得供应条件有利的、便宜而适用的物资。但招标法手续较繁杂，时间长，不能适应紧急订购的需要，而且订购机动性差，有时订购者对投标者了解不够，双方未能充分协商，造成货不对路或者不能按时到货。

（三）协商选择法

在供货方较多、企业难以抉择时，可以采用协商选择的方法，即由企业先选出供应条件较为有利的几个合作伙伴，分别进行协商，再确定适当的合作伙伴。与招标法相比，协商法由于供需双方能充分协商，在物资质量、交货日期和售后服务等方面较有保证。但由于选择范围有限，不一定能够得到价格最合理、供应条件最有利的供应来源。当采购时间紧迫、投标单位少、订购物资规格和技术条件复杂时，协商选择法比招标法更为合适。

（四）采购成本比较法

对质量和交货期都能满足要求的合作伙伴，则需要通过计算采购成本进行比较分析。采购成本一般包括售价、采购费用、运输费用等各项支出的总和。采购成本比较法是通过计算分析针对各个不同合作伙伴的采购成本，选择采购成本较低的合作伙伴的一种方法，适用于固定订单，选择某一定时期内、某个产品的单一供应商，缺点是比较片面和静态。

（五）ABC 成本法

鲁德霍夫（Roodhooft）和科林斯（Jozef Konings）在 1996 年提出了用基于活动的作业成本法（Activity Based Costing Approach）来评价和选择供应商。他们将企业生产过程视为一个前后一贯、上下关联的各种作业构成的链状结构，并进一步假设企业所耗用的一切资源都是由作业的发生所导致的，而作业之所以发生是为了生产产品。在这种假设的基础上，他们找出了成本与产品之间的因果联系，将间接制造费用和非生产成本准确地归属于相关产品。通过这种方法，可以找出特定供应商导致采购企业产生的直接和间接成本，从而选择总成本最小的供应商作为合作伙伴。

该方法的数学模型为：

$$S_i = (P_i - P_{\min}) \times q + \sum (j) C_j \times D_{ij}$$

式中：S_i——第 i 个合作伙伴的成本值；

P_i——第 i 个合作伙伴的单位销售价格；

$P_{\min}$——合作伙伴中单位销售价格的最小值；

q——采购量；

C_j——企业采购相关活动导致的成本因子 j 的单位成本；

D_{ij}——合作伙伴 i 导致在采购企业内部的成本因子 j 的单位成本。

企业由此模型计算并选择 S_i^B 值最小的作为合作伙伴。

ABC 法计算成本的结果同传统成本计算的结果往往差异很大，是因为它克服了后者仅仅采用直接人工工时或者直接机器工时等来分配成本所造成的扭曲。但推行 ABC 法时也会存在一些困难：数据量大，收集困难，需要配备专门的人员和具备先进的数据处理水平以及需要改变现有会计核算方法的阻力等。

（六）层次分析法

该方法是 20 世纪 70 年代由著名运筹学家赛惕（T. L. Satty）提出的，韦伯（Weber）等据此提出利用该方法来选择合作伙伴。它的基本原理是根据有递阶结构的目标、子目标（准则）、约束条件、部门等来评价方案，采用两两比较的方法确定判断矩阵，然后把判断矩阵的最大特征值相对应的特征向量的分量作为相应的系数，最后综合给出各方案的权重（优先程度）。由于该方法让评价者对照相对重要性函数表，给出因素两两比较的重要性等级，因而可靠性高、误差小。该方法的不足之处是遇到因素众多、规模较大的问题时，容易出现问题。尽管如此，该方法作为一种定性和定量相结合的工具，目前已在许多领域得到了广泛的应用。

（七）人工神经网络算法

人工神经网络（Artificial Neural Network，ANN）是 20 世纪 80 年代后期迅速发展起来的一门新兴学科。ANN 可以模拟人脑的某些智能行为，如知觉、灵感和形象思维等，具有自学习、自适应和非线性动态处理等特征。将 ANN 应用于供应链管理环境下合作伙伴的综合评价选择，可再现评价专家的经验、知识、知觉思维，从而实现定性分析与定量分析的有效结合，也可以较好地保证合作伙伴综合评价结果的客观性。

以上介绍的 7 种方法是选择供应链合作伙伴时常用到的方法。一般来说，在供应链合作伙伴选择实践中，人们往往采取多种方法交叉结合应用，目的在于尽量科学、正确地确定权重。合作伙伴选择应该放在供应链管理这个大背景下进行，并借助于计算机辅助决策。同济大学 CIMS 研究中心提出的供应链管理决策支持系统，包括问题分析与处理模块、电子通信模块、电子会议模块、信息管理模块、系统管理模块和人机交互模块等。合作伙伴选择模型是信息模块中供应链模型的一个有机组成部分，而模型库中包含众多的模型，可以针对各个模型的特点，综合选用以解决实际问题。

第三节 供应链合作伙伴关系的建立

一、建立供应链合作伙伴关系的意义

供应链合作伙伴关系的建立可以使得合作各方均从中获益，具体表现在良好的供应链合作伙伴关系可以降低供应链成本、降低库存水平、增强信息共享、保持战略伙伴相互之间操作的一致性、改善相互之间的交流状况，最终增强参与合作企业的竞争优势。具体体现在以下几个方面。

(一) 减小供应链上的不确定因素，降低库存

如果供应链上各企业之间缺乏合作，其需求的不确定性将向供应链上游方向逐级放大，使得预测准确性降低，生产计划精确度减小，原材料供应量大大超出实际需求量。这种牛鞭效应导致的供需不平衡将会随着生产的进行转化为不必要的原材料库存、在制品和成品库存，也有可能因为超越生产能力的限制而导致不能准确供货。

生产制造型企业的库存大致分为三类：第一类是在制品库存，包括车间在制品、半成品和毛坯；第二类是外购物料库存，包括原材料、标准件和零配件；第三类是成品库存，它是企业生产的最终产品库存。形成第一类库存的主要原因是由企业内部的生产与控制系统的不足造成的，形成第二类和第三类库存的主要原因就是由供应链上各企业之间的合作存在缺陷而造成的。

而对于企业内部的生产控制系统，由于 MRP、JIT 等先进的管理方法的应用，其本身的精确度已经相当高。往往是企业间的不确定性因素远大于生产控制系统本身的不确定因素，并影响生产控制系统的调节和矫正。因此，企业间的合作显得非常重要。通过合作关系的建立，企业间原本许多不确定的因素就能变得明确起来。

(二) 快速响应市场

制造商通过与供应商建立合作伙伴关系，可以充分利用供应商的专长，将大量自己不擅长的零配件等的设计和生产任务通过外包分给擅长于此的专业企业来完成，自己则集中力量培育自身的核心竞争力。这样既不必实施昂贵而风险巨大的垂直集成，又能充分发挥各方的优势，并能迅速开展新产品的设计和制造，从而使新产品响应市场的时间明显缩短。

(三) 加强企业的核心竞争力

目前，国际上越来越多的产业成为或正在成为全球性产业，这一重要的结构性变化似乎越来越普遍，反映了经济全球化的趋势。经济全球化使许多发达国家企业出于成本和利润的考虑，不再追求完整地占领一个产业，而是根据自身的核心竞争力抢占某个产业中的高技术和高附加值的生产经营环节，把其余环节留给其他企业。只有当企业集中有限的力量和优势经营好自身的核心业务，将非核心的业务交给更擅长于这些非核心业务的合作伙伴来经营时，才能真正发挥自身的竞争优势，才能在激烈的市场竞争中立于不败之地。

(四) 增加客户满意度

企业间通过建立供应链合作伙伴关系能够起到增加客户满意度的作用，这具体体现在以下几个方面。

1. 产品设计

合作伙伴关系不仅仅存在于供应商和制造商之间，而且存在于制造商和分销商之间。分销商离终端客户更近，更易于掌握用户的喜好特点，因此，能在新产品的需求方面提出更为恰当的建议，使得产品的设计能做到以用户需求来拉动，而不是传统地将产品推向用

户。供应商的合作也能使制造商在产品设计之初就充分考虑用户的需求，生产出更符合用户需求的产品。

2. 产品制造过程

供应质量的提高使得制造商可以在正确的时间、恰当的地点获得正确数量的高质量的零配件，从而使得最终产品质量也能大大提高，同时，可以大幅度缩短生产期。

3. 售后服务

产品的质量总是有一定缺陷的，同时，用户的喜好也是千差万别的，产品的设计也不可能完全符合所有用户的需要。因此，用户的不满意状况总是存在的。问题解决的关键在于当用户不满意时，分销商、制造商和供应商能齐心协力来解决出现的问题，而不是互相推卸责任。

二、建立供应链合作伙伴关系的制约因素

（一）组织结构

良好的供应链合作伙伴关系首先必须得到最高管理层的支持和协商，而且企业之间要保持良好的沟通，建立相互信任的关系。传统的垂直型组织结构使得每一个职能部门都倾向于独立完成上级交办的任务，独立评估，而不会去考虑与其他企业的合作和整体的效益，也较少对企业外部流程和跨企业流程进行重组。而供应链管理的变革却是跨职能界限的，它要求企业交易伙伴开展广泛的合作，对供应链的整个流程进行重组，这就需要一个开放、精益、高效的组织与之相适应，而传统的组织结构并不能做到这一点。

（二）企业文化

每个企业都会有自己独特的企业文化。在建立供应链联盟时，企业文化的兼容性对联盟的成败具有深刻的影响，因为企业文化是企业行为与作风的指导思想，合作伙伴企业间的文化和战略方面的一致性越高，战略联盟取得成功的概率就越大。因此，这就要求供应链联盟中的企业在战略分析阶段需要了解相互的企业文化，解决社会、文化和态度之间的障碍，并适当地改变企业的结构和文化，同时，在企业之间建立统一的运作模式或者体制，解决业务流程和结构上存在的障碍。在供应商评价和选择阶段，还需要增加与主要供应商和用户的联系，增进相互之间的了解（对产品、工艺、组织和企业文化等），相互之间保持一定的一致性。

（三）个体理性

供应链成员是相互独立的经济实体，它们存在着个体理性，总是追求自身效益的最大化，以自我为中心，个人主义、利己主义趋向严重。个体理性与团体理性有时存在着十分尖锐的矛盾，还会造成企业合作的短期行为等。个体理性的种种表现成为供应链战略合作伙伴关系的严重障碍，阻挠供应链管理协调运作。

（四）信息机制

企业间缺乏必要的信任、诚实和开放度，以及企业个体理性和自我保护意识，均会促

使其不愿意与其他企业分享信息。一方面，它们把太多的信息作为私有信息或者独家资料不愿意公开；另一方面，对来自其他企业的信息或者资源持过分谨慎态度而有意曲解。信息渠道不畅和信息不对称的存在成为供应链战略合作伙伴关系的不稳定因素之一。到了供应链战略合作伙伴关系建立的实质阶段，需要进行期望和需求分析，相互之间需要紧密合作、加强信息共享，相互进行技术交流和提供设计支持。在实施阶段，相互之间的信任最为重要，良好愿望、柔性、解决矛盾冲突的技能、业绩评估、有效的技术方法和资源支持等都很重要。

三、建立合作伙伴关系的步骤

企业在从实施供应链战略合作关系获益之前，首先应当认识到这是一个复杂的过程，供应链合作关系的建立不仅导致企业结构上的变化，而且会产生企业观念上的变化。因此，建立合作伙伴关系，必须认真分析合作需求，严格选择供应商，以确保建立合作伙伴关系之后能够取得预期的效益。

建立供应链合作伙伴关系可以分为以下几个步骤。

（一）需求分析

市场需求分析是企业一切活动的驱动力，建立合作伙伴关系的第一步就是分析市场竞争环境，同时，企业还必须评估合作伙伴关系建立后带来的利益和潜在的风险，以决定是否建立合作伙伴关系。

（二）确定标准，选择合作伙伴

选择标准会因合作目标以及合作企业供应链中所处的位置等不同而不同。目前企业的选择标准多集中在企业的产品质量、价格、柔性、交货准时性、提前期和批量等方面。核心企业应该根据实际情况建立完善的评价标准，并依据标准对供应商或者分销商进行评价和选择。

（三）正式建立合作关系

一旦供应商或者合作伙伴选定之后，必须让每一个合作伙伴都认识到相互参与、积极合作的重要性，从而有助于快速、正式建立起合作关系。

（四）实施和加强战略合作关系或者解除无益的合作关系

合作伙伴关系的稳定和发展是一个长期的过程，而能够带来的效益也是在长期合作中慢慢显露出来，因此，建立起合作伙伴关系只是刚刚迈出了第一步，在接下来的工作中还要不断维护和巩固这种合作伙伴关系。当然，对于合作双方均无任何益处的供应链合作伙伴关系则应当予以解除，以免拖累合作双方。

练习思考题

简答题

1. 请简述供应链合作伙伴关系的具体含义。

2. 请简述供应链合作伙伴关系的特点。
3. 请阐述供应链合作伙伴关系的类型。
4. 请简述选择供应链合作伙伴的一般原则。
5. 请简述选择合作伙伴的一般步骤。
6. 请简述评价合作伙伴的综合指标体系的设置原则。
7. 请阐述选择供应链合作伙伴的几种常见方法。
8. 请简述 ABC 成本法的具体含义。

实训项目

请为某一当地企业设计一套建立供应链合作伙伴关系的方案，并通过实际应用来检验你所设计的方案的可行性。

第十二章　供应链协调及集成理念

引导案例

啤酒游戏

一、案例简介

在南方的一个小镇上，居民喜欢在下班后到酒吧中休闲娱乐。镇上有很多类似的酒吧，每天的啤酒销量大致相当，每种品牌的啤酒销量也比较稳定。酒吧老板们每天从零售商那里进货，采取简单的定量订货法采购模式，即啤酒存量低于某一个数量的时候，就开始订货，补足到库房能容纳的数量。他们这样经营着，一直都没有出现什么问题。

有一天，某个酒吧的客人开始争相喝一种"情人"牌的啤酒，因为库存的不足而导致脱销。酒吧吴老板紧急向零售商加订平时需求量的20%，但仍然不能满足大家对"情人"牌啤酒的需求。第二天，吴老板不得不再加大订量（平时需求量的1.5倍）。不妙的是上一级的零售商面临着众多酒吧同样的需求暴涨。于是，众多零售商开始向批发商加大订量，结果被告知，目前"情人"牌啤酒已经脱销，增加的订量不可能短期内马上补足，只能补足现在增订量的50%，也就是说，吴老板要求增加100箱的话，却只能拿到50箱，因为制造商不可能马上增加产量。制造商在两周以后才开始加班订货、生产、运输和配送，但无论怎么增产，也不能满足需求。而经销商们（酒吧和零售商）不愿意丧失千载难逢的大好销售时机，仍然加大增订的量，提升至平时需求量的1倍，甚至2倍，吴老板也开始要求增加150箱，甚至200箱，但啤酒总是迟迟不能按照订量到达，这样的情况维持了整整8个星期。

突然有一天，吴老板的客人的口味又恢复到了常态，"情人"牌啤酒不再那么受欢迎了，销量骤然跌回原来的水平。就在这时，吴老板前几周加订的"情人"牌啤酒都给补足了，吴老板的库房都装不下了，这么多天迟迟不来、痴痴等待的啤酒来得却不是时候，使吴老板损失惨重，望着这些啤酒发愣。

和吴老板同样遭遇的有酒吧老板（零售商）、批发商，还有配送商，其中损失最大的是"情人"牌啤酒制造商。由于啤酒厂大幅提高产量，而订单突然减少，导致啤酒厂留下了过剩的生产能力。这条啤酒的供应链条上的4个角色由于损失惨重，不得不坐在一起研究悲剧发生的前因后果。案例所反映的就是牛鞭效应，即供应链上存在的需求放大现象，即需求从最终用户——普通啤酒的消费者到酒吧，零售商到上级批发商，再到啤酒制造商，逐步夸大和提升，呈现出明显偏离真实情况需求，并沿着需求链条逐级放大的现象。

（资料来源：《必联采购参考》第15期.）

二、案例解析

案例中零售商那样一个小幅变动，透过整个供应链系统的加乘作用竟然使得批发商、配送商的订购量大幅度增加，最终导致啤酒生产商的生产力大量剩余，啤酒大量积压仓库。

尽管消费者的需求是稳定的，但是，由于逐级放大的原因，最终还是导致了整条供应链中的库存走上了两个极端：先是库存不足，然后库存过多。这种循环变化形态仍然发生。

开始是每个角色的订购量都不断增加，然后再突然下降。这种变化从零售商到制造商越往上游越放大，这种逐级放大的现象就是“牛鞭效应”。

三、案例涉及的主要知识点

“牛鞭效应”：指供应链上的信息流从最终客户向原始供应商端传递时候，由于无法有效地实现信息的共享，使得信息扭曲而逐渐放大，导致了需求信息出现越来越大的波动。

学习导航

了解“牛鞭效应”及其造成的危害和产生的原因，供应链协调中的障碍，理解并掌握供应链协调的管理方法，了解集成化供应链管理、SCOR 模型。

第一节　供应链“牛鞭效应”及协调方法

一、“牛鞭效应”的定义

“牛鞭效应”（Bullwhip Effect）是指供应链上存在着需求与供给的不确定性，这种不确定性是来自供应商、制造商、分销商以及顾客等所有成员，并沿着供应链逐级传播，即向供应商订货的方差会大于向其顾客销售量的方差，这种波动会沿着供应链向上游不断地扩大，这种现象称为“牛鞭效应”。

从图 12-1 可以看到，顾客需求的轻微变化反馈到上游企业的订单波动是巨大的，即供应链中存在“牛鞭效应”，而且供应链的层次越多，“牛鞭效应”就越明显。由于这种现象的存在，上游供应商往往需要维持比下游供应商更高的库存水平。

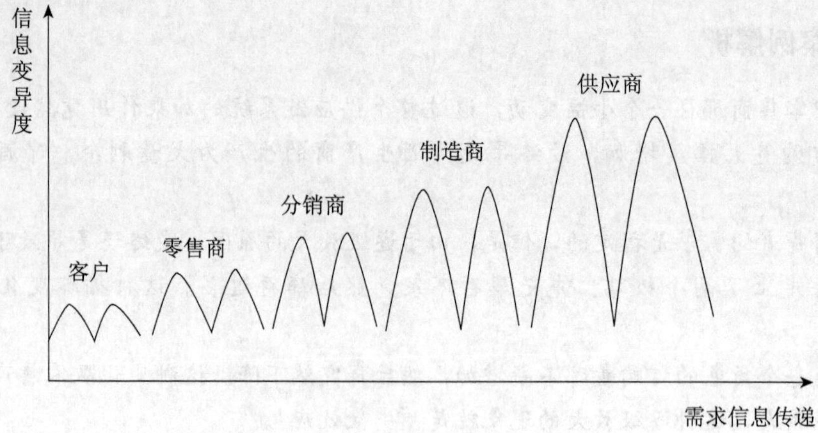

图 12-1 供应链中的“牛鞭效应”

二、“牛鞭效应”产生的原因

“牛鞭效应”是需求信息失真的结果，具体分析供应链需求信息放大的主要因素有以下方面。

（一）供应链的组织结构

一般地说，供应链越长，处于同一节点的企业越多，供应商离消费者越远，对需求的预测越不准确。同时，经过各环节的传递及各企业安全库存的多层累加，需求资讯的扭曲程度越大，“牛鞭效应”越明显。由于供应链的各个企业是独立的个体，存在各自的利益目标，供应链上参与者的利益目标和供应链最优化决策往往是互相制约和影响的，最终导致代理方在传递信息时按照自己最优而委托方次优的标准进行选择。

（二）需求预测修正

需求预测修正是指当供应链的成员采用其直接的下游订货数据作为市场需求信息和依据时，就会产生需求放大。为了安排生产进度、计划产量、控制库存和计划物料需求，供应链中的企业通常都会预测产品需求，而预测通常是基于企业直接接触的顾客的购买历史进行的。当下游企业订购时，上游企业的经理就会把这条信息作为将来产品需求的信号来处理，基于这个信号，上游经理会调整需求预测，同时上游企业也会向其供应商增加订购，使其作出相应的调整。因此，这种需求信号的处理是“牛鞭效应”产生的主要原因。

（三）订货提前期

由于在供应链运作中，订货到收货这个过程中存在着延迟，就使得订货量的信息得不到及时的修正，对于上游企业来说，要考虑延迟阶段的需求量，自然也就会提高安全库存。也就是说，各个节点都在预计库存的时候计入了提前期，提前期越长，微小的变动引发的库存变化也就越大。

（四）批量订货

在供应链中，每个企业都会向其上游订货，一般情况下，销售商并不会来一个订单就向上级供应商订货一次，而是在考虑库存和运输费用的基础上，在一个周期或者汇总到一定数量后再向供应商订货；为了减少订货频率，降低成本和规避断货风险，销售商往往会按照最佳经济规模加量订货。同时，频繁的订货也会增加供应商的工作量和成本，供应商也往往要求销售商在一定数量或一定周期订货，此时销售商为了尽早得到货物或全额得到货物，或者为备不时之需，往往会人为提高订货量，这样，由于订货策略导致了“牛鞭效应”。

（五）价格波动

价格波动是由于一些促销手段，或者经济环境突变造成的，如价格折扣、数量折扣、赠票、与竞争对手的恶性竞争和供不应求、通货膨胀、自然灾害、社会动荡等。这种因素使许多零售商和推销人员预先采购的订货量大于实际的需求量，因为如果库存成本小于由于价格折扣所获得的利益，销售人员当然愿意预先多买，这样订货没有真实反映需求的变化，从而产生“牛鞭效应”。

（六）短缺博弈

表现在当产品供不应求时，制造商往往进行配额限量供应。此时，销售商为了获得更大份额的配给量，故意夸大其订货需求。当需求降温时，订货又突然消失。这种由于短缺博弈导致的需求信息的扭曲最终引发“牛鞭效应”。

（七）库存责任失衡

供应商需要在销售商（批发商、零售商）结算之前按照销售商的订货量负责将货物运至销售商指定的地方，而销售商并不承担货物搬运费用；在发生货物毁损或者供给过剩时，供应商还需承担调换、回收及其他相关损失；在销售商资金周转不畅时，销售商会利用这些存货与其他供应商易货，或者不顾供应商的价格规定，低价出货，加速资金回笼；最后，销售商掌握大数量的库存也可以作为与供应商进行博弈的筹码。因此，销售商普遍倾向于加大订货量掌握主动权，这样也必然会导致“牛鞭效应”。

（八）应付环境变化

自然环境、人文环境、政策环境和社会环境时刻都在变化，销售商为了应对这些变化就要保持库存。随着环境的变化库存量也会随之变化。当对不确定性的预测被人为宣染，或者形成一种较普遍认识时，为了保持有应付这些不确定性的安全库存，销售商会加大订货，将不确定性风险转移给供应商，这样也会导致“牛鞭效应”。

三、“牛鞭效应”造成的危害

一条通畅的供应链能够确保产品从生产的初始阶段一路顺畅地流入客户的手中。然而，失调的供应链则会导致更高的成本、低劣的质量以及差劲的客户服务。如果企业能够深入了解其供应商的能力及其自身需求，并努力利用掌握的信息提高自身的整体供应链效率，就能极大地增强业务，赢得竞争优势。

供应链失调有两种可能性：一种是由于供应链不同阶段的目标发生冲突；另一种则是由于信息在不同阶段之间传递的过程中发生扭曲。如果供应链的每一个阶段都归于不同的所有者，那么，不同阶段的目标可能会发生冲突。因此，每一个阶段都努力追求自身利益最大化，就会导致供应链整体利益受损。而供应链各阶段通常是归属于数百个不同的所有者。譬如，福特汽车公司拥有数千个供应商，而这些供应商又各自拥有自己的一批供应商。由于完整信息在各阶段之间无法共享，当信息在供应链内流动时，就会发生扭曲。而这种扭曲由于供应链产品的多样性而逐渐被夸大。这就是"牛鞭效应"扭曲了供应链内的需求信息，不同阶段对需求状况有着截然不同的估计，其结果导致了供应链失调。

"牛鞭效应"是供应链管理中普遍存在的一种高风险现象，并且对供应链造成的后果是十分严重的。主要表现在以下几个方面。

（一）积压大量库存

当市场需求增加时，整个供应链的产能增加幅度超过市场需求增加幅度，超出部分则以库存形式积压在供应链的不同节点。一旦需求放缓或负增长，大量资金和产品将以库存形式积压，造成整个供应链资金周转不良，严重影响供应链的良好运作，甚至导致企业倒闭，尤其是处于供应链末端的小企业。被扭曲的需求信息使供应链中的每个个体都相应增加库存。有关报告估计，在美国就有 300 多亿美元沉积在食品供应链中，其他行业的情况也不相伯仲。

（二）增加供应链总成本

"牛鞭效应"需要上游供应商具有雄厚的生产能力与库存能力才能满足变异的订单流，即由于传递给最上游供应商的需求信息波动剧烈，为了保证产品供应减少缺货、断货风险，供应商必须扩大生产能力，满足最大需求订单的需要；同时，各个节点必须加强库存建设与管理，增加库存能力，满足最大弹性的库存需要；伴随着生产能力的提升和库存水平的提高，相应的运输服务也必须完善，需要投入更多地运输成本给予保证；在增加运输能力的同时，保有剩余劳动力或者可变劳动力满足商品运输高峰时期的需求也是必需的。这些措施都会增加供应链总成本。

（三）增加了供应链上各个节点企业协作的难度

"牛鞭效应"在给供应链上每个节点企业的运营都带来负面影响的同时损害了供应链上不同节点企业之间的关系，供应链内的每个节点企业都认为自己做得尽善尽美，而将这一责任归咎于其他上下游企业。于是，"牛鞭效应"就导致供应链的不同节点企业之间互不信任，从而使潜在的协调努力变得更加困难。

（四）降低了供应链的产品供给水平，削弱了顾客的满意度

需求信息传递的滞后以及企业对市场需求的预测失真，往往导致上游企业反应能力降低，当前生产能力和库存不能满足订单的需求，无法及时向所有的分销商和零售商供货，频繁发生缺货现象，使得顾客的有效需求得不到满足，这将大大削弱顾客的满意度和忠诚度，降低顾客的服务水平，削弱整个供应链的销售能力和赢利能力。

由上可知，“牛鞭效应”使得供应链的运作失调，对供应链的业绩产生了较大的负面影响。

四、供应链协调

供应链协调是在企业的决策和计划系统中应用流程管理的方法，产生一个协调市场、销售、生产、采购、物流的有效的管理机制。同时，通过滚动和整合的计划方法进行市场目标、财务目标、库存目标、服务目标和生产目标的适时合理的调整，从而提高企业整体的运营效率。

（一）供应链协调中的障碍因素

任何导致供应链内不同阶段只是注重自身利益的最优化或者信息扭曲和变动性增加的因素，都是实现供应链协调的障碍因素。如果供应链管理者能够找出主要的障碍因素，他们就能够采取适当的措施，帮助供应链实现协调。主要的障碍因素有：激励障碍、信息传递障碍、运营障碍、定价障碍以及行为障碍。

1. 激励障碍

激励障碍是指供应链内不同阶段参与者受到的激励会导致一系列变动性增加、总体利润下滑的情形。供应链中的这一现象，归根结底是各职能部门只注重局部利益最大化的激励措施，使得供应链的协调难度进一步增大。

2. 信息传递障碍

信息传递障碍是指在供应链不同阶段之间的需求信息传递过程中发生的扭曲现象，从而导致供应链内订购量的变动性增加。正是由于顾客需求会以订单形式在供应链内传递，因此，供应链末端顾客需求轻微的变化都会导致订单规模逐级膨胀。供应链内各阶段无法共享信息，这就加大了“牛鞭效应”。

3. 运营障碍

运营障碍是指在发出订单和完成订单的全过程中所采取的导致变动性增加的各种行动，大批量订货、补给供货期延长以及定量配给和短缺之间的博弈都会带来“牛鞭效应”的进一步加剧。

4. 定价障碍

定价障碍是指某一产品的定价策略会导致订单规模变动性增加这样一种情况。其中批量折扣策略扩大了供应链内订单的批量规模，并造成供应链内的“牛鞭效应”的进一步放大。由制造商所发起的商业促销以及其他短期折扣活动会导致超前采购行为，最终造成促销期间的订购量大增，而此后很长时期订购量会极小。

5. 行为障碍

行为障碍是指引发“牛鞭效应”的组织内认知问题。这些问题往往与供应链构成的方式及各阶段之间的沟通方式有关。行为障碍具体表现在：

（1）供应链的每个阶段只是局部看待自身行为，而未考虑到其行为对其他阶段所造成的影响。

（2）供应链的不同阶段不能做到相互联系。

（3）按照局部性分析，供应链的不同阶段互相推脱责任，争夺利益，从而导致供应链内相继阶段成为敌人而不是合作伙伴。

（4）长期以来，由于供应链各阶段所采取行动的最重要结果出现在其他阶段，各阶段不能从各自行为中汲取经验教训，从而形成一种恶性循环：供应链各阶段可能会由于自身的失误行为所带来的问题归咎于其他阶段。

（5）由于供应链上各合作者之间缺乏信任，从而使其常有以整条供应链业绩为代价的投机行为，最终导致工作重复，造成浪费。最重要的是，由于缺乏信任，各阶段之间不能共享或者忽视可以得到的信息。

（二）供应链协调方法

作为一名供应链管理者，采取什么样的措施才能有助于扫除供应链内的主要障碍，从而实现协调。下面的管理方法有助于提高供应链总利润，缓解“牛鞭效应”。

1. 激励和目标吻合

管理者可以通过使激励机制和目标保持一致来实现供应链的协调，使每个参与者的行为都以供应链总利润最大化为目标。

（1）协调各部门的激励机制。公司内部要实现决策协调，就必须确保每个部门用以评估决策的目标与公司总体目标相吻合。所有的设施、运输、信息和库存决策，都应该按照它们对供应链赢利能力的影响，而不是对总成本甚至局部成本的影响进行评估。这有助于避免某些情况的出现，如运输管理者作出的行为决策虽然降低了运输成本，但提高了供应链总成本。

（2）协调定价。如果零售商和管理者须为每一次订购支付大量的固定成本，那么，管理者可以通过批量折扣来实现最终消费品供应链的协调。如果公司对产品具有市场控制力，则管理者可以通过两部分关税和总量折扣的手段，来实现供应链的协调。在需求不确定的条件下，制造商能够通过回购合同和弹性数量合同，促使零售商提供能够实现供应链利润最大化的产品供给水平。

（3）将销售人员的激励依据由购入量变为售出量。如果能够减少那些会诱导销售人员将产品推销给零售商的激励机制，那就可以降低“牛鞭效应”。如果对销售人员的激励以滚动周期内的销售量为衡量标准，那么，将产品推销给零售商的动机就会减弱，从而有助于减少超前采购量及由此引发的订单规模波动。此外，管理人员还可以采取另一种措施，即把销售人员的激励与零售商售出的产品相结合起来，而不仅仅是与推销给零售商的销量挂钩。这一措施可以消除销售人员鼓励超前购买的动机，从而有助于减少订单流的波动。

2. 实现信息共享，避免多方需求预测

供应链管理者可以通过提高供应链内不同阶段之间可获取信息的准确度，来实现供应链的协调。

供应链内不同阶段之间共享销售量数据，有助于降低“牛鞭效应”。实际上，供应链唯一需要满足的需求就是最终消费者的需求。而导致“牛鞭效应”的主要原因就是，供应链各

阶段通过订单来预测未来的需求。避免重复处理供应链上的有关数据的一个方法是使上游企业可以获得其下游企业的需求信息，而信息共享可以使上游企业掌握终端客户的需求，形成以客户需求为驱动力的拉动式供应链，减少信息的扭曲放大效应。在供应链中通过应用 EDI 技术，可以实现各阶段之间的信息共享传输与交换。如 DELL 通过 Internet /Intranet、电话、传真等组成了一个高效信息网络，当订单产生时即可传至 DELL 信息中心，各区域中心可同时看到这些信息并提前做好准备，有效地防止了“牛鞭效应”的发生。

信息共享还可以提高供应链集成化管理的程度，在实际中，供应链中各企业会存在冲突，信息的共享度就有所保守。因此，如果供应链上信息共享度能进一步提高，就可以起到均衡供应链的作用。

3. 外包服务，缩短订货提前期

一般来说，订货提前期越短，订量越准确，“牛鞭效应”越小。通过缩短订货提前期，管理者能够减少供货期期间需求的不确定性。订货提前期的缩短对于季节性商品尤为有利，因为订货提前期的缩短使得多数订单能够在销售季节内发出，极大地提高了预测的准确性。外包就是企业做自己最能干的事情（扬己所长），把其他的工作承包给能做好这些事情的专业组织（避己之短）。使用外包服务，如第三方物流也可以缩短提前期，因为第三方物流公司比自己更专业、更完善、更有优势。例如，索尼（中国）的仓储由 CEVA（松江物流中心）和菱华（合庆物流中心）来完成，运输由 CEVA、浦菱、申达等运输公司来完成。虽然这样会增加额外的处理费用和管理费用，但一般情况下节省的费用比额外增加的费用要多。采用限制性订货条款，对频繁取消订货的企业进行处罚可以消除零售店商的夸大订单额度。

4. 减少批量订货

管理者可以通过减少批量规模，提高运营业绩，来缓解“牛鞭效应”。采用批量订货不仅可以降低成本，而且可以节省时间。但是，由于消费者的需求是随机变化的，这便导致订单的重叠现象。于是，很多顾客会在同一时段订货，使需求高度集中，从而产生“牛鞭效应”。为弱化该种条件下的“牛鞭效应”的影响，供应链上的各成员可调整订购策略，实行小批量、多批次的采购或供应模式。减少批量规模可以降低需求波动的幅度，缓解“牛鞭效应”。同时，为了保证订货的满足，企业可以使用联合库存和集成运输分发式多批次运送。

5. 减少价格促销，避免变动性

促销对供应链的影响是造成提前购买，从而不能反映顾客的真实需求，因为顾客会在商品价格低时购买比实际需求多的商品，而在价格高时购买比实际需求少的商品或者直接停止购买，寻找替代品。在这种情况下，顾客的购买模式无法反映市场的实际需求状况，最终反映在供应链上便是“牛鞭效应”的放大现象。因此，企业可以通过消除促销、实施每日最低限价的定价策略来减少对提前购买等情况的激励，从而掌握正确的市场需求信息。例如，沃尔玛的“天天平价”策略能够产生更稳定的、变动性更小的顾客需求模式。

6. 规避短缺情况下的博弈行为

管理者可以通过改变运营战略，设计合适的产品配给方案，以防出现商品短缺。供不应求时，供应商可以根据顾客以前的销售记录来进行限额供应，而不是盲目地相信销售商订购的数量，这样就可以防止销售商为了获得更多的供应而夸大订购量。供不应求时，与销售商共享供应能力和库存状况的有关信息能减轻销售商的忧虑，在一定程度上可以防止他们参与博弈。以前期销售量为基础进行配置，限制投机，实现信息共享；数量折扣由批量折扣转为总量折扣等方式减弱"牛鞭效应"的影响。同时，如果供应商在销售旺季来临之前帮助销售商做好订货工作，他们就能更好地设计生产能力和安排生产进度以满足产品的需求，从而降低"牛鞭效应"产生的概率。

7. 运用联合库存管理策略，合理分担库存责任

在供应商管理库存的环境下，大库存对销售商来说不仅无害反而有益，如大库存可以提高资本收益率甚至还能制约供应商，它实质上加剧了订货需求放大。联合库存管理是使供应商与销售商权利责任平衡的一种风险分担的库存管理模式，它在供应商与销售商之间建立起了合理的库存成本、运输成本与竞争性库存损失的分担机制，将供应商和销售商紧密联系在一起，从而使双方成本和风险共担、利益共享的合作联盟，从而有效地弱化"牛鞭效应"。

8. 建立战略联盟，加强信任合作，应对环境变化

一旦在供应链内建立了战略伙伴关系与信任机制，管理者便更容易采用上述方法来缓解"牛鞭效应"，实现供应链协调。通过建立战略伙伴关系，实现信息共享，以获得关于整个供应链中的库存水平、订单、生产和交货情况的准确信息，使得生产按顾客的实际需求进行，减少供应链中需求的变动性，能有效地弱化"牛鞭效应"。良好的合作关系往往能降低供应链各阶段之间的交易成本。此外，还应通过完善企业间的契约关系，建立有效的激励和监督机制来保障供应链企业间战略合作的实现。

有助于实现供应链内良好协调的管理杠杆大致可以分为两类：一是行为导向杠杆，包括信息共享、激励机制的调整、运营水平的提高及稳定价格等；二是关系导向杠杆，包括供应链内构建合作伙伴关系和信任机制。

第二节　集成化供应链管理模式

要成功地实施供应链管理，使供应链管理真正成为有竞争力的武器，就要抛弃传统的管理思想，把企业内部以及节点企业之间的各种业务看做一个整体功能过程，形成集成化供应链管理体系。通过信息、制造和现代管理技术，将企业生产经营过程中有关的人、技术、经营管理三要素有机地集成并优化运行。通过对生产经营过程的物料流、管理过程的信息流和决策过程的决策流进行有效地控制和协调，将企业内部的供应链与企业外部的供应链有机地集成起来进行管理，实现全局动态最优目标，以适应在新的竞争环境下市场对生产和管理过程提出的高质量、高柔性和低成本的要求。

一、集成化供应链管理理论模型

集成化供应链管理的核心是由顾客化需求—集成化计划—业务流程重组—面向对象过

程控制组成第一个控制回路（作业回路）；由顾客化策略—信息共享—调整适应性—创造性团队组成第二个回路（策略回路）；在作业回路的每个作业形成各自相应的作业性能评价与提高回路（性能评价回路）。供应链管理正是围绕这 3 个回路展开，形成相互协调的一个整体。根据集成化思想，构建集成化供应链管理理论模型如图 12－2 所示。

调整适应性—业务重组回路中主要涉及供需合作关系、战略伙伴关系、供应链（重建）精细化策略等问题。面向对象的过程控制—创造性团队回路中主要涉及面向对象的集成化生产计划与控制策略、基于价值增值的多级库存控制理论、资源约束理论在供应链中的应用、质量保证体系、群体决策理论等。顾客化需求—顾客化策略回路中主要涉及的内容包括：满意策略与用户满意评价理论、面向顾客化的产品决策理论研究、供应链的柔性敏捷化策略等。信息共享—同步化计划回路中主要涉及的内容包括：JIT 供销一体化策略、供应链的信息组织与集成、并行化经营策略。

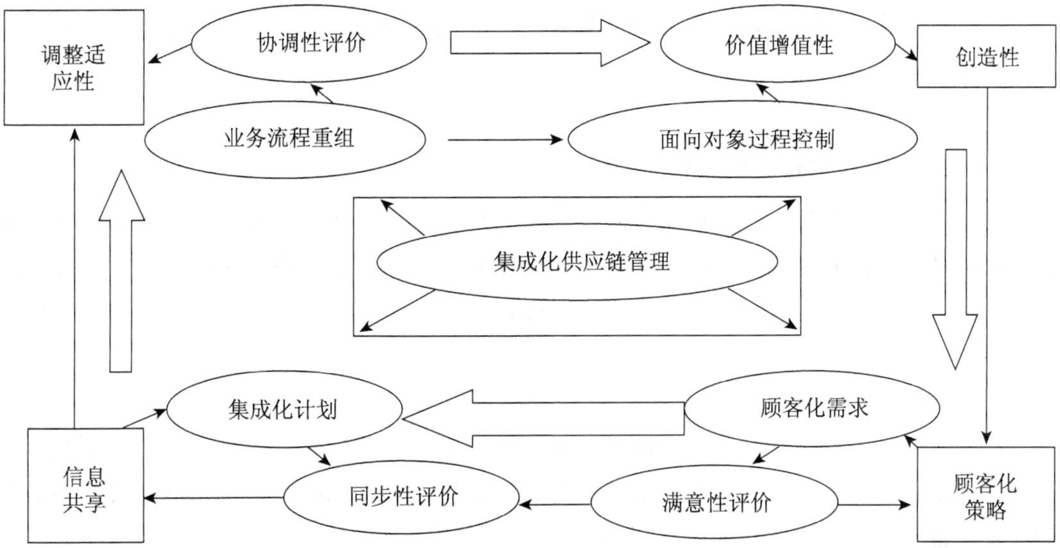

图 12－2　集成化供应链管理理论模型

资料来源：http：//www. cio. cn/kejian/jdkc/scm/html/13. html.

二、集成化供应链管理的实现

（一）实施供应链管理要解决的若干问题

目前，企业要实施集成化供应链管理，就必须面对和解决许多有关供应链的问题。比较典型的问题主要包括：

（1）供应链的高成本（大约占净销售值的 5%～20%）。

（2）库存水平过高（库存水平经常保持在 3～5 个月）。

（3）部门之间的冲突。

（4）目标重构。

（5）产品寿命周期变短。

(6) 外部竞争加剧。

(7) 经济发展的不确定性增加。

(8) 价格和汇率的影响。

(9) 用户多样化需求等。

要解决这些问题，真正实现集成化供应链管理，企业要进行以下几个方面的转变：

(1) 企业要从供应链的整体出发，考虑企业内部的结构优化问题。

(2) 企业要转变思维模式，从纵向一维空间思维向纵横一体的多维空间思维方式转变。

(3) 企业要放弃“小而全、大而全”的封闭的经营思想，向与供应链中的相关企业建立战略伙伴关系为纽带的优势互补、合作关系转变。

(4) 企业要建立分布的、透明的信息集成系统，保持信息沟通渠道的畅通和透明度。

(5) 所有的人和部门都应对共同任务有共同的认识和了解，去除部门障碍，实行协调工作和并行化经营。

(6) 风险分担与利益共享。

(二) 集成化供应链管理实现的步骤

企业从传统的管理模式转向集成化供应链管理模式，一般要经过 5 个阶段，包括从最低层次的基础建设到最高层次的集成化供应链动态联盟，各个阶段的不同之处主要体现在组织结构、管理核心、计划与控制系统、应用的信息技术等方面。其步骤如图 12 - 3 所示。

1. 基础建设阶段

这一阶段是在原有企业供应链的基础上分析、总结企业现状，分析企业内部影响供应链管理的阻力和有利之处，同时，分析外部市场环境，对市场的特征和不确定性作出分析和评价，最后相应地完善企业的供应链。

在传统型的供应链中，企业职能部门分散、独立地控制供应链中的不同业务。企业组织结构比较松散。这时的供应链管理主要具有以下特征：

(1) 企业的核心注重于产品质量。由于过于注重生产、包装、交货等的质量，可能导致成本过高，因此，企业的目标在于以尽可能低的成本生产高质量的产品，以解决成本—效益障碍。

(2) 关于销售、制造、计划、物料、采购等的控制系统和业务过程相互独立、不相匹配，因部门合作和集成业务失败导致多级库存等问题。

(3) 组织部门界限分明，单独操作，往往导致相互之间的冲突。采购部门可能只控制物料来源和原材料库存；制造和生产部门通过各种工艺过程实现原材料到成品的转换；销售和分销部门可能处理外部的供应链和库存，而部门之间的关联业务往往就会因各自为政而发生冲突。

处于这一阶段的企业主要采用短期计划，出现困难时需要一个一个地解决。虽然企业强调办公自动化，但这样一种环境往往导致整个供应链的效率低下，同时，会增加企业对供应和需求变化影响的敏感度。

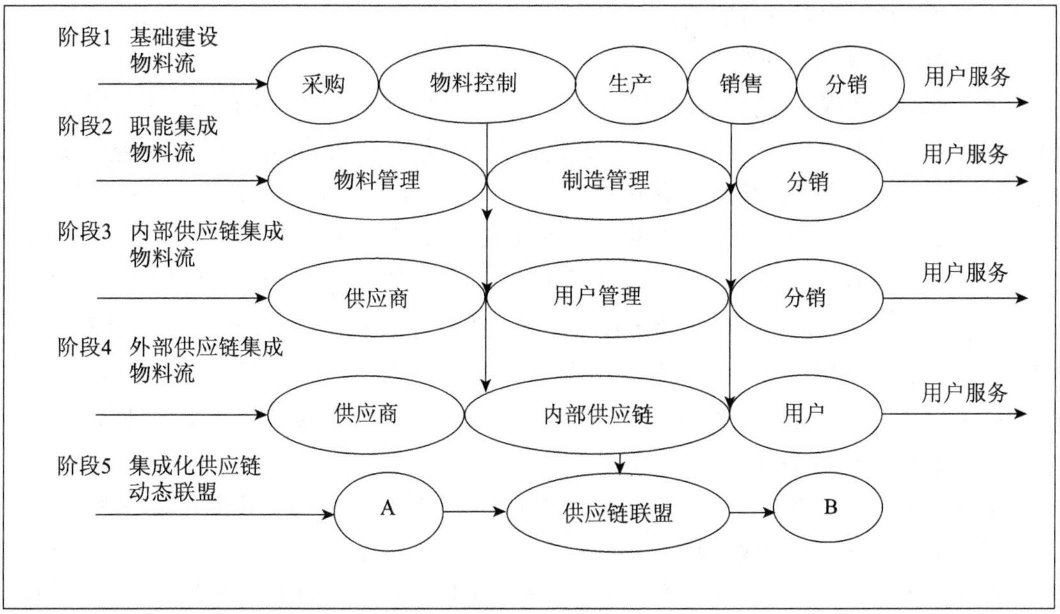

图 12-3　集成化供应链管理实施步骤模型

资料来源：http：//www. studa. net/qiye/080807/16142584. html.

2. 职能集成阶段

职能集成阶段集中于处理企业内部的物流，企业围绕核心职能对物流实施集成化管理，对组织实行业务流程重构，实现职能部门的优化集成，通常可以建立交叉职能小组，参与计划和执行项目，以提高职能部门之间的合作，克服这一阶段可能存在的不能很好满足用户订单的问题。

职能集成强调满足用户的需求。事实上，用户需求在今天已经成为驱动企业生产的主要动力，而成本则在其次，但这样往往导致第二阶段的生产、运输、库存等成本的增加。此时，供应链管理主要有以下特征：

（1）将分销和运输等职能集成到物流管理中来，制造和采购职能集成到生产职能中来。

（2）强调降低成本而不注重操作水平的提高。

（3）积极为用户提供各种服务，满足用户需求。

（4）职能部门结构严谨，均有库存做缓冲。

（5）具有较完善的内部协定，如采购折扣、库存投资水平、批量等。

（6）主要以订单完成情况及其准确性作为评价指标。

在集成化供应链管理的第二阶段一般采用 MRP 系统进行计划和控制。对于分销网，需求得不到准确的预测和控制，分销的基础设施也与制造没有有效地联结。由于用户的需求得不到确切的理解，从而导致计划不准确和业务的失误，因此，在第二阶段要采用有效的预测技术和工具对用户的需求作出较为准确的预测、计划和控制。

但是，以上采用的各项技术之间、各项业务流程之间、技术与业务流程之间都缺乏集成，库存和浪费等问题仍可能困扰企业。

3. 内部供应链集成阶段

这一阶段要实现企业直接控制的领域的集成，要实现企业内部供应链与外部供应链中供应商和用户管理部分的集成，形成内部集成化供应链。集成的输出是集成化的计划和控制系统。为了支持企业内部集成化供应链管理，主要采用供应链计划（SCP）和 ERP 系统来实施集成化计划和控制。这两种信息技术都是基于客户/服务（Client/Server）体系在企业内部集成中的应用。有效的 SCP 集成了企业所有的主要计划和决策业务，包括需求预测、库存计划、资源配置、设备管理、优化路径、基于能力约束的生产计划和作业计划、物料和能力计划、采购计划等。ERP 系统集成了企业业务流程中主要的执行职能，包括订单管理、财务管理、库存管理、生产制造管理、采购等职能。SCP 和 ERP 通过基于事件的集成技术联结在一起。

本阶段企业管理的核心是内部集成化供应链管理的效率问题，主要考虑在优化资源、能力的基础上，以最低的成本和最快的速度生产最好的产品，快速地满足用户的需求，以提高企业反应能力和效率。这对于生产多品种或提供多种服务的企业来说意义更大。投资于提高企业的运作柔性也变得越来越重要。在第二阶段需构建新的交叉职能业务流程，逐步取代传统的职能模块，以用户需求和高质量的预测信息驱动整个企业供应链的运作。这是因为满足用户需求而导致的高服务成本是此阶段管理的主要问题。

这一阶段可以采用 DRP 系统、MRPII 系统管理物料，运用 JIT 等技术支持物料计划的执行。JIT 的应用可以使企业缩短市场反应时间、降低库存水平和减少浪费。

在这个阶段，企业可以考虑同步化的需求管理，将用户的需求与制造计划和供应商的物料流同步化，减少不增值的业务。同时，可以通过广泛的信息网络（而不是大量的库存）来获得巨大的利润。

此阶段的供应链管理具有以下特征：

（1）强调战术问题而非战略问题。

（2）制订中期计划，实施集成化的计划和控制体系。

（3）强调效率而非有效性，即保证要做的事情尽可能好、尽可能快地完成。

（4）从采购到分销的完整系统具有可见性。

（5）信息技术（Information Technology，IT）的应用。广泛运用 EDI 和 Internet 等信息技术支持与供应商及用户的联系，获得快速的反应能力。EDI 是集成化供应链管理的重要工具，特别是在进行国际贸易合作需要大量关于运输的文件时，利用 EDI 可以使企业快速获得信息和更好地为用户提供优质服务。

（6）与用户建立良好的关系，而不是“管理”用户。

4. 外部供应链集成阶段

实现集成化供应链管理的关键在于第四阶段，将企业内部供应链与外部的供应商和用户集成起来，形成一个集成化供应网链。

而与主要供应商和用户建立良好的合作伙伴关系，即所谓的供应链合作关系（Supply Chain Partnership），是集成化供应链管理的关键之关键。

此阶段企业要特别注重战略伙伴关系管理。管理的焦点要以面向供应商和用户取代面向产品，增加与主要供应商和用户的联系，增进相互之间的了解（产品、工艺、组织、企业文化等），相互之间保持一定的一致性，实现信息共享等，企业通过为用户提供与竞争者不同的产品/服务或增值的信息而获利。通过建立良好的合作伙伴关系，企业就可以很好地与用户、供应商和服务提供商实现集成和合作，共同在预测、产品设计、生产、运输计划和竞争策略等方面设计和控制整个供应链的运作。对于主要用户，企业一般建立以用户为核心的小组，这样的小组具有不同职能领域的功能，从而更好地为主要用户提供有针对性的服务。

处于这个阶段的企业，生产系统必须具备更高的柔性，以提高对用户需求的反应能力和速度。企业必须能根据不同用户的需求，既能按订单生产（Make－To－Order），按订单组装、包装（Assemble or Package－To－Oder），又能按备货方式生产（Make－To－Stock），这样一种根据用户的不同需求对资源进行不同的优化配置的策略称为动态用户约束点策略。延迟技术（Postponement）可以很好地实现以上策略。延迟技术强调企业产品生产加工到一定阶段后，等待收到用户订单以后根据用户的不同要求完成产品的最后加工、组装，这样企业供应链的生产就具有了很高的柔性。

为了达到与外部供应链的集成，企业必须采用适当的信息技术为内部的信息系统提供与外部供应链节点企业的很好的接口，达到信息共享和信息交互，达到相互操作的一致性。这些都需要采用 Internet 信息技术。

本阶段企业采用销售点驱动的同步化、集成化的计划和控制系统。它集成了用户订购数据和合作开发计划、基于约束的动态供应计划、生产计划等功能，以保证整个供应链中的成员同步化地进行供应链管理。

5. 集成化供应链动态联盟阶段

在完成以上 4 个阶段的集成以后，已经构成了一个网链化的企业结构，称之为供应链共同体，它的战略核心及发展目标是占据市场的领导地位。为了实现这一目标，随着市场竞争的加剧，供应链共同体必将成为一个动态的网链结构，以适应市场变化、柔性、速度、革新、知识等需要，不能适应供应链需求的企业将从供应链联盟中被淘汰。供应链从而成为一个能快速重构的动态组织结构，即集成化供应链动态联盟。企业通过 Internet 网络商务软件等技术集成在一起以满足用户的需求，一旦用户的需求消失，它也将随之解体。而当另一需求出现时，这样的一个组织结构又由新的企业动态地重新组成。在这样的一个环境中求生存，企业如何成为一个能及时、快速满足用户需求的供应商，是企业生存、发展的关键。

集成化供应链动态联盟是基于一定的市场需求、根据共同的目标而组成的，通过实时信息的共享来实现集成。主要应用的信息技术是 Internet/Intranet 的集成，同步化的、扩展的供应链计划和控制系统是主要的工具，基于 Internet 的电子商务取代传统的商务手段。这是供应链管理发展的必然趋势。

三、SCOR 模型

SCOR 模型，即供应链运作参考模型。SCOR 模型（Supply Chain Operations Reference Model）是经国际供应链委员会（Supply Chain Council，SCC）的认可，适合于不同工业领域的供应链运作参考模型。1996 年春，两个位于美国波士顿的咨询公司——Pittiglio Rabin Todd & McGrath（PRTM）和 AMR Research（AMR）为了帮助企业更好地实施有效的供应链，实现从基于职能管理到基于流程管理的转变，牵头成立了供应链委员会（SCC），并于 1996 年年底发布了供应链运作参考模型（SCOR）。

SCOR 模型是第一个标准的供应链流程参考模型，是供应链的诊断工具，它涵盖了所有行业，使企业间能够准确地交流供应链问题，客观地评测其性能，确定性能改进的目标，并影响今后供应链管理软件的开发。流程参考模型通常包括一整套流程定义、测量指标和比较基准，以帮助企业开发流程改进的策略。SCOR 模型不是第一个流程参考模型，但却是第一个标准的供应链参考模型。SCOR 模型主要由 4 个部分组成：供应链管理流程的一般定义、对应于流程性能的指标基准，供应链“最佳实施”的描述以及选择供应链软件产品的信息。

SCOR 模型把业务流程重组、标杆比较和流程评测等著名的概念集成到一个跨功能的框架之中，是一个为供应链伙伴之间有效沟通而设计的流程参考模型，是一个帮助管理者聚焦管理问题的标准语言。作为行业标准，SCOR 模型帮助管理者关注企业内部供应链。SCOR 模型用于描述、量度、评价供应链配置：规范的 SCOR 模型流程定义实际上允许任何供应链配置；量度；规范的 SCOR 模型尺度能使供应链绩效本衡量和标杆比较；供应链配置可以被评估以支持连续的改进和战略计划编制。

（一）SCOR 模型的涵盖范围

1. SCOR 模型包括的内容

（1）所有与客户之间的相互往来，从订单输入到货款支付。

（2）所有产品（物料实体和服务）的传送，从供应商的供应商到客户的客户，包括设备、原材料、配件、大批产品、软件等。

（3）所有与市场之间的相互影响，从对累计总需求的理解到每项订单的完成。

2. SCOR 模型不试图描述以下每一个商业流程或活动

（1）销售和市场（需求的产生）。

（2）技术研究开发。

（3）产品开发。

（4）一些关于货物运送后技术支持的元素。

3. SCOR 模型呈现但并不清楚定义

（1）培训。

（2）质量。

（3）信息技术管理。

（4）行政（非供应链管理）。

（二）SCOR 模型结构

SCOR 模型按流程定义可分为 3 个层次，每一层都可用于分析企业供应链的运作。在第三层以下还可以有第四、第五、第六等更详细的属于各企业所特有的流程描述层次，这些层次中的流程定义不包括在 SCOR 模型中。SCOR 模型的第一层描述了 5 个基本流程：计划（Plan）、采购（Source）、生产（Make）、发运（Deliver）和回收（Return）。它定义了供应链运作参考模型的范围和内容，并确定了企业竞争性能目标的基础。企业通过对第一层 SCOR 模型的分析，可根据下列供应链运作性能指标作出基本的战略决策。

1. 计划（需求/供应计划）

评估企业整体生产能力、总体需求计划以及针对产品分销渠道进行库存计划、分销计划、生产计划、物料及生产能力的计划。

制造或采购决策的制定、供应链结构设计、长期生产能力与资源规划、企业计划、产品生命周期的决定、生产正常运营的过度期管理、产品衰退期的管理与产品线的管理等。

2. 采购

（1）寻找供应商/物料收取。获得、接收、检验、拒收与发送物料。供应商评估、采购运输管理、采购品质管理、采购合约管理、进货运费条件管理、采购零部件的规格管理。

（2）原材料仓库管理。

（3）原材料运送和安装管理。运输管理、付款条件管理以及安装进度管理。

（4）采购支持业务。采购业务规则管理、原材料存货管理。

3. 生产

（1）生产运作。申请及领取物料、产品制造和测试、包装出货等。工程变更、生产状况掌握、产品质量管理、现场生产进度制定、短期生产能力计划与现场设备管理。在制品运输。

（2）生产支持业务。制造业务规格管理、在制品库存管理。

4. 配送

（1）订单管理。订单输入、报价、客户资料维护、订单分配、产品价格资料维护、应收账款管理、授信、收款与开立发票等。

（2）产品库存管理。存储、拣货、按包装明细将产品装入箱、制作客户特殊要求的包装与标签、整理确认订单、运送货物。

（3）产品运输安装管理。运输方式安排、出货运费调教管理、货品安装进度安排、进行安装与产品试运行。

（4）配送支持业务。配送渠道的决策制定、配送存货管理、配送品质的掌握和产品的进出口业务。

5. 回收

（1）原料回收。退还原料给供应商，包括与商业伙伴的沟通，同时准备好文件资料以及物料实体的返还及运送。

（2）产品回收。接收并处理从客户出返回的产品，包括商业伙伴的沟通，同时准备好文件资料以及物料实体的返还及接收和处理。

（三）三个层次

1. 绩效衡量指标

反映供应链性能特征，高层绩效测量可能涵盖了多个不同层次的 SCOR 流程。衡量供应链的表现与理解其运作都是一样必要的。

（1）衡量工作必须结合企业的目标。

（2）衡量工作要有可重复性。

（3）衡量工作必须能对更有效地管理供应链提出见解。

（4）衡量一定要适于所评测的流程活动。

2. 配置层

在第二层配置层中，由 26 种核心流程类型组成。企业可选用该层中定义的标准流程单元构建供应链。每一种产品或产品型号都可以有自己的供应链。

每一个 SCOR 流程都分 3 种流程元素进行详细描述。

（1）计划元素。调整预期的资源以满足预期需求量。计划流程要达到总需求平衡以及复盖整个的规划周期。定期编制计划流程能有利于供应链的反应时间。计划流程同时综合模型中的部分及企业。

（2）执行元素。由于计划或实际的需求引起产品形式变化，需要执行的流程包括：进度和先后顺序的排定、原材料及服务的转变及产品搬运。

（3）支持元素。计划和执行过程所依赖的信息和内外联系的准备、维护和管理。

3. 流程元素层

主要包括：流程流，输入和输出，输入的采购，输出目的地。

练习思考题

简答题

1. 什么是“牛鞭效应”？它与供应链失调的关系如何？

2. 供应链失调对运营业绩有何影响？

3. 激励不当是如何导致供应链失调的？采取什么补救措施才能消除这种影响？

4. 什么因素导致了供应链内的批量订购？批量订购对供应链协调会产生什么影响？采取什么样的措施才能减少批量模型，提高协调能力？

5. 实现集成化供应链管理要解决哪些问题？如何分步骤地实现集成化供应链管理？

实训项目

在课堂上组织学生做“牛鞭效应”的游戏，实际模拟订货及观察需求在供应链层级中是否逐级放大，总结出需求变化的规律。

第十三章　供应链物流的发展

引导案例

中国首届“72小时网络生存”

一、案例简介

“72小时网络生存”实验是研究供应链物流发展的经典案例，最早是在英国进行的。中国在1999年9月也模仿了“网络生存”实验条件，进行了首届“72小时网络生存”实验。其实验环境为：酒店标准房，基本的生活工具（起居和沐浴设备），没有生活饮水，没有电话、电视等电器，有一个“没有内存”的冰箱，卫生间中只有厕纸，以及一台可以随时联网的计算机，再给予测试者每人1500元现金以及限额1500元的信用卡。主办单位从全国5068名报名者中经网民投票选取了12人参与了实验，其中男女各占一半；年龄最大的35岁，最小的18岁；学历最高的是研究生，最低的高中还未毕业；网龄最长的已有4年，最短的几乎为零。为了公平起见，3地测试者均不能在其居住地受测，而是通过抽签决定到另外两个城市中的一个进行受测，最后分别在北京、上海和广州同时进行。

此次实验的规则为：直至测试结束，测试者不能离开房间，必须通过网络获取食物等生活必需品。测试现场装备有摄像机，详细记录测试者每天的活动内容及上网记录。主办单位将依测试者的网络购物能力、网络社交能力、网络应用能力及网络学习能力等项目进行评判，优胜者将获得最高5000元的奖励。

这样的测试不单是对中国网民网上生存能力的测试，也是对网络运营商提供服务质量的测试，更具体的是对网上销售商反应速度和银行对电子货币受理、确认速度的测试。也就是说，要探讨中国互联网络在人们生活中扮演着什么样的角色。

但最后的测试结果非常不理想，如有的选手还未到两天就将钱用的差不多了；有的选手因为一天一夜未进食而退出了测试；有的选手经过一番折腾学会了网络购物，但商家告诉他货物将在5～7个工作日送达。最后大多数的测试者只能默默地退出了测试现场。

二、案例解析

这个经典中国特色的“72小时网上生存”实验给予人们很多的启示，特别是引发了人们对电子商务环境下的物流问题的深层次思考。

首先，在网上交易的情况下，如何通过物流渠道高效率的将商品送达到客户手上，即如何有效地实现网上交易商品的交割问题。

其次，在确定了物流运作模式之后，如何以较低的成本并在较短的时间内实现物流的运作。

在当今信息化浪潮的时代背景下，如何充分利用现代信息技术，特别是计算机、互联网技术等来促进和实现物流的发展，成为物流发展的一个热点问题，也被物流企业提上了议程。

三、案例涉及的主要知识点

电子物流，也可称为物流电子化或物流信息化，是指利用电子化的手段，尤其是利用互联网技术来完成物流全过程的协调、控制和管理，实现从网络前端到最终客户端的所有中间过程服务，其最显著的特点是各种软件与物流服务的融合应用。

学习导航

理解并掌握绿色物流的内涵，掌握国际物流、物联网的特点和发展趋势等。

第一节　绿色供应链物流

高速发展的经济需要更快速和高效的物流做后盾，纵观世界经济发展史，在经济高速发展时期，相伴随的物流业也得到了长足的发展。但是，在发展经济的同时，也出现了不同程度的环境问题，特别是近几年来各种环境问题事件频繁，人们在享受丰富的物质文明的同时也深刻体验到了环境带来的危害，因此，在发展物流的过程中，关注环境问题已经成为21世纪物流管理的焦点。

一、绿色物流提出的背景

近年来，物流逐渐从产业物流向产业与消费双方向物流发展，物流的关联领域也得到了相应地扩大。除了从经济发展和消费生活发展的角度推动物流的深化外，还必须站在与环境共生的立场来不断推进物流管理的全方位发展。

世界各国越来越重视在经济发展的过程中落实可持续发展战略，全球绿色消费正逐渐形成。从长远来看，未来物流的发展不仅要考虑到经济发展和消费生活的需要，而且必须充分注意其对环境所产生的影响，以形成一种能促进经济发展和消费生活可持续发展健康的新型绿色物流体系。这就要求物流企业在发展过程中，积极贯彻绿色理念，展现绿色形象，参与到全球绿色运动、绿色革命中去。

绿色物流是现代物流发展的一个新方向，是现代物流的一种新思路和新理念。绿色物流思想的渗透必将引起物流企业深刻的变革，将一批低效能、低环保、高污染的企业淘汰出竞争的市场环境。同时，高速发展的绿色市场也为绿色物流及实施绿色物流管理的企业带来众多发展机遇。因此，发展绿色物流是包括第三方物流企业在内的所有企业均应注重和加强的工作。在这种背景下，重视绿色物流已被我国物流企业提上了日程。

二、绿色供应链的概念

目前，对于绿色供应链的研究才刚刚起步，相关理论还不成熟，因此，对于其概念没有统一的定义。表 13-1 是国内外几种主要的绿色供应链概念。

表 13-1　　主流绿色供应链概念

研究机构或学者	绿色供应链的概念
密歇根州立大学（制造研究协会）	绿色供应链是环境意识、资源的有效利用和供应链的各个环节的交叉融合，是实现绿色制造和企业可持续发展的重要手段，其目的是使整个供应链的资源利用效率实现帕累托最优
美国—亚洲环境合作研究所（US—AEP）	当一个企业把环境要求加到他们供应企业的产品和过程时，就称为“绿色供应链”
但斌与刘飞（2000）	绿色供应链是一种在整个供应链内综合考虑环境影响和综合效力的现代管理模式，它以绿色制造理论和供应链管理技术为基础，涉及供应商、生产商、销售商和用户，目的是使得产品从物料获取、加工、包装、运输，使得报废处理的整个过程中对环境的影响最小、资源效率高
朱庆华（2003）	绿色供应链就是在供应链中考虑和强化环境因素，具体说就是通过与上下游企业的合作以及企业内各部门的沟通，从产品的设计、材料的选择、产品的制造、产品的销售以及回收的全过程中考虑环境整体效益最优化。同时，提高企业的环境绩效和经济绩效，从而实现企业和所在供应链的可持续发展

综合各研究机构和学者对绿色供应链的定义，本书认为绿色供应链是指在整个供应的物流链中，各方参与者在经济决策中始终贯彻绿色理念，目的在于在物流的各个环节使得其对环境的负面影响尽可能小，达到资源利用的最优化。

三、绿色供应链的内容

绿色供应链包括从产品设计到最终回收的全过程，主要有以下方面。

（一）绿色设计

绿色设计是在设计产品时以环境资源为核心，即在产品的生命周期的整个过程中，优先考虑制造、销售、使用及报废后的回收、再利用及处理对资源和环境的影响，使设计结果在整个生命周期内资源利用率最高、能量消耗最低和环境污染最小。其核心思想在于抛弃传统的“先污染、后治理”环境治理方式，取而代之的是“源头治理”的环境保护策略。绿色设计的成功与否将对绿色供应链管理产生重要的影响，它主要涉及材料的选择、节能设计、可回收和可拆卸设计、延长的生命周期设计 4 个方面。

（二）绿色采购

绿色采购就是通过源头控制，即在采购时就必须考虑材料是否为环境友好型材料，具体包括材料能否再循环、再利用，以及通过粉碎、无害焚烧和降解等措施清除废物等。因此，绿色采购可以在各个方面对企业的环境绩效带来显著影响，能够满足公众对环保产品的需求，同时，又可以从整体上降低成本，为企业带来经济效益和竞争优势。

（三）绿色生产

绿色生产即清洁生产，是指将综合预防的环境策略持续地应用于生产过程和产品及服务中，减少或降低人类和环境的风险，从而达到最大限度地防治污染、提高经济效益双重目的的综合措施。改变生产工艺流程，尽量减少生产过程中废物的排放量，从而将对操作者、产品使用者及环境的污染减少到最低；改进生产设备，提高设备效率和原材料利用率，减少不可再生资源的使用量。绿色生产不是末端治理技术的控制，如空气污染控制、废水处理、固体废弃物焚烧或填埋，绿色生产而是通过应用专门技术、改进工艺技术和改变管理理念来实现的。

（四）绿色包装和运输

绿色包装指能够循环利用、再生利用或降解腐化，且在产品的整个生命周期中对生态环境和人体健康无害，可促进持续发展的包装，以减量化（Reduce）、再利用（Reuse）、再循环（Recycle）作为绿色包装的 3R 指导原则，并在包装物的标示图案和文字上写明如何处理，以提醒消费者把包装材料送入循环系统。绿色包装最理想的要求是，包装制品从原材料采集、材料加工、制造产品、产品使用、废弃物回收再生，直到最终处理的生命全过程均不应对人体及环境造成公害。绿色运输要求集中配送实现物流合理化，在运输中控制运输工具的能量消耗和利用合理规划的运输路径完成运输过程。

（五）绿色营销

绿色营销是传统营销的延伸，是一种新的营销理念，是生态层面的新营销思维方式和操作方式。它要求企业以可持续发展为指导思想，在整个营销过程中都以维持生态平衡、重视环保的绿色理念为指导，绿色营销是以通过减少物质消费占有量、提高消费满意度为目的，主要包括以下内容。

1. 绿色促销

在市场研究中，考虑顾客对绿色产品的关注程度及环境问题对顾客购买行为的影响等因素，使价格反映绿色产品的成本的状况。在促销方式上，企业要选择最有经济效益和环保效益的方式，大力宣传企业和产品的绿色特征，加强引导消费者的环保消费意识，树立企业及产品的环保形象。

2. 绿色分销

建立绿色分销渠道，遵循在商品的售前、售中、售后服务过程中注重环保的原则。尽量缩短企业产品的分销渠道，减少分销过程中的污染和社会资源的损耗及尽可能地选择绿色分销商。

（六）绿色回收

“变废为宝”是在绿色供应链建设中需要长期贯彻的。在传统理念下，企业的回收仅限于回收自己的包装物，而在绿色供应链理念的指导下，企业要从消费者利益出发，并承担相应的社会责任，实现废弃物品的再循环、再利用。收集消费者使用后的报废物品，经过检测后，可以根据产品的损坏程度选择不同的处理方式。有些产品没有办法修理或再制造，只能将产品彻底拆卸，并按原材料分类，经过物理或化学处理后，使其恢复最初特性，以作为生产新产品的原材料，这种方式称为再循环；有些产品失效后很难拆卸，而且处理过程中会产生大量的污染和能源损耗，这种产品就需要焚烧或掩埋处理。这可以大大减少废物的产生，减轻对现有自然资源日趋匮乏的压力。

四、绿色供应链与传统供应链的比较

（一）绿色供应链与传统供应链的相同之处

传统供应链是围绕核心企业，通过对信息流、物流、资金流的控制，由物料获取并加工成中间产品及成品，再把成品送到用户的一些企业和部门构成的网络。它涉及原材料供应商、制造商、分销商、零售商以及最终消费者等，这些成员之间是组成供应链的各个节点，上下节点之间是一种需求与供应关系。绿色供应链与传统供应链一样，由所有加盟的节点企业组成，一般有一个核心企业，节点企业在需求驱动下，通过节点企业的分工与合作，以物流、信息流和资金流为媒介实现整个绿色供应链增值，绿色供应链和传统供应链同样具有 3 个特点。

1. 复杂性

因为供应链节点企业组成的跨度（层次）不同，供应链往往由若干个多类型多国家的企业构成，因此，供应链结构模式比一般单个企业的结构模式更为复杂。

2. 动态性

供应链管理因企业战略和适应市场需求变化的需要，其中节点企业需要动态地更新，这就使得供应链具有明显的动态性。

3. 面向用户需求

供应链的形成、存在、重构，都是基于一定的市场需求而发生，并且在供应链的运作过程中，用户需求的拉动是供应链中物流、信息流和资金流运作的驱动源。

（二）绿色供应链与传统供应链的不同之处

绿色供应链源于传统供应链又高于传统供应链，主要有以下不同。

1. 运作方式不同

传统供应链是由从材料采购到产品生产，再将产品销售到终端用户手中的所有企业和部门构成的网络，其起于原材料供应商，终于用户，对产品退出使用期以后的问题不作考虑。而绿色供应链在生产过程中产生的废品、废料和在运输、仓储、销售过程中产生的损坏件及被用户淘汰的产品均需回收处理。

2. 对环境的影响不同

传统供应链是以市场为导向，以企业内部效益为标准，过分强调消费和需求的主导作用，虽然也涉及原材料、能源的节约，但这只是考虑到企业的成本和企业内部环境的改善，并没有充分考虑到企业行为的负外部性，对使用产品的废弃物和排放物如何处理、回收与再利用等，没有足够的认识。而绿色供应链将“绿色意识”或“环境意识”融入整个供应链过程中，使其在各个环节中都综合考虑了环境影响及资源利用。

3. 目标不同

传统供应链的目标是以尽可能短的市场响应时间、尽可能高的产品质量、尽可能低的产品成本、尽可能好的产品服务满足客户需求，主要是经济效益。而绿色供应链追求的目标是经济效益、社会效益和环境效益三位一体的协调发展，即在传统目标（时间、质量、成本、服务）的基础上，加上了更为重要的环境、社会目标，即在强调经济效益目标的基础上，强调在整个供应链的各个环节要求资源的高利用率和较高的环境效益。

五、企业在发展绿色供应链物流的重要性

在发展绿色物流的过程中，需要政府、企业、新闻媒体和民众等多个方面力量，让有生力量参与到这场具有历史性意义的绿色革命中来。要继续加强环境保护，推进可持续发展战略的实施，大力发展绿色产业，普及绿色营销，推广 ISO 1400 认证及清洁生产，发展绿色包装，加强对绿色物流问题的研究和相关的教育工作。要提高广大民众和企业参与的绿色意识，政府需尽可能的从政策层面加强引导，并提供一定的资金和智力支持。

包括物流企业在内的所有企业需要高度重视，并尽快采取有效措施予以实施。这样绿色物流的战略才能真正得到落实。对企业界而言，向绿色物流推进主要表现在：通过车辆的有效利用，减少污染气体的排放，提高配送效率；通过制订合理有序的订货计划，实行其均衡比和配送路线的最优化，通过同产业共同配送、异产业共同配送、地域内共同配送或由第三方物流企业统一集中发货，实现运输配送的合理化与最优化；通过缩短商品检验时间、确保停车场地及配送工具等来缩短配送时间或转向海上运输、铁路运输、集装箱运输，向符合规制的车辆转换等方式消减总车辆数，减少车辆的排污量。

第二节　国际物流

随着全球化的逐步推进，企业的经营范围不再局限于本国内部市场，日趋复杂和频繁的全球供应链管理活动正发生在世界的各个角落，高效的现代化物流服务成为大型企业特别是跨国企业取得成功的关键因素之一。经济全球化是 21 世纪经济发展的大潮流，日新月异的信息技术如 GPS、GIS 等在全球物流中的运用，极大推动了在世界范围内实现物流资源的优化配置，无国界物流的概念正在初步形成。

一、物流国际化的内涵

经济全球化使得整个世界越来越成为一个整体，跨国公司日益从全球的角度来构建生产和营销网络，原材料、零部件的采购和产品销售的全球化相应地带来了物流活动的国际化。

物流国际化是指在全球范围内，把商品的采购、运输、仓储、加工、配送及销售等相关活动有机地结合起来，利用先进的信息技术，选择最佳的资源配置方式，以最低的费用和风险，高效地将商品从某国的供应方送达到另一国所在地的需求方，为消费者提供多功能、一体化的综合性服务。其实质是按照国际分工协作的原则，利用国际化物流网、物流设施和物流技术，实现商品和服务全球流动与交换，以促进区域经济的发展，实现整个世界范围内资源的优势互补，实现各国各地区的资源比较优势。

二、物流国际化的推动力

随着经济技术的发展和国际经济往来的日趋增大，物流国际化已成为 21 世纪新焦点。各国政府和跨国企业已经普遍接受了物流国际化的概念。是什么原因推动了物流如此快速的发展呢？其原因主要表现在以下 4 个方面。

（一）信息技术的发展

迅速发展的物流信息技术为物流国际化提供了平台。完善的物流信息平台通过对公共信息，如交通资源信息、物流货物信息、政府各部门间的公用信息等，进行收集、存储及分析，为物流企业完成各项工作提供了支撑。通过对物流信息的检测、识别、变换、存储、计算、提取、控制和利用，物流信息系统实现了实时化、网络化、系统化、规模化、专业化和智能化。物流信息技术的高速发展大大提高了企业对物流的处理速度和效率，如物流信息采集中的条码技术、射频识别技术和全球定位系统、数据库管理系统（DBMS）有效存储物流信息系统的数据、信息处理技术如地理信息系统，实现了空间数据的再现和分析。

（二）区域经济一体化

区域经济一体化不仅加速了生产要素在更大范围内的流动，各个区域通过降低进口关税、减少海关程序、统一货运单证以及支持公共运输等措施，便利利益共同体在这些区域内贸易。这些措施大大降低了物流成本，有利于物流业的无国界发展。

（三）全球供应链一体化

20 世纪 90 年代以来，随着全球制造、敏捷制造、虚拟制造等先进的制造模式的推广和高度激烈的市场竞争，使得任何一个企业都不可能具有全面的核心资源，来应付社会的竞争压力，也不可能单独地与其他所有竞争企业抗衡，联大靠强成为多数企业应对竞争的首要选择。企业间的相互协作、相互服务就形成了一条从供应商、制造商、分销商到终端顾客的物流和信息流网络。在这些合作生产的过程中，大量的物资和信息在很广泛的地域间转移、存储和交换，因此，有必要对企业整个原材料、零部件和终端产品的供应、存储和销售系统进行总体规划、重组、协调、控制和优化，时刻了解并有效满足顾客需求。这样的环境要求国际供应链的一体化成为当务之急。

（四）经济全球化

加入WTO，使得我国企业与国外企业的商贸愈加频繁。在WTO的《服务贸易总协定》的服务部门的参考清单中，与物流全球化相关的部门有交通运输业、销售服务、金融与保险服务等。其中，交通运输服务与物流业最为密切，包括海运、铁路运输、航运运输、公路运输等货运服务，以及报关、仓储、港口等附属交通运输服务。经济贸易自由化的快速发展，将为物流的全球化的发展带来前所未有的机遇。

三、国际物流的发展趋势

随着国际商务的迅速发展，国际商务的结构发生了变化，表现为产成品交易上升，原材料交易下降，技术产品交易上升，一般产品交易下降，服务业交易上升。当然，随之而来的是国际物流活动的增多，跨国公司的日益壮大，国际商务更趋活跃。纵观全球物流的实践及其发展，可以把未来的发展趋势归纳为以下方面。

（一）国际物流形式多样化、集约化

目前，国际上流行的物流形式主要有以下几种：一是综合物流中心是将两种以上不同类型的物流中心集约在一起，成为一个综合职能和高效率的物流设施，如将铁路货站、公路运输货站集约在一起等形式。二是物流园区，也称物流团地，是政府从城市整体利益出发，在小区域城乡结合部、主要交通干道附近开辟专用场地，通过逐步配套完善各项基础设施、服务设施，提供各种优惠政策，吸引大型物流（配送）中心在此聚集，使其获得规模效益，降低物流成本，同时，减轻大型配送中心在市中心分布所带来的种种不利影响。物流园区是一家或多家物流（配送）企业在空间上集中布局的场所，它提供一定品类、一定规模、较高水平的综合物流服务。

（二）高质量、高效率和高水平

在整个国际物流活动中，客户对物流中的各个环节的要求越来越高，他们重视运输的安全，配送的方式，高质量的保管，改进包装方法，尽可能地减少装卸的损失，保证在整个过程中信息的质量。国际物流的高质量是今后物流企业发展必须加强和主攻的堡垒。

国际物流的高效率指的是缩短和缩小运输、配送、保管、包装、装卸、流通加工、信息管理过程的时间和空间。物流运输方式的多样化，例如海运、空运、铁路运输、公路运输到海陆空国际多联运的出现，从单一物流企业走向物流企业间的合作，从短期而不固定的合同到长期稳定的协议，这一切都要服从一个目标，即满足客户对国际物流高效率的要求。

从大批量物流转向小批量物流，从一般物流转向高难度物流，从分散装运物流提高集装箱式物流，从半机械化物流设备转向机械化物流设备，从使用落后的物流服务手段转向使用高技术物流服务手段，这一切促使国际物流走向高水平服务的道路。

（三）国际物流配送精细化

随着现代经济的发展，各个产业、部门、企业之间的交换关系和依赖程度也愈来愈错综复杂。瞬息万变的市场需求和日益激烈的市场竞争要求物流企业和整个经济系统的响应速度和协同能力更加高效。全球物流为了达到“零阻力、无时差”的协同，需要做到与合作伙伴间业务流程的紧密集成，加强预测和规划，共同分享业务数据，联合进行管理执行，以及完成绩效评估等。从目前国外主要盛行的国际物流配送模式看，主要有 9 种配送中心：一是专业配送中心；二是柔性配送中心；三是供应配送中心；四是销售配送中心；五是城市配送中心；六是区域配送中心；七是储存配送中心；八是流通配送中心；九是加工配送中心。同时，全球性的整合物流资源以及越来越先进的信息技术，将使全球物流配送向着更加精细化的方向发展。

四、国际物流业务的主要内容

国际物流业务涉及商品的选择、价格谈判、合同签订和货物的准备、包装、运输、交接和验收过程。在这一过程中，需要办理产品的订购、质量检查、包装、进出口、运输、保险业务，支付各项税捐和费用、处理自然灾害、意外事故和其他外来损害问题。上述事项如何承办，费用由谁负担，如何处理风险，买卖双方在磋商交易合同时，应根据不同国家和地区的习惯和法律规定来确定各自的权利和责任。国际物流业务的主要内容有：贸易合同的签订和履行。包括备货、货款的支付、保险业务、商品检验、海关业务、运输等。这些业务有的通过政府法规强制执行（如海关、商检等）；有的根据国际贸易惯例约定俗成（如贸易术语、支付惯例等）、国际公约来规范；通过统一标准（如信息系统、物流工具、设施的统一标准）来简化物流业务。其目的是降低物流费用，减少不必要的摩擦，提高系统效率。

第三节　电子商务物流

物流是电子商务的重要组成部分，它是电子交易过程中唯一实体性的环节。电子商务的发展，加快了现代物流产业发展的步伐，提高了物流业在国民经济产业结构中的地位。同时，物流业是电子商务的强力支撑，没有好的物流作基础，电子商务也很难进一步发展。

一、电子商务物流的含义

电子商务物流就是在电子商务的条件下，依靠计算机技术、互联网技术、电子商务技术以及信息技术等所进行的物流（活动），其本质是实现物流的信息化和现代化。

电子商务物流的目标是通过运用现代科学技术，研究物流在电子商务技术条件下的运作和管理，并在电子商务条件下实现物流的高效化和低成本，促进物流产业的升级。

二、电子商务物流的特点

与传统物流相比较，电子商务物流具有以下特点。

(一) 信息化

电子商务时代，物流信息化是电子商务的必然要求。物流信息化表现为物流信息的商品化、物流信息收集的数据库化和代码化、物流信息处理的电子化和计算机化、物流信息传递的标准化和实时化、物流信息存储的数字化等。信息化是电子商务物流的基础，没有物流的信息化，任何先进的技术设备都不可能应用于物流领域。

(二) 自动化

自动化的基础是信息化，核心是机电一体化，外在表现是尽可能的在物流管理的过程中减少人工的产业，利用现代机器提高工作效率。

(三) 网络化

物流领域网络化的基础也是信息化。这里指的网络化有两层含义：一是物流系统的计算机通信网络，包括物流企业与供应商或制造商联系的计算机网络以及与下游顾客之间联系的计算机网络。如物流配送中心向供应商提出订单过程，就可以使用计算机通信方式，借助于增值网（VAN）上的电子订货系统（EOS）和电子数据交换技术（EDI）来自动实现。二是组织的网络化，即所谓的企业内部网。如我国台湾的电脑业在20世纪90年代创造出了“全球运筹式产销模式”，这种模式的基本特点是按照客户订单组织生产，生产采取分散形式，即将全世界的电脑资源都利用起来，采取外包的形式将一台电脑的所有零部件、元器件、芯片外包给世界各地的制造商去生产，然后通过全球的物流网络将这些零部件、元器件和芯片发往同一个物流配送中心进行组装，由该物流配送中心将组装的电脑迅速发给客户。这一过程需要有高效的物流网络支持，当然物流网络的基础是信息、电脑网络。目前，国际互联网等全球网络资源的可用性及网络技术的普及为物流的网络化发展提供了良好的外部环境。

(四) 智能化

这是物流自动化、信息化的一种高层次应用。物流作业过程大量的控制和决策，如库存水平的确定、运输（搬运）路径的选择、自动导向车的运行轨迹和作业控制、物流配送中心经营管理的决策支持等问题，都需要借助于大量的知识才能解决。在物流自动化的进程中，物流智能化是不可回避的技术难题。为了提高物流现代化的水平，物流的智能化已成为电子商务条件下物流发展的一个新趋势。

(五) 柔性化

柔性化本来是为实现“以顾客为中心”理念而在生产领域提出的，但要真正做到柔性化，即真正地能根据消费者需求的变化来灵活调节生产工艺，没有配套的柔性化的物流系统是不可能达到目的。因此，柔性化的物流正是适应生产、流通与消费的需求而发展起来的一种新型物流模式。这就要求物流配送中心根据消费需求“多品种、小批量、多批次、短周期”的特色，灵活组织和实施物流作业。

三、电子商务物流市场的运作

（一）电子商务的基本框架

电子商务的基本框架如下图所示。

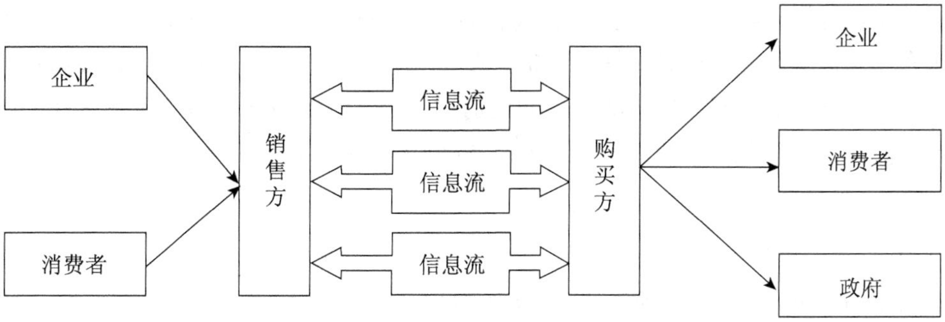

电子商务的基本框架

（二）电子商务的交易过程

电子商务的交易过程可以分为 3 个阶段：信息交流、签订商品合同、按照合同进行商品交接及资金结算。

1. 信息交流阶段

对于商家来说，此阶段为发布信息阶段，主要是选择商品，组织商品信息，通过国际互联网建立自己的网页，对自己的产品进行广告宣传，进行市场调研、分析，根据不同的受众群体采用不同的营销策略；对于买方来说，此阶段是去网上寻找商品以及商品信息的阶段，主要是根据自己的需要，上网查找自己所需的信息和商品，并选择信誉好、服务好、价格低廉的商家。

2. 签订商品合同阶段

作为 B2B（商家对商家）网站来说，这一阶段是签订合同、完成必需的商贸票据的交换过程。在这一过程中，交易双方可以通过网络进行交易品种、数量、价格等方面进行协商。同时，要注意数据的准确性、可靠性、不可更改性等复杂的问题。

3. 按照合同进行商品交接及资金结算

这一阶段是整个商品交易的关键，不仅要涉及资金在网上的正确、安全到位，而且要涉及商品配送的准确、按时到位。在这个阶段有银行业、配送系统的介入，在技术上、法律上、标准上等方面有更高的要求。

四、电子商务物流的发展趋势

物流的社会化、共同化是电子商务物流的发展方向，由于企业销售范围的扩大，企业和商业销售方式及最终消费者购买方式的转变，使得送货上门等业务成为一项极为重要的服务业务，这就促使了物流行业的兴起。物流行业是通过完整地提供物流机能服务，以及运输配送、仓储保管、分装包装、流通加工等来收取报偿的行业，主要包括仓储企业、运输企业、装卸搬运企业、配送企业、流通加工业等。信息化、全球化、多功能化和一流的服务水平，已成为电子商务下物流企业追求的目标。

(一) 多功能化

在电子商务时代，物流发展到集约化阶段、一体化配送中心（Integration），不单单是提供仓储和运输服务，还必须开展配货、配送和各种流通增值服务项目，并可按客户的需要提供个性化服务。现代供应链管理就是通过从供应者到消费者的供应链运作的综合管理，使物流达到最优化。企业追求全面的系统的综合效果，而不是单一的、孤立的片面观点。

(二) 一流的服务

在电子商务下，物流业是介于供货方和购货方之间的第三方，是以服务作为第一宗旨。因此，如何提供高质量的服务，便成了物流企业管理的中心课题。配送中心离客户最近，联系最密切，商品都是通过它送到客户手中。美、日等国家物流企业成功的要诀，就在于他们都十分重视客户服务的研究。

优质和系统的服务使物流企业与货主企业结成战略伙伴关系（或称策略联盟），一方面，有助于货主企业的产品迅速进入市场，提高竞争力；另一方面，使物流企业有稳定的资源。对物流企业而言，服务质量和服务水平正逐渐成为比价格更为重要的选择因素。

(三) 信息化

在电子商务时代，要提供最佳的服务，物流企业必须要有良好的信息处理和传输系统。美国洛杉矶西海报关公司与码头、机场、海关信息联网，当货从世界各地起运，客户便可以从该公司获得到达的时间、到泊（岸）的准确位置，使收货人与各仓储、运输公司等做好准备，使商品在几乎不停留的情况下快速流动，直达目的地。良好的信息系统能提供极好的信息服务，以赢得客户的信赖，从而提高了企业的核心竞争力。

(四) 全球化

电子商务的出现，加速了经济全球化，也催熟了物流企业的跨国服务项目。全球化战略的趋势使物流企业和生产企业更紧密地联系在一起，形成了社会大分工。生产厂集中精力制造产品、降低成本、创造价值，物流企业则花费大量时间、精力从事物流服务，物流企业的满足需求比原来更进一步了。

总之，物流将会影响电子商务的发展，物流体系的完善将会进一步推动电子商务的发展，但最终将会是电子商务改变物流。

第四节　基于物联网的物流服务供应链

物联网是继计算机、互联网和移动通信之后的又一次信息产业的革命性发展。目前，物联网已被正式列为国家重点发展的战略性新兴产业之一，而物流产业是物联网应用的重要领域。

我国物联网的应用领域不断扩张，从身份识别、电子票证，到资产管理、食品与药品的安全监控、仓储物流等，都加快发展进程。我国许多城市已进行物联网的应用试点，青岛全面展开 RFID 应用，包含金融、公共安全、工业生产、公共事业管理等 10 多个领域；北京交通包含公交车、地铁及出租车皆开通刷卡应用。此外，物联网技术也具体应用在了上海世博会上，诸如电子门票、手机支付、食品安全、安防、楼宇监控、客流分析、井盖监控、概念车等。

一、物流网的概念及基本原理

物联网（Internet of Things）的概念是在 1999 年由美国麻省理工学院提出的。由该名称可见，物联网就是“物物相连的互联网”。这有两层意思：第一，物联网的核心和基础仍然是互联网，是在互联网基础之上的延伸和扩展的一种网络；第二，其用户端延伸和扩展到了任何物品与物品之间，进行信息交换和通信。因此，物联网的定义是通过互联网、移动通信网等网络的传输互联，进行计算、处理和知识挖掘，实现人与物、物与物信息交换和无缝链接，提升人们对物理世界实时控制、精确管理和资源优化配置的能力，从而实现生产生活的科学智能决策。

物联网是在计算机互联网的基础上，利用射频自动识别（Radio Frequency Identification，RFID）技术、无线数据通信等技术，构造一个覆盖世界上万事万物的“Internet of Things”。其实质是利用 RFID 技术，通过计算机互联网实现物品的自动识别和信息的互联与共享。在物联网的构想中，RFID 标签中存储着规范而具有互用性的信息，通过无线通信网络把数据自动采集到中央信息系统，实现物品的识别，进而通过开放性的计算机网络实现信息交换和共享，实现对物品的“透明”管理。

二、国内外物联网发展的现状

（一）美国

美国许多大学在无线传感器网络方面已开展了大量工作，除了高校和科研院所之外，一些知名企业也开展了对物联网的研究。奥巴马总统就职后，很快回应了 IBM 所提出“智慧地球”，将物联网发展计划升级为国家战略。该战略一经提出，在全球范围内得到极大的响应，物联网荣升 2009 年最热门话题之一。无论基础设施、技术水平还是产业链的发展程度，美国物联网的发展都走在世界各国的前列，已经趋于完善的通信互联网络为物联网的发展创造了良好的先机。

(二) 日本

自20世纪90年代中期以来，日本政府相继制定了E－Japan、U－Japan、I－Japan等多项国家信息技术发展战略，从大规模开展信息基础设施建设入手，稳步推进，不断拓展和深化信息技术的应用，以此带动社会、经济发展。物联网在日本已渗透到人们日常生活的方方面面：人们可以通过手机下载菜谱，通过冰箱的镜头查看冰箱内的食品，以确定需要买什么菜，甚至可以通过网络让电饭煲自动下米做饭；日本还提倡数字化住宅，通过有线通信网、卫星电视台的数字电视网和移动通信网，人们不管在屋里、屋外或是在车里，都可以自由自在地接受信息服务。

(三) 欧盟

欧盟围绕物联网技术和应用做了不少创新性工作。2009年，欧盟委员会递交了《欧盟物联网行动计划》，以确保欧洲在构建物联网的过程中起主导作用，并提出要加强欧盟政府对物联网的管理。

2009年10月，欧盟委员会以政策文件的形式对外发布了物联网战略，提出要让欧洲在基于互联网的智能基础设施发展上领先全球，除了通过ICT研发计划投资4亿欧元，启动90多个研发项目提高网络智能化水平外，欧盟委员会还将于2011—2013年每年新增2亿欧元进一步加强研发力度，同时，拿出3亿欧元专款，支持物联网相关公私合作短期项目建设。

(四) 中国

自2009年8月温总理提出“感知中国”以来，物联网被写入政府工作报告，受到了全社会极大的关注。2009被业内誉为中国物联网元年，中国物联网产业自此蓬勃发展。2010年9月，物联网技术作为新一代信息技术的重要组成部分而被列为国家重点培育的战略性新兴产业，从而被提到国家战略高度。

“十二五”规划纲要明确提出，发展宽带融合安全的下一代国家基础设施，推进物联网的应用。物联网将会在智能电网、智能交通、智能物流、智能家居、环境与安全检测、工业与自动化控制、医疗健康、精细农牧业、金融与服务业、国防军事10大领域进行重点部署。而智能电网在未来5年内进入全面建设阶段，此阶段投资约2万亿元。

目前，我国物联网产业、技术还处于概念和科研阶段，物联网整个产业模式还没有彻底形成，处于起步阶段，但物联网的发展趋势是令人振奋的，未来的产业空间是巨大的。

三、物流网技术在供应链管理环节上的运用

(一) 生产环节

在生产制造环节应用电子产品编码技术可以完成自动化生产线运作，实现在整个生产线上对原材料、零部件、半成品和产成品的识别与跟踪，减少人工识别成本和出错率，提

高效率和效益。采用了电子产品编码技术之后，就能通过识别电子标签来快速从品类繁多的库存中准确地找出工位所需的原材料和零部件。电子产品编码技术还能帮助管理人员及时根据生产进度发出补货信息实现流水线均衡、稳步生产，同时加强了对产品质量的控制与追踪。

在生产线发料过程中，系统进行生产任务自动排产；运料小车满载按一定规则摆放物料，经过生产线每个工位；安装在每个工位上的读写器实时对经过的运料小车进行扫描，即可实现自动识别当前工位需要的何种物料、需要多少、是否已经全部到位等，员工即可根据配备的显示屏的提示，拿取生产物料。

在生产补料过程中，生产工位上的自动识别技术对当前工位物料的剩余情况进行收集，实时将物料需求信息传送到发料室，及时做好备料发料工作，保证生产线物料充足、不断料、不堆积等；提供现场物料周转率，使现场整洁。

（二）运输环节

在运输管理中，在途运输的货物和车辆贴上电子产品编码标签，运输线的一些检查点上安装上射频识别接收转发装置。因此，当货物在运输途中，无论是供应商还是经销商都能很好地了解货物目前所处的位置及预计到达时间。

特别对于价值高的物品、危险易泄漏的物品、需要封箱运输的物品等，均可采用主动式射频识别技术，将其封装与箱内；如果出现非正常开箱，中央监控系统即可获得物品状况，及时报警，减少危害和损失。

（三）存储环节

在仓库里，电子产品编码技术最广泛的使用是存取货物与库存盘点，它能用来实现自动化的存货和取货等操作。

基于电子产品编码的实时盘点和智能货架技术保证了发货退货的正确性以及补货的及时性，而仓储区内商品可以实现自由放置，提高仓储区的空间利用率并能够提供有关库存情况的准确信息；从而降低库存，增强作业的准确性和快捷性，提高服务质量，降低储存成本，节省劳动力和库存空间，同时，减少整个物流中由于商品误置、送错、偷窃、损害和库存、出货错误等造成的损耗。

（四）零售环节

物联网可以改进零售商的库存管理，实现适时补货。有效跟踪运输与库存，提高效率，减少出错。如当贴有标签的物件发生移动时，货架自动识别并向系统报告这些货物的移动。智能货架会扫瞄货架上摆放的商品，若是存货数量降到偏低的水位，或是侦测到有人偷窃，就会通过计算机提醒店员注意。因此，能够实现适时补货，减少库存成本，还能起到货物防盗的作用。

智能秤是根据果蔬的表皮特征、外观形状、颜色、大小等自动识别水果和蔬菜的类别，并按该商品来计量、计价和打印小票：在商场出口处，带有射频识别标签的商标由读写器将整车货物一次性扫描，并能从顾客的结算卡上自动扣除相应的金额。这些操作无须人工参与，节约了大量人工成本，提高了效率，加快了结账流程，同时，提高了顾客的满意度。

另外，电子产品编码标签包含了极其丰富的产品信息，如生产日期、保质期、储存方法以及与其不能共存的商品，可以最大限度地减少商品耗损。

四、物联网对供应链各环节的优化作用

在物联网的支撑下，整个供应链的运行状况都是透明可见的，供应链成员之间能够实现信息的完全和实时共享，提高数据采集效率、准确性和完备性，所有的监控、盘点和验收工作都可以瞬间完成，减少存货，减少商品在物流过程中的损耗，提高运输效率，从而提高供应链管理的效率。物联网对供应链上各环节的优化作用如表 13－2 所示。

表 13－2　　物联网对供应链各环节的优化作用

供应链环节	物联网的优化作用
制造商	(1) 高效的生产计划，减少库存 (2) 减少需求响应时间 (3) 跟踪产品，及时召回问题产品，获得消费者反馈信息 (4) 减少配送与运输成本，提高设备利用率按需生产
运输商	(1) 货物自动识别和分类 (2) 全程运输路线追踪，提高运输安全性 (3) 提高送货可靠性和送货效率
零售商	(1) 降低库存水平，减少存货，降低安全库存量 (2) 产品追踪，减少货物损坏、错送、丢失，防盗 (3) 提高运输效率，降低运转费用
消费者	(1) 个性化购买，降低搜寻成本 (2) 获取产品及厂商的相关信息 (3) 良好的售后服务 (4) 提高消费者效用，增加消费者剩余

练习思考题

一、简答题

1. 什么是绿色物流？
2. 绿色供应链的内容包括哪些？
3. 请简述国际物流的发展趋势。
4. 请简述电子商务物流的含义。
5. 请简述物流网的概念及基本原理。

二、案例分析题

SGM 汽车公司的困境

SGM 是一家中美合资的汽车公司，拥有世界上最先进的弹性生产线，能在一条流水线上同时生产不同型号、不同颜色的车辆，每小时可生产 27 辆汽车，在国内首创订单生产模式，即根据市场需求控制产量；同时，生产供应采用 JIT 运作模式。为此，该公司需实行零库存管理，所有汽车零配件的库存在运输途中，不占用大型仓库，仅在生产线旁设立小配送中心，维持最低安全库存。这就要求公司在采购、包装、海运、港口报关、检疫、陆路运输等一系列操作之间的衔接必须十分密切，不能有丝毫差错。

在实际执行过程中，SGM 公司的市场计划周期为一周，而运输周期为 4 个月。这样一来，市场计划无法指导运输的安排，为了确保生产的连续性，该公司只能扩大其零配件的储备量，造成大量到港的集装箱积压。结果形成以下状态：加大库存量，不得不另租用集装箱场地；为解决部分新零件的供应，在库存饱和状态下，只能采取人工拆箱，工人们 24 小时拆箱仍跟不上生产计划的进度；由于拆箱次数的增多，SGM 公司的信息管理系统混乱，无法确认集装箱的实际状态。造成了该公司的物流总成本有较大增加。

请结合案例材料分析该公司的瓶颈何在？你认为如何才能解决公司的困境？

实训项目

请结合学过的物流管理理论预测我国物流发展的趋势，写一篇 3000 字左右的报告。

参考文献

[1] 谭红翔，余晓红．企业物流管理［M］．北京：清华大学出版社，2008.

[2] 李承霖．企业物流管理实务［M］．北京：北京理工大学出版社，2008.

[3] 曹霁霞．物流服务营销［M］．北京：北京理工大学出版社，2009.

[4] 程幼明．物流与供应链管理［M］．合肥：安徽大学出版社，2010.

[5] 陈子侠，等．现代物流习题与解答［M］．北京：机械工业出版社，2004.

[6] 丁小龙．现代物流管理学［M］．北京：北京大学出版社，2010.

[7] 范丽君，郭淑红，王宁，等．物流与供应链管理［M］．北京：清华大学出版社，2011.

[8] 霍红．物流实务：助理物流师考试指南［M］．2 版．北京：中国物资出版社，2006.

[9] 霍佳震．物流与供应链管理［M］．北京：高等教育出版社，2006.

[10] 黄中鼎．现代物流管理．［M］．2 版．上海：复旦大学出版社，2009.

[11] 倪卫红．物流及供应链管理［M］．北京：化学工业出版社，2009.

[12] 夏春玉．物流与供应链管理［M］．大连：东北财经大学出版社，2007.

[13] 周爱国．物流客户关系管理实务［M］．北京：中国物资出版社，2010.

[14] 周爱国，卢发翠．物流客户心理学［M］．北京：中国物资出版社，2009.

[15] 郑彬．物流客户服务［M］．2 版．北京：高等教育出版社，2010.

[16] 赵一萍．物流客户服务［M］．北京：中国物资出版社，2006.

[17] 包红霞，秦英．物流管理基础［M］．北京：北京师范大学出版社，2008.

[18] 华中生．物流服务运作管理［M］．北京：清华大学出版社，2009.

[19] 吕洪霞．物流管理［M］．杭州：浙江大学出版社，2008.

[20] 刘仁军．物流管理通论［M］．武汉：武汉大学出版社，2008.

[21] 廖素娟，等．第三方物流管理［M］．北京：科学出版社，2009.

[22] 刘伟．物流与供应链管理案例［M］．成都：四川人民出版社，2009.

[23] 林勇．物流管理基础［M］．武汉：华中科技大学出版社，2008.

[24] 毛光烈．第四方物流理论与实践［M］．北京：科学出版社，2010.

[25] 牛鱼龙．现代物流实用词典［M］．北京：中国经济出版社，2004.

[26] 邹辉霞．供应链物流管理［M］．2 版．北京：清华大学出版社，2009.

[27] 张万松，苏文明，郭鲁．物流中心 DRP 应用探讨［J］．科技情报开发与经济，2005（4）：135－137.

[28] 李荚，陈铭，钱炳．供应链与物流管理［M］．北京：电子工业出版社，2010.

[29] 杨华龙．物流实务全解——图解操作版［M］．大连：东北财经大学出版社，2009.

[30] 平海．物流系统设计与分析［M］．北京：清华大学出版社，北京交通大学出版社，2010.

[31] 李蔚田，杨俊，杨丽娜．物流管理基础［M］．北京：北京大学出版社，2010.

[32] 刘斌．物流管理［M］．北京：高等教育出版社，2007.

[33] 林勇．物流管理基础［M］．武汉：华中科技大学出版社，2008.

[34] 潘文荣．企业物流绩效评价指标体系的构建［J］．统计与决策，2005（11X）：162－163.

[35] 王玖河，白满元．基于 BSC 和 PCA 的港口物流绩效评价［J］．技术与创新管理，2010（4）：16－18.

[36] 彭建良．企业物流管理［M］．浙江：浙江大学出版社，2009.

[37] 董千里．现代企业物流管理［M］．北京：首都经济贸易大学出版社，2008.

[38] 张庆英．物流案例分析与实践［M］．北京：电子工业出版社，2010.

[39] 马士华，林勇．供应链管理［M］．3 版．北京：机械工业出版社，2005.

[40] 迈克尔·胡格斯．供应链管理精要［M］．2 版．刘浩华，译．北京：中国物资出版社，2010.

[41] 刘浩华．供应链风险管理［M］．北京：中国物资出版社，2009.

[42] 陈原．供应链协调管理研究［M］．长沙：湖南人民出版社，2009.

[43] 董丽华．RFID 技术与应用［M］．北京：电子工业出版社，2008.

[44] 王淑荣．物流信息技术［M］．北京：机械工业出版社，2007.

[45] 赵林度．供应链与物流管理理论与实务［M］．北京：机械工业出版社，2003.

[46] 查先进．物流与供应链管理［M］．武汉：武汉大学出版社，2003.

[47] 孙伟．供应链管理［M］．成都：四川人民出版社，2002.

[48] 詹姆斯·C．约翰逊，唐纳德·F．伍德，丹尼尔·L．沃德洛，等．现代物流管理学［M］．北京：社会科学文献出版社，2003.

[49] 李雪松，张理．现代物流作业管理［M］．北京：北京大学出版社，2004.

[50] 秦明森．物流作业优化方法［M］．北京：中国物资出版社，2003.

[51] 齐延才．集装箱物流操作实务［M］．大连：大连海事大学出版社，2007.

[52] 刘北林．流通加工技术［M］．北京：中国物资出版社，2004.

[53] 赵玉国．仓储管理［M］．北京：冶金工业出版社，2008.

[54] 陈百建．仓储管理实务［M］．北京：化学工业出版社，2008.

[55] 黄远新．物流运输管理［M］．成都：四川大学出版社，2006.

[56] 金戈．运输管理［M］．南京：东南大学出版社，2006.

[57] 张旭梅，伊辉勇．物流信息管理［M］．重庆：重庆大学出版社，2008.

[58] 黄均勇，蒋云．物流信息管理［M］．北京：北京理工大学出版社，2007.

[59] 詹荣富．供应链管理［M］．广州：暨南大学出版社，2008.

[60] 周艳军．供应链管理［M］．上海：上海交通大学出版社，2008.

[61] 杨思远．供应链管理［M］．北京：冶金工业出版社，2008.

[62] 沈莹．供应链管理［M］．北京：北京交通大学出版社，2008.

[63] 冷志杰．配送管理［M］．重庆：重庆大学出版社，2009.

[64] 石佐生．配送管理［M］．北京：冶金工业出版社，2009.

[65] 孙秋菊．物流配送技术与实务［M］．北京：中国财政经济出版社，2008.

[66] 徐晨．物流与供应链管理［M］．北京：北京大学出版社，2008.

[67] SUNIL CHOPRA，PETER MEIND. Strategy，Planning and Operation［M］．北京：中国人民大学出版社，2008.

[68] DAVID SIMCHI-LEVI，PHILIP KAMINSKY，EDITH SIMCHI-lEVI. Designing and Managing The supply chain［M］．北京：中国人民大学出版社，2010.

[69] RONALD H BALLOU. Business Logistics Management［M］．北京：机械工业出版社，2007.